追寻教育的幸福
——谈如何做幸福的班主任

王连峰　主编

中国海洋大学出版社
·青岛·

图书在版编目（CIP）数据

追寻教育的幸福：谈如何做幸福的班主任／王连峰
主编.—青岛：中国海洋大学出版社，2018.9
ISBN 978-7-5670-1640-8

Ⅰ．①追…　Ⅱ．①王…　Ⅲ．①初中—班主任工作
Ⅳ．①G635.16

中国版本图书馆 CIP 数据核字（2018）第 205644 号

出版发行	中国海洋大学出版社			
社　　址	青岛市香港东路 23 号		邮政编码	266071
出 版 人	杨立敏			
网　　址	http://www.ouc-press.com			
订购电话	0532-82032573（传真）			
责任编辑	孟显丽　刘宗寅		电　　话	0532-85901092
印　　制	日照报业印刷有限公司			
版　　次	2018 年 9 月第 1 版			
印　　次	2018 年 9 月第 1 次印刷			
成品尺寸	170 mm × 230 mm			
印　　张	18			
字　　数	318 千			
印　　数	1—1 100			
定　　价	46.00 元			

发现印装质量问题，请致电 0633-8221365，由印刷厂负责调换。

编委会

名班主任工作室主持人——王连峰

山东省优秀班主任　王连峰

　　王连峰，青岛三十九中学初中部的数学教师。参加工作 20 年，从事班主任工作 20 年，曾荣获"山东省优秀班主任""青岛市首批名班主任工作室主持人""青岛市优秀班主任"等称号；指导学生参加数学竞赛并多次被评为"奥林匹克优秀辅导员"并获得"优秀辅导教师奖"。多次被评为校优秀教师、优秀班主任、先进德育工作者、优秀党员。所带班级被评为"青岛市先进团支部"，两次被评为"青岛市先进班集体"。教学成果显著，撰写的教学教育论文，多篇获奖并公开发表：《21 世纪班主任应具备的素质》获国家级一等奖，《培养中学生健康的心理素质》被编入《新世纪中国教育文论》中出版且获一等奖，《怎样为受批评的同学寻求心理平衡》获市级三等奖，《怎样为受批评的学生寻求心理平衡》发表在刊物《读与写》上，《让师生的心越贴越近，从而不走远》被收入《立德树人探索与实践》一书并获二等奖，《整式的除法》获国家级二等奖，《温度的变化》获市级三等奖。

　　教学成果斐然的王连峰，2007 年 7 月开设区片公开课《近似数与有效数字》，2011 年 11 月参加青岛市中小学教师技能大练兵说课比赛获一等奖，2013 年 6 月开设市级研究课"分类思想在相似三角形中的应用"，2015 年 11 月青岛市"一师一优课"和"一课一名师"活动中,"相交线与平行线复习课"被评为市级优质课。

王连峰不仅是教学的一把好手,还在教育心理学研究上独有建树。作为经验丰富的班主任,他特别注重对孩子们的心理、情绪的疏导与引导,善于营造宽松和谐的班级氛围,所带班级班风正、学风浓、具有很强的凝聚力。他教学方法灵活、教学风格幽默风趣,所任教班级的数学成绩一直位于级部前列。

王连峰根据多年一线教学心得形成的一套与学生交往、交流的方式方法,深受学生和家长们的赞扬。他的人格魅力也赢得了学生跨越代沟的友谊,好多毕业多年的学生至今都与王连峰保持着密切的联系,甚至有的学生会让他帮着参谋男女朋友,以及找他倾诉心事、帮办各种私事……

在学校里,王连峰的学生会没大没小地称呼他"老王""王爹""峰哥"……这些昵称,王连峰欣然接受,这是他与学生亲密无间、没有代沟、彼此成为知心朋友的写照,非常难能可贵。

对教师这个职业,王连峰深爱有加。他说,不同于医生每天要面对病人的职业特点,我非常知足、满足于教师这一职业,每天面对着花儿一般的孩子们,他们的笑脸、求知的眼光,都是我热情工作的最大动力,我爱我的学生。

二十年如一日,从青岛大学师范学院一毕业就来到三十九中,王连峰一直在勤恳地工作着。王连峰扎根三十九中,如今已是该校教学骨干,是教师队伍里的一面旗帜。王连峰对教师这个职业的执着和真情,深深地打动着每一个人。

王连峰老师最喜欢的教育格言是:踏踏实实做实事,认认真真做真人;执着地做我的教学,执着地爱我的学生,执着地做为我带来快乐的事业。

(《齐鲁晚报》记者　李珍梅)

为更好地发挥普通中小学名班主任的示范、引领、辐射作用,加快青岛市优秀班主任的培养,2016 年青岛市教育局启动了青岛市首批普通中小学名班主任工作室建设。根据青岛市教育局办公室《关于开展青岛市首批普通中小学名班主任工作室建设工作的通知》(青教办字〔2016〕32 号)的相关要求,经班主任申报、区(市)及学校审核、市专家评审组评审、市教育局局长办公会研究,共评选出青岛市首批普通中小学名班主任工作室主持人 30 名,组建 30 个名班主任工作室,每个工作室周期 3 年。

每个名班主任工作室由 1 名主持人,8 名成员组成。工作室成员的选拔实行主持人与成员双向选择,坚持主持人所在学校区域和其他区域成员柜结合、城区与农村兼顾的原则。工作室成员由工作室主持人在符合条件人员自主申报、学校同意、区市推荐的基础上择优选定,由市教育局审核确认。各工作室遴选成员要有一定的结构层次,形成梯队培养。每个工作室成员共 8 人,其中农村学校成员至少 2 人以上,主持人所在学校成员不超过 2 人(不含主持人),主持人所在区市成员一般不超过 5 人(不含主持人)。

王连峰名班主任工作室是青岛市教育局成立的首批名班主任工作室之一,工作室成员经教育局严格选拔决定,包括青岛二十一中王新玲、青岛朝城路小学王文婷、青岛西海岸新区泊里初级中学徐洪运、黄岛开发区四中刘洪雨、青岛三十九中初中部穆诺和王冠、青岛三十九中高中部管霞、青岛三十九中市北分校于薇等八位老师。工作室成立以来,已经开展了多次名师公益课堂、送课活动及各种交流活动,在教科研方面起到较好的引领和示范作用,充分体现了名班主任工作室的重要意义。

青岛市名班主任工作室集教学、科研、培训等职能于一体，形成教师、班主任合作共同体，教学、班主任工作实践共同体。每个名班主任工作室要发挥名班主任的名师特色，立足教育教学实际，聚焦班会、课堂，通过名师引领、实践反思、团队合作、公益课堂、帮扶薄弱，积极探索科学高效的优秀人才培养机制，让更多的学生、家长、班主任受益。

如何让我们的教师、我们的班主任幸福快乐地工作，并能在工作之中品味教育的快乐和幸福？如何让我们的学生感受学习的快乐，幸福地成长，并能为一生的幸福奠基？……这些问题，近年来一直是教育者关注的焦点。

不可否认，幸福是人类永恒的追求，我们努力工作就是为了更幸福地生活。幸福，已成为当今社会的主旋律，也已成为推动教育改革、发展必须关注的重要课题。可是，幸福是什么，教师的幸福到底从哪里来呢？

幸福是什么？有人说只要心中有爱，我们就会幸福；龙应台也说："幸福，就是寻常的日子依旧。"那么，作为一名教师、一名班主任，怎样才能幸福呢？

人们关于幸福的认识，今天依然众说纷纭。每一种认识，都站在不同的角度，有不同的关注点。虽然很难给"幸福"一个令所有人都信服的定义，但是我们也可以对幸福有一个更理智的认识。首先，幸福与快乐不同。快乐是暂时的情绪，而幸福具有永恒的意义。其次，幸福与欲望不同。欲望能被满足，有终结，而幸福往往不能舍弃，永远走在追寻路上。说得更简单一些，我们以为：幸福，其实就是努力去创造一种自己希望过的"可能的"生活。

而教师和班主任的幸福，也必然附着职业固有的特点。"教育是一种充满生机活力的职业，一种创造智慧也需要智慧的职业。作为班主任，我们永不会感到枯燥；即使班级不变，我们也要变而且必须变，而最重要的是我的小伙伴们都在变。我们必须每天都要睁大好奇的眼睛来观察他们的变化，我们必须调动全部的脑细胞来应对他们的挑战。因为我们知道，失去了他们的相伴，我们一定会很孤独，所以我们千方百计变着花样吸引着他们一起'奔跑'。"

学生的幸福感受和健康发展是教师尤其是班主任幸福的主要源泉。所以，教师的幸福，应包括为人师表、教书育人的尊严感，也包括得天下英才而教育之的自豪感，还包括研究教育规律、掌握教育规律的成就感。我们知道，育人先育己，育人就是育己；与其说是教育别人，不如说是塑造和完善自己。因为一切都是体验,一切都是经历,一切都是生命的磨砺与财富。甘于平凡不甘平庸。最好的教学方法是做学生学习的榜样,最好的管理方法是做最好的自己!

所以不管有没有人欣赏,我们都要开出自己的"花",这是教育者应有的心态;做学生的榜样,这是最好的教育方法和教育者最好的身教;在发展学生的同时也不断完善和提升自己,这是教育者打造幸福人生的必然之路。我们不要当流着泪燃烧的蜡烛,而要做太阳,照亮着别人也辉煌着自己。学生的成功是我们的骄傲,我们也为自己的成长而自豪!正如,李镇西老师所言:我们不能仅仅是向学生奉献心血、青春乃至毕生的年华,不能仅仅是因学生的成长和成功而喜悦,我们还应该在教育学生的同时,提升自己的事业境界和人生品位;在学生成长和成功的同时,我们自己也应该不断成长并走向成功,从中体验到人生的快乐,为自己的生命喝彩。现代的教师不再是知识的占有者和灌输者,而是知识的引领者和分享者。

当一名班主任,一定要想好:当班主任,这一学年我如何规划自己的班级?班级内的每一名学子通过这一年的学习能实现一个怎样的提高?我们班级的愿景是什么,我们如何带领学生一起去实现这个愿景?这是一名班主任要思考的事。

作为班主任,作为每一名普通的教师,从师者的外貌到课堂语言的谈吐,从行为举止到思维广度、深度无一不是学子成长的能量场。作为班主任,将隐形的东西可视化,任何事情做得都要有深度、有思想。时光可以带走很多东西,但永远带不走的是我们唤醒学子心灵的印痕。

"幸福在哪里?朋友我告诉你:它不在柳荫下,也不在温室里。它在辛勤的工作中,它在艰苦的劳动里……"殷秀梅老师的歌声又在耳畔回旋,也轻轻敲打着我们的心灵;"一个人的一生应该是这样度过的:当他回首往事的时候,不因虚度年华而悔恨,也不因碌碌无为而羞愧……"《钢铁是怎样炼成的》中那振聋发聩的经典语段又在眼前浮现,也静静洗涤着我们的脑海。

郑立平老师说过——做自己喜欢的事,就快乐;喜欢自己做的事,就幸福。只要你有心,在班主任这片平凡而美丽的土地上,到处都能种出最灿烂的花朵,收获最香甜的果实。

时光在继续,长路在远方,班级在心中,风景在成长的每时每刻。

只要你的心中有海,只要你坚持向着海的方向,我们相信:终有一天,你会看到那蓬勃的日出、那无垠的汪洋……

《追寻教育的幸福——谈如何做幸福的班主任》一书的出版得到了各级领导的大力支持与帮助,感谢工作室成员的共同努力,感谢青岛市教育局领导及工作室成员所在学校领导的大力支持,感谢青岛市教育局对名班主任工作室的专项经费的支持。在本书的编写过程中我们参阅了大量资料,在此向有关单位和个人表示衷心的感谢。

由于水平有限,书中的错误和不足之处在所难免,欢迎广大读者不吝赐教、批评指正。

王连峰

2018 年 6 月于青岛

目 录

幸福的班主任

寻找班主任的幸福感

一、感悟教育的幸福

幸福班主任的管理艺术

一、加强班级文化建设

四、重视学生的心理健康

幸福班主任的成长

一、有一种幸福叫作读书

二、班主任成长培训

幸福的班主任

山东省优秀班主任——王连峰

教师岗位上以女性居多，男老师的出现，往往成为一道特别的风景线。男老师自身所具备的独特气质和教学风格，让他们很轻松地就成为学生十分崇拜的"男神"。王连峰就是这样一个"男神"。

王连峰是青岛三十九中学初中部的数学老师。今年45岁的他，参加工作20年，担任班主任工作20年。"教育和生活一样，看谁有心，看谁努力，看谁能够坚持到最后。"无论是在教学上，还是在班级管理上，王连峰始终坚持做教育的有心人，不放弃任何一名学生。每带一届学生，他都会让学生给他提建议，对每一个建议，王连峰都视如珍宝，在实践中不断改善，和学生共勉"成为更好的自己"。

批作业不打"×" 批评学生不当众

"说说你对老师不满意的地方""说说你对老师有什么建议"，这是王连峰对每一届毕业生布置的一项特别的毕业作业。"老师也需要不断学习，尤其干主任工作，每一届学生都有差异，所以班级管理方式也要及时更新。"王连峰说，这项作业是学生与教师的心灵沟通，学生给出的建议让他受益匪浅。

2000年，王连峰带的第一届毕业生中，有多个学生向他提出了"最好不要在作业本上打大红'×'"的建议。孩子们说，尤其是作业的第一面，如果第一次就是一个显眼的大红"×"，给人感觉很不好。"从那以后，王连峰批改学生作业时，不再打"×"，而是用一道红线代替。"这样做，也能引起学生的注意，又不会挫伤他们的积极性。"王连峰说。

为了保护学生的自尊心，王连峰还特别注意批评的方式。当学生犯了错误时，王连峰尽量不当众批评他，多数情况下会单独把学生叫出来，耐心地帮他分析,让学生自己意识到错误。不过,当他表扬一个学生时,则会在全班学生面前进行,以给予更多的鼓励。

树立班级正能量　有效治理"问题班级"

在三十九中初中部初三·11 班,30 多面颜色鲜艳的锦旗挂满了整片后墙,甚是吸人眼球。这个班级就是王连峰老师现在带的班级。2016 年,该班级还获评"青岛市先进班集体"。

初三·11 班是一个艺术班,这是王连峰老师带的第三届艺术班。"在很多人看来,艺术班的学生个性张扬,更感性。我觉得这是孩子们的特点,也是优点。与艺术班的孩子交往,更亲近。"王连峰说。

20 多年的班主任工作中,王连峰还用爱心和责任心改造过"问题班"。

有一年,王连峰中途接手了一个换了 6 任班主任的"问题班"。"我第一次去班级,吩咐两个学生打扫一下卫生,但这俩孩子根本不把我的话儿当回事儿。"王连峰笑着说。那时他感受到巨大的压力。"因为我想让班级变好,看来接下来要付出的不是一般的精力了。"分析原因后,王连峰精心策划了一个主题班会。这个班会通过师生互动方式展开。针对老师提出的一个有趣的生活问题,学生发表自己的看法。最后师生达成一个共识:人都是追求完美的。我就对学生说:"你们给我传达的信息是都想朝好的方向去发展,我也想帮着大家去实现。但最终要靠的是大家,希望你们也给我面子。"此后,王连峰特别注意时刻树立班级正能量形象,鼓励学生多参加学校各类活动,大大提升了学生的自信心和向心力。初三毕业时,王连峰将这个接手时级部倒数第一的班级带至中上游班级,在毕业典礼上还做了典型发言。"王老师,当初真是多亏了您。要不是您,我们不知道会怎样。"而今,这个班级曾经很调皮的学生还常回来感恩王老师。

数学教学生活化　课堂活跃有魅力

积极、健康、阳光、快乐,是王连峰所带班级的班训。每届学生的第一次主题班会,就是理解班训:做人要积极,思想要积极;身体要健康,心理要健康;自己阳光,给别人带去阳光;高高兴兴来上学,高高兴兴回到家。

每次新带一届学生,王连峰还会帮助学生做好角色定位,对未来三年做好规划,给自己设定一个奋斗目标。"先学会做人,再学会学习。"这是王连峰始终坚持并践行的教育理念。他以言传身教,教育学生学会做人,引导学生养成良好的学习习惯,学会听课。

"我们很喜欢王老师的课。他总能把知识讲得浅显易懂,而且经常举生活中的一些例子帮助我们理解,很有趣。"初三•11班学生于小涵说。

王连峰教两个班数学。前几日,王连峰老师因为生病请了几天假,另一个班的班主任把学生周记中的一段文字发给王连峰。这名学生写道:这几天总感觉缺了点什么,原来是王老师没来上课。看到这段文字,王连峰又感动又幸福。"站在讲台上,看到学生那么喜欢我的课堂,我感觉很幸福。"王连峰说。

(《齐鲁晚报》记者　李珍梅)

青岛市骨干班主任——王新玲

王新玲,中学一级教师。从事教育工作19年,担任班主任工作13年。秉承"关爱每一个学生像自己孩子,陪伴孩子健康成长"的理念。责任心强,善于因材施教,注重培养班干部,自主管理是班级管理的风格。团队合作意识强,能充分调动任课老师与家长形成合力,因为赢得了家长、老师、学生共同的信任,所以班级成绩总是名列前茅,并因此在校教育教学年会上做过班主任工作经验介绍,被评为校先进工作者、师德标兵和优秀班主任。所带班级学生不仅学习风气浓厚,德智体美劳全面发展,曾获得市集体舞比赛一等奖,社会实践活动"迎奥运,环湾行"和"大手拉小手——垃圾分类"被半岛都市报报道过,因此被评为区、市先进班

集体称号。所撰写的论文《良药何必苦口》获市二等奖,《塑造民族精神在历史教学中的作用》《让中国梦在历史课堂上飞扬》《谈谈我的班主任管理思想》《莫用金床标准打造孩子》《明日之社会,今日之校园》等论文均获省二等奖,《学生健康的心理来自良好的师生关系》获国家级三等奖,其中《历史课民族精神培养三策略》和《明日之社会,今日之校园》分别刊登在《青岛教育》和《教育家》杂志上。多次开设过校级观摩课和研究课以及区公开课,在青岛市学科探究性学习活动中荣获市优秀辅导教师称号。爱学习,并不断通过学习完善自己,注重理论联系实践。山东省远程研修优秀学员,拥有心理咨询师三级证和沙盘游戏师证。

王新玲老师一直秉承的教育理念是:爱孩子,选其所适,爱其所选;懂孩子,愿意与孩子共同学习成长,成就每一个孩子。

(青岛第四中学　栾心琳)

青岛市青年教师优秀专业人才,
青岛市骨干班主任——管霞

管霞,高中语文教师。多年担任班主任,以人格魅力增强班级凝聚力,连续多年被评为校级"三八红旗手""巾帼文明标兵""优秀班主任",2013年被评为青岛市"中小学青年教师优秀专业人才"。2017年组织学生参加青岛市核心价值观组歌传唱比赛,获得青岛市一等奖;参加市级班会优质课比赛,获得青岛市二等奖。潜心钻研业务,工作成绩突出,先后有多篇论文发表在省级刊物上,多次上青岛

市公开课、名师开放课,参与全国教育科学"十二五"规划教育部课题研究。曾获得省级优质课评比一等奖,2014年参加第三届全国中小学语文教学课堂大赛,荣获高中组一等奖。

(青岛三十九中　袁媛)

我有一个梦想(演讲稿)

◎管霞

每当我讲起《我有一个梦想》这一课的时候,总禁不住想象着那个激动人心的画面:50年前的美国,在25万人浩大集会的华盛顿广场上,黑人领袖马丁·路德·金,慷慨激昂地宣讲 I have a dream。

遥襟甫畅,逸兴遄飞。在热血沸腾的教室里,面对学生们一双双或神往或坚定的眼神,我也会慢慢地说起理想,讲起从前,和他们一起分享我的教师梦想。

学生问我,老师你的梦想是什么?

我很认真并坚定地写下这一行字:做一个好老师。

我爱当老师。小时候过家家喜欢当老师,长大了考取的也是师范学院。妈妈是老师,丈夫是老师;公婆是老师,妹妹也是老师!从小至今,从家到单位,都是教师的环境。因为喜欢,所以我喜欢学生和讲台;因为热爱,所以我愿意付出和吃苦。

每天清晨,走进教室,我拉开窗帘,愿意看到阳光洒在每个人身上;课间操,我的笑容会在每一个学生的脸上停留三秒,直到他们的笑容在脸上绽放;每天,我们都会享受学习过程,享受点滴进步。小刘连续两周都没迟到了,小贾的数学得了满分耶,小臧拾金不昧,赞一个!小代的黑板擦得那叫一个绝啊!这就是我做老师的乐趣——每天与学生心交心,并且能得到令人欣喜的回应!

我爱我的学生。在我的班级里,没有差生,只有需再加把劲的学生;没有不好的学生,只有需要改正不好习惯的学生。为每一个过生日的学生准备小礼物,一个鸡蛋或者一颗石子都能寄托祝福;精心准备我的语文课,在学生周记后面批阅比周记文字还要长的感言;给我的学生写信,发动所有的学生为其他同学写阳光评语,名曰"感动在我身边"……

当一个好老师,当然要爱他的学生。虽然,师爱并不能解决教学中的所有问题,但是它是解决一切问题的基础。我班的小李同学家境贫寒,父亲残疾,母亲下岗,三世同堂,住在晓翁村的老房子里。我去家访,仅有的沙发都破旧得坐不下。那一刻,我理解了孩子的自卑和苦楚,也感受到了孩子肩上的压力。当我了解到孩子特别孝顺的时候，我由衷地赞美了他。小李微红着脸抬起头来，眼睛里也闪烁着从没有见过的光彩。当我要告辞的时候，孩子的奶奶，一个80多岁的老人，从简陋的厨房里，颤巍巍地端出了盛着4个荷包蛋、洒满了红糖的大海碗，坚持让我吃下去，说："家里没有什么像样的东西，只想说谢谢老师。"我是个从不吃鸡蛋的人，可是那一天，我几乎是一口气把它们统统塞进肚子。我只能用这个举动来表达我的感动，也只有这样才能体现我的诚意。是啊，对老师而言，教育一个学生可能只是教育工作的1/40，可是对一个家庭而言，教育却是100%！

家访回来之后，我深情地给小李写了一封信："小李，你好！欣喜中看着你渐渐长大，我真高兴！你有很多机遇，你的自信，你的才华，都会随着这机遇一起放飞到春夏秋冬，海角天涯。请你记住，再黯淡的橱窗，也一样能看到早晨的阳光。我多么希望你的欢乐、你的忧伤、你的困惑，都像你奶奶养的这棵仙人山，永远珍藏在青春无悔的文档中，永不褪色，直至地老天荒……"那一刻，我深谙自己肩上教育之重责；那一刻，我坚定地相信，每个成功人物的经验中，一定具有最初的鼓励所给予他的温暖和力量。

从第一天踏上教师岗位，我就爱上了三尺讲台。可是，我确实从那一封信开始，我就有了这个梦想——当一个好老师。我知道一个好老师的教育能有阳光的温度和热度，让他的学生享受成长的快乐。

我常给我的学生说，我们的世界，既有光明也有黑暗，我们无法选择。与其诅咒黑暗，不如点亮蜡烛。我想要用我的乐观和自信，告诉我亲爱的学生：无论何时都要让自己看得起自己，任何时候你们都要做最好的自己。

慢慢地，从我内心深处流淌出真诚和自然的爱，它搭起了师生间沟通的桥梁，让心与心贴得更近。我的工作对象不是机器，他们一个个灵活生动、个性不同。了解他们，发现他们的潜能并引导他们，对我而言充满了挑战。为了让我的每一个学生身上都能沐浴着"阳光的味道"，我从来不会在班里公然批评某个学生。学生走神看窗外了，我说："你是不是最懂得，拍摄人物最美的角度是45度？"学生作文出问题了，我说："感谢你给我们举起一个小木牌，上面写着'请勿进入'。"学校大合唱，有一个学生因为念错了词而笑场，下场后不敢见我，我说："这是值得感谢的精彩瞬间！等到你们十年聚会的时候，你们不一定记得课本，但一定还会记起大合唱的小刘，那时候你们一定会为这美好的亮点而会心一笑。"……我们班里每天都充满欢声笑语，其乐融融。每一把桌椅，都有着我们身体的温暖；每一处墙贴，都凝结着集体的智慧。窗明几净，暖意融融。环视四周，温馨的窗帘花，芬芳雅致的兰草，创意美丽的图书帘，还有"子潇微波炉""德宝时间"……哦，还有学生命名的"管式名言"……

今年我们班的臧琪同学获得了青岛市美德少年提名奖，去年我们班的小戴创作的作品获得海洋创意大赛二等奖，小宋赴南京参加全国模联比赛，小张拿了全国比赛一等奖……在班里，我们很快乐，因为每天都有快乐可以一起分享。教育的最终目的，不就是让人自由生长、让人性升华、让人快乐吗？

有一年我班的"学雷锋小组"奔赴盲校，为盲童们送去了一场别开生面的公益演出。演出过程中，学生被盲童天真的笑容、乐观的心态深深感染了。这些娇生惯养、花钱大手大脚的孩子一下子懂得了什么叫"珍惜生活"。深受感动的他们再一次组织了一场全校范围内的募捐活动，设计宣传板，印刷横幅，发送倡议书，挨个教室募捐，最后用募得的 7 000 元买成文具和书籍送到了盲童手中……青岛新闻网为此特意做了相关报道。而所有这一切都是学生亲力亲为，支持着学生将这项公益行动做下去的动力就是一个字：爱。

赠人玫瑰，手有余香。

我常说，学会爱人，心存善良，这是人生的必修课；先学做人，再学做事，这是教育的顺序。和我的学生相处越久，我就越是不断地感受到一种来自心灵深处的力量。我希望能像他们一样——因为追求，所以执着！因为热爱，所以快乐！

追逐百年以来的中国梦想，希望在少年，重任则在教育。我们无法把所有的教育问题都推在当今的体制上，因为教育走到今天，社会有责任，我们每个人都有责任。

我只是一名普通的教师，平凡得像一滴水。但是，我知道一滴水也能折射出太阳的光辉。当我把教育放到心上、做到自己的心上，我的梦想自然也就明朗了。当我们每一个老师都将梦想定位于在无功利的教育中，实现中国教育梦想的幸福也一定能降临到每一个老师的身上！

这就是我们当代老师的神圣使命。

我有一个梦想，做一个好老师，当一个学生说"好"、家长说"好"、社会说"好"的老师。

我有一个梦想，让每个学生都享受成长的快乐，让每个学生都拥有崇高的理想！

我有一个梦想，让每一个孩子的生命都富有张力，让每一个孩子的人生都走向辉煌！

青岛市骨干班主任——于薇

于薇,青岛三十九中市北分校语文教师,语文集备组组长,语文教育硕士,青岛市王连峰名班主任工作室成员。参加工作12年,从事班主任工作6年,所带班级被评为"市北区先进班集体"。

于薇老师撰写了多篇论文,并有多篇论文获奖并发表:《初中阅读教学方法浅见》获国家级一等奖,《浅谈语文教师课堂语言表达能力的培养》获省级二等奖,《语文教学中多媒体的运用》获省级二等奖,论文《"客"字源流考》发表在《吉林教育》杂志上,《班主任对问题生的艺术管理》发表在《教育学》杂志上,《互换一下吧,看看错在哪》编入《一路洒满阳光——中小幼教育衔接研究》一书中。于薇老师于2009年4月开设市级研究课《华丽的语言——让你的作文语言靓起来》,2012年5月开设青岛市经验交流课"我的课程,我设计",2012年6月参加青岛市优质课比赛获二等奖,2013年5月开设区级公开课"中国传统节日",2017年1月开设区级公开课"陈太丘与友期行",2015年指导学生参加全国奥林匹克作文大赛且获"优秀指导教师"称号,指导学生写的作文多次在报刊上发表,参与并完成2个国家级课题。作为班主任,于薇老师在工作中任劳任怨,努力向同事学习好的方法,尽力把工作做好、做细致。在班级管理中,师生共同制定"班级公约",采取了"每日小结"的量化细则,充分利用学习共同体的优势,激励学生团队的协作意识,也让所有的学生有了规范自我的依据。除了常规工作做好以外,更注重和学生沟通,尤其是与家庭背景特殊和学习上存在障碍的学生沟通;经常走访家庭,课余谈心交流,从身心各方面去帮助学生取得进步,走出学习的困境。

于薇老师所带班级倡导"匠心精神",即静心、细心、虚心、恒心。最喜欢的教育格言是:"让优秀成为一种习惯,做最好的自己!"

(青岛三十九中市北分校　史新强)

山东省心理健康教育先进个人，
青岛市教育管理先进个人——穆诺

穆诺，青岛三十九中专职心理健康教师，心理健康教育硕士学位。担任专职心理教师 14 年，任心理教研组组长、市中心组成员。曾荣获山东省心理健康教育先进个人、青岛市教育管理先进个人、共青团中央认证心理健康辅导员称号。国家二级心理咨询师，沙盘游戏治疗师，国家生涯规划师。编写的校本教材《青春心理健康》《初中生涯规划》被评为青岛市精品校本课程。多次担任市级心理和生涯教材的编写工作；开设市级公开课和城乡交流课；多篇论文发表于国家级刊物，获青岛市教育教学优秀成果一、二、三等奖。

穆诺老师致力于心理健康教育工作，学校曾获得山东省心理教育先进单位称号。努力上好每一堂心理辅导课，开创性地将"叙事疗法""绘画疗法""心理剧"等新技术融入课堂，有效地培养学生的积极心理品质。

穆诺是孩子们眼中的"知心穆姐姐"，无论走在校园还在咨询室里，总有孩子们亲切围绕在身边。积极回复"心理本""心吧客信箱"和微信中的学生提问，通过分析找到共性问题，通过课堂和各类讲座给孩子们的心灵增添明媚阳光。

穆诺利用了大量休息时间接待来访学生和家长，有丰富的个体咨询、团体辅导和家庭辅导经验。开设过中、高考的学生考前心理辅导讲座和青春期家庭教育讲座；重视家庭教育对学生心理的影响，主持编写了学校家庭教育专刊《家校心桥》和校公众号专栏《家长心课堂》，传播科学家庭教育理念。

穆诺积极参加各类心理进阶培训，不断提升自身心理健康教育和咨询水平。目前是申荷永沙盘游戏心理治疗师、德国汉堡认证的中学生生涯规划指导师、EAP 心理援助师。除此以外，穆诺自费参加过北京大学方新教授的催眠治疗工作坊和台湾许维素焦点解决工作坊。

穆诺老师积极探索初中生涯规划的课程设计与教育实践，2016年撰写所在学校初中生涯工作报告，入选全市初中教学工作会汇编，位列第一篇；是青岛市"十三五"职业生涯规划研究课题主要成员；设计的"时间看得见——学生百日习惯养成手册"，在学生中广受好评。

穆诺是心理健康理念的推广者，连年开展"525心理健康周活动"；团活动新颖且富有成效，多年被青岛市教育局作为心理教育优秀典型向全市推广。

她带徒五人，有的已是市中心组成员，有的已开设省级交流课和城乡交流课。

她最喜欢的一句话：以生命对话生命，以真诚开启真诚。

青岛市骨干班主任——王文婷

教书是最有趣的事

王文婷老师从小就喜欢拿着教鞭学着老师的样子。二年级开始学写字时，她看着老师将一个又一个端正的字写在田字格里，她就下定一个小小的决心："我要学好这些字，将来也要做一名教师，将这些生字和知识传授给我的学生。"那个时候的王文婷还是个不懂事的孩子，不懂得教师责任的重大与意义，只是一心想着长大后的自己也要像老师那样传道、授业、解惑。她是一个心中有明确梦想的孩子。

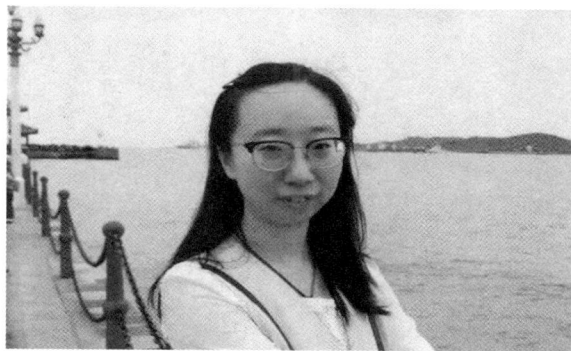

梦想成真

王文婷毕业于青岛师范学校，继续教育本科毕业于北京师范大学，不停地学习，只为不停止追梦的脚步。2012年8月，王文婷参加了青岛市市南区的教师招聘，并顺利通过招聘分配到了位于前海之滨的青岛朝城路小学，在这里开启了令她期待的教育之旅。王文婷实现了自己儿时的梦想，成为一名真正的老师，承担起了班主任工作和语文教学工作。

当梦想成为现实，那是一种什么样的感觉呢？第一次走上讲台，王文婷就是笑。她说："看着坐得笔直的孩子们，我一时半会儿没有开口讲话，原先都准备好了稿子，一进来就语塞了。看着可爱的他们，我情不自禁笑了。"

工作的第一年，王文婷的班里有一个不一样的小姑娘——娜娜。出生时的意外，娜娜的右手无法像其他孩子一样灵活运用，脑部发育迟缓，小小的她在班级中似乎永远是动作最慢的那一个。但是，她每天都是来得最早的。她会提前开窗通风，她对同学非常热心，她会和每一个遇到的老师、同学打招呼。王文婷在娜娜的身上看到了坚强与乐观。她坚信，没有一个孩子是不优秀的，只是要善于捕捉他们身上的闪光点。所以，她从不放弃任何一个学生，哪怕这个学生在别人眼里是"金刚"。

王文婷刚入职，就碰到了"四大金刚"，上课不听讲，下课不听话，同事们都为她紧张：一个刚毕业的小姑娘，怎么镇得住这些"金刚"呢？王文婷哪能后退？她开始去了解他们，包括他们的家庭状况、性格脾性，为此花费了她很多时

王文婷和孩子们在一起

间。她决定先靠近"金刚",聊天,谈心,玩游戏,而且十分走心。其实,孩子们都是善良的。有人说他们暴躁、调皮,王文婷感觉到了这些孩子之所以不一样是因为他们感到孤独。王文婷俯下身子来关心他们,时刻蹲下来跟他们说话,用游戏鼓励他们学习。在毕业典礼上,一个"小金刚"把他认为全世界最好吃的食物——汉堡当作礼物送给王文婷。看,这还是当初上着课都会跑出去的"金刚"吗?后来,王文婷的班里根本就没有什么"四大金刚"了。要是问学生王文婷是谁,他们都会这么说:"这是我姐姐啊!"除了"姐姐"这个称谓外,孩子们还会叫她"老王"。除了学生,就连家长也非常喜欢王文婷。王文婷曾答应"金刚"带他去看做生意的爸爸,前提是要好好学习。他们后来一起去了,这位爸爸还买了一"桶"零食给他们吃。

王文婷刚入职就有着清晰的职业生涯规划,以五年为阶段,制定了层层递进的规划安排。首先,要在班主任管理工作方面确立一套自己的管理体系。通过向老教师取经,结合实际工作,她已经逐步形成了较为成熟的班主任管理体系,所带的班级被评为"青岛市市南区优秀中队"。其次,确立属于自己的学科教学风格。通过教研活动的深入,王文婷形成了自己的语文课堂教学风格,执教的市南区语文公开课《生活化习作》受到一致好评。

今年刚好是第五年,王文婷的第一个五年规划目标基本实现了。这是她从毕业生转入教师角色的一个重要基点,从"关注自身"转向"关注每一个孩子"。王文婷经常向学生"讨教"学习,了解孩子们最时兴的讨论话题是什么。对她来说,这是一种非常有趣的相处方式。路漫漫其修远兮。对于她来说,未来的教育之路还很漫长,初心不变的她仍然在求知、探索。

"很开心选择了教师这个职业"

王文婷与同事们开玩笑说,没有老师做不了的事儿,打扫卫生、班级"侦探"、制作板报手抄报……只有你想不到的,没有你做不到的。还没有真正当上老师时,她以为教师的主要工作就是上课、管理班级,后来发现教师工作烦琐复杂,不仅需要备好课上好课,做好与家长的实时沟通,还要时刻关注学生的行为与心理变化,帮助他们调整好自我状态;同时,还要组织学生开展多种符合年龄特征的实践活动。她说:"我觉得做教师是一件很有趣的事情,每天都过得特别快。每天的忙碌生活,都是为了让孩子们能够拥有更好的学习生活环境,这让我感受到教师职业的幸福感和价值感。"

五年的教育生涯,王文婷根本没有过职业倦怠,她说:"我是真心喜欢教师这份职业,喜欢跟孩子们在一起的时光。"她安静起来,就是一个恬静的美少女;动起来就是一个灵活的女汉子,是在学生堆里都看不出来是老师的人。她说:"我喜欢和学生玩剪刀石头布,跳皮筋,老鹰捉小鸡……你会不会觉得我很幼稚啊?"也许,正是因为她这样简单的性格,孩子们才会那么喜欢爱笑、浑身散发正能量的王老师。工作遇到困难时,她会"跳"出来进行理性和感性的分析;实在无法解决,就向师傅和同事求助,这样就没什么难事了。王文婷与师傅王春霞是学校组织师徒结对时相识的。同样毕业于青岛师范学校,她们像朋友,也像姐妹,甚至像母女。在教学、管理学生、与家长沟通方面,王文婷都会向师傅取经。

2016年9月10日的教师节,毕业生纷纷回校看望老师。"当学生们飞奔过来,扑向我怀抱那一刻,我才真正体会到教师的职业幸福感。原来教师最大的幸福感不是上一节多么完美的公开课,也不是教出多么伟大的学生,而是看着自己教过的孩子幸福健康地长大。"王文婷说。曾经不善言辞的大男孩竟然对她说"王老师,我想你,我想你……",这让她不胜感慨。

工作了五年,王文婷自认为还是个"新"教师,工作经验与教育智慧仍显不足。她一直在不断学习、不断读书。她心中认定:"只有不断读书充实自我,才能够把更多的知识传授给我的学生。"

如果要对五年前的自己说一句话,王文婷会笑眯眯地说:"很开心选择了教师这个职业。"她每天都在和世界上最可爱的人儿相处,每天都在做着最有趣的事。比起教龄很长的"师傅们",她或许不够成熟,但却是一份青涩之心带着她一往无前。

(《未来教育家》记者 韦欣)

青岛市青岛教师优秀专业人才,
青岛市骨干班主任——徐洪运

徐洪运,青岛西海岸新区泊里初级中学教师。1998年7月参加工作,从事班主任工作18年,被青岛市教育局授予"青岛市青年教师优秀专业人才"、胶南市政府和胶南市教体局授予"胶南市优秀班主任"、共青团胶南市委授予"胶南市

优秀共青团员"荣誉称号。指导学生参加全国生物竞赛并多次被评为"奥林匹克优秀辅导员"。多次被评为校骨干教师、优秀班主任。所带班级评为"黄岛区先进团支部""黄岛区先进班集体"。撰写的教育教学论文多次获奖并发表,《生物教学中优化个性发展的尝试》获山东省中小学教育科研优秀成果二等奖,《创新思想引入美术教学的尝试》发表于《音体美报》,《新时期如何做好班主任工作》发表于《当代教育》,《初中生班级管理中学生自主意识的培养策略》发表于《教育学文摘》,《利用案例教学经营班集体》荣获"全国中小学德育教师科研成果奖"一等奖。

徐洪运老师于 2006 年 5 月举行了胶南市公开课《人体内的废物排入环境》,2017 年 12 月参加西海岸新区家长学校优质课比赛荣获二等奖。

徐洪运老师以习近平新时代中国特色社会主义思想为指导,不断提升自身专业化素质,加强师德修养,潜心钻研教材,整合教学内容,优化教学方法,努力探索新课程标准,开拓创新。

徐洪运老师班主任工作理念是:每一名学生都是一颗种子,都有自己的花期,教育需要耐心和智慧;拥有教育智慧是班主任最大的职业幸福;用"真"爱滋润学生,用"真"知培养学生,从而培育"真"人。

(青岛西海岸新区泊里初级中学　董波)

青岛市骨干班主任——王冠

王冠,山东师范大学教育硕士,从事班主任工作 12 年。工作期间硕果累累:"中小学全效学习方案研究与实验"科研成果获国家教育部全国项目办公室评选一等奖,论文在山东省教育教学"百佳论文"评选中获二等奖,科研成果获山东省中小学教育科研优秀成果一等奖。多年被评为校级优秀班主任、校优秀教师、校工会积极分子,获电子白板说课比赛优秀奖、学校课堂教学模式改革优质课评选优秀奖等。

多年里,王冠认真加强师德修养,提高道德素质。认真学习《中华人民共和国教师法》《中华人民共和国义务教育法》《骨干教师管理条例》等相关的教育法律法规;严格按照有事业心、有责任心、有上进心、爱校、爱岗、爱生、团结协作、乐于奉献、勇于探索、积极进取的要求去规范自己的行为。对待学生做到:民主平等,公正合理,严格要求,耐心教导;对待同事做到:团结协作、互相尊重、友好相处;对待家长做到:主动协调,积极沟通;对待自己做到:严于律己、以身作则、为人师表;对待学校工作做到:乐于奉献,任劳任怨。

在新课改背景下,王冠认真阅读教材,研究新课程标准,深刻领会新课标精神,结合教育实际,研究学生,研究教法,逐步树立起以学生的终身发展为目的的教学思想,树立新的教学理念。在教学中常常与优秀教师探讨,积极参与集体备课。在教育教学方面,王冠努力加强教育理论学习,提高教学水平,所辅导的学生多人在全国中学生英语能力竞赛中获奖。

作为一名教师,王冠深知自己肩上的担子很重,师德要模范,教育教学成绩要突出,要不怎么有说服力呢?随着教育教学改革的不断深入,他时刻感到自己的不足。他积极利用空余时间学习教育理论,学习先进经验和新的教育理念来不断地充实自己,以便更好地进行教育教学实践。在教学中,他积极引入"情感教学"模式。课堂上,组织好课堂教学,关注全体学生,注意信息反馈,调动学生的注意力,使其保持相对稳定性;同时,激发学生的情感,使他们产生愉悦的心境,创造良好的课堂气氛。他的课堂语言简洁明了,注意引发学生学习的兴趣;课堂上讲练结合,注意培养学生良好的学习兴趣和习惯。在教学中他认真研究教材,研究学生,根据学生特点认真备好每一堂课,充分运用现代教学技术认真上好每一堂课。他在教学工作中服从领导安排,勤勤恳恳,任劳任怨,每学期都保质保量超额完成教学任务。

教师从教之日，正是重新学习之时。新时代要求教师具备的不只是操作技巧，还要有直面新情况、分析新问题、解决新矛盾的本领。班主任工作责任重大，事无巨细。他参加工作后多年担任初中班主任的工作。作为一名班主任，除了维持好正常的教学秩序，保证学生良好的学习环境外，更要关注每一个学生的思想状况，全面了解学生情况。王冠平时非常注重与学生的交流，通过与学生谈心、家访等手段，排除学生思想上的顾虑，解决他们的实际困难，以有利于他们的学习和生活。

相对来说，初中生比小学生独立性强，自尊心也逐渐增强，渴望得到尊重，所以必须树立正确的学生观，正确认识学生的主体地位。王冠用自己满腔的爱去关心、尊重学生，耐心细致地指导学生，和学生沟通的思想感情，使自己成为学生欢迎和爱戴的人。学习上，他是学生的老师，循循善诱地激发学生学习的积极性，大胆求异创新；生活上，他成为他们的好朋友，无话不谈，关怀备至，努力建立融洽的师生关系，亮起师生的心灵之光。

在多年的教育工作以及班主任工作中，王冠始终把"育人"当作天职，且注重用情感育人，用德行育人，用爱心育人；班规班纪严格而不苛刻，注重人文性，采用多种形式密切家校联系。善于和"问题生"交朋友，用真爱唤起他们的自尊和自信。他十分重视学困生的转化工作。他从学习思想、学习态度入手，通过各种途径激发学困生的求知欲和上进心，首先解决他们的畏难情绪或厌学情绪，而后再从学习方法与学习勤苦的角度来引导他们一点一点地求得进步，并一再强化他们成功的喜悦，真正使学生乐学、爱学。长期以来，他用挚爱和真诚赢得了学生的尊敬和爱戴！

在班主任工作中，王冠注重用文明的行为影响学生，用高尚的思想引导学生。他坚持德育为首的原则，耐心而细致地为学生摆事实讲道理，做到以情动人、以理服人。对学生出现的各种问题，他尽可能做到及时预见、妥善解决。榜样的力量是无穷的，渐渐地，班级就形成了和谐向上的风气和良好的竞争氛围。

从教多年，王冠付出了很多也收获了很多。看着他的学生健康成长，感受到家长满意的笑容和领导、同事的赞许，他特别有成就感。他认为一名真正的教师是用自己的生命在实践育才，让课堂焕发出生命的活力。他绝不会满足于过去的一点成绩，他将站在一个新的起点上，一如既往、踏踏实实地干好自己的工作，让自己的人生更加精彩！

（青岛三十九中　三红莲）

青岛市骨干班主任——刘洪雨

刘洪雨，青岛开发区第四中学教师，2013年研究生毕业后即进入青岛开发区第四中学任教。作为年青教师，谦恭虚心，通过交流学习不断钻研提高自己的业务水平。在黄岛区（现青岛市西海岸新区）微课大赛中获东区初中文综组三等奖，在黄岛区（现青岛市西海岸新区）优质课比赛中获二等奖，多次被评为校"优秀教师"。

入职以来，刘洪雨一直担任着班主任工作，以自己的一言一行影响着学生；面对处于青春期的孩子，注重和家长的家校联合联系，想家长之所想，急家长之所急。春风化雨，润物无声。所带班级学生态度正、学风浓、成绩高，真正做到让学生德、智、体全面发展。多次被评为学校"优秀班主任"，所带班级被评为"黄岛区先进班集体"，两次被评为"青岛市先进班集体"。

业精于勤，尽职尽智。刘洪雨用自己的心去教诲学生，用自己的情去培养学生。

今日含苞待放之花蕾，明日必定盛开绚丽花朵。

（青岛经济技术开发区第四中学　白星）

寻找班主任的幸福感

一、感悟教育的幸福

（一）幸福源于奋斗

习近平主席在 2018 年新年贺词中指出："广大人民群众坚持爱国奉献，无怨无悔，让我感到千千万万普通人最伟大，同时让我感到幸福都是奋斗出来的。"

幸福是什么？幸福是指一个人的需求得到满足而产生长久的喜悦，并希望一直保持现状的心理情绪，并不与快乐、快感、方便画等号。有人说，班主任的幸福很简单，就是你所有教过的学生都能记住你是爱他们的。有人说，班主任的幸福就是走在大街上有个洪亮的声音叫你一声"老师"，然后飞奔过来拥抱你。有人说，班主任的幸福就是看着每个学生都和自己的孩子一样可爱。也有人说，班主任的幸福就是让每一个学生找到最适合自己的人生出路。归根到底，班主任的幸福来源于学生的成长，来源于教育的成果，来源于作为班主任的专业能力和敬业精神。

生命的本质在于追求快乐

◎王连峰

快乐是一本书，蕴含着深刻的哲理；快乐是一首歌，奏着高低不一的音符；快乐是一首诗，充满着"大江东去浪淘尽"的豪情。每个人都得品尝人生的"酸甜苦辣咸"；每个人都得按照"日出日落"的作息时间去度过每一天；每个人都希望自己的每一天能平安地度过，在平安中找到快乐。每个人的人生都不相同，我们的感悟也各不相同。

随着年龄的增长，我们看清了自己，再来看生活，渐渐明白了，应于取舍间满足自己、在得失中感受自己，渐渐地，得之不喜，失之不悲。明白了得失与悲喜，在生活中人要轻松、心要自在。无论是事业、家庭，要拿得起、放得下，因为生命的本质在于追求快乐。

父母给予我们生命和爱，可他们迟早会衰老；孩子给我们满足和喜悦，可他们终究会长大；爱情给我们幸福和甜蜜，可我们必须付出一生的代价去呵护。金钱是水中的浮萍，时聚时散；美丽的容貌是绿树上芬芳的花朵，适时绽放，无奈凋谢；健康是魔术大师，能变晴也能变阴；繁华更像是梦一场，曲终人散，觥筹交错的热闹犹如水中影、镜中花,没等看清,就散去了。

作家毕淑敏曾说过:"人可能没有爱情,可能没有自由、没有健康、没有金钱,但我们必须有心情。"如果你渴望拥有健康和美丽,如果你想珍惜生命中每一寸光阴,如果你愿意为这个世界增添欢乐与晴朗,如果你即使跌倒也要面向太阳,就请锻造心情。

心情,其实就是一种感情状态,是一个人对外界各种因素作用于内心的一种感知、感觉和感叹。千万别小看心情,它能让天地为之动容、自然为之变色。同样的江水,李后主低吟:"问君能有几多愁,恰似一江春水向东流。"苏东坡豪唱:"大江东去,浪淘尽,千古风流人物。"湛蓝夜空,一轮明月,有人举杯邀约,对影浅酌;有人黯然泪下,思乡情浓,总是故乡月最明。景无异,异的是心情。

别让人生输给了心情。心情不是人生的全部,却能左右人生的全部。心情好,什么都好;心情不好,一切都乱了。我们常常不是输给了别人,而是坏心情贬低了我们的形象、降低了我们的能力、扰乱了我们的思维,从而让我们输给了自己。控制好心情,生活才会处处祥和。好的心态能塑造好的心情,好的心情能塑造最出色的你。

生命是一种缘分,你刻意追求的未必能得到,你努力追寻的未必能获取。生命中的灿烂,人生中的辉煌,往往不期而遇,尽在偶遇。我们能做的就是尽心尽力,得到是一种幸运,得不到也是一种幸运。因为尽心,我们总有收获;因为尽力,我们总有进步。得失是一种心境,人生就是一种缘分,无悔就行。是的,上苍给予我们一样的生命,我们却选择了不尽相同的生活方式。我们可能活得不高贵,但我们完全可以活得高尚;我们可能无法逃避厄运或各种棘手的问题,但我们可以从容豁达。什么都可以缺乏,自信不能缺乏;什么都可以不要,快乐不能不要;什么都可以不好,心情不能不好。

微笑着,去唱生活的歌谣。不要抱怨生活给予了太多的磨难,不必抱怨生命中有太多的曲折。大海如果失去了巨浪的翻滚,就会失去雄浑;沙漠如果失去了飞沙的狂舞,就会失去壮观;人生如果仅去求得"两点一线"的一帆风顺,生命也就失去了存在的魅力。把尘封的心胸敞开,让狭隘自私淡去;把自由的心灵放飞,让豁达宽容回归。

好好地珍惜人生,尽情地拥抱生活吧!当我们轻抚依然驿动的心,当我们的心底还有一缕柔情再生,当感动还可以让我们涕泪沾巾,当憧憬还可以灿烂一个美丽的梦境,当向往还可以让我们怦然心动,我要说,我们依然年轻,因为我们分明感受到了那激昂澎湃的热情、那潜藏在心底久违的活力。希望,活力,才是生命的最强音。

幸福因提醒而到来

◎管霞

我从不知道，幸福还需要被提醒。

所以一看到毕淑敏老师写的《提醒幸福》一书的书名，我就被吸引住了。

当我读到"幸福常常是朦胧的，很有节制地向我们喷洒甘霖……幸福绝大多数是朴素的……幸福不喜欢喧嚣浮华，常常在暗淡中降临"的时候，我才猛然意识到——每一天的每一刻，我们都不断地被提醒。一句名言，一句平淡无奇的问候，甚至是一个微不足道的手势，都会被我们当成提醒的表示，却没有人说一句"今天你很幸福"提醒自己，没有。

也许人们认为幸福是理所应当的，不足挂齿。

走在每天都要行走的路上，挤在每天都要挤的公交车上，听着每天都会听到的数学公式、化学方程式，我时常感到厌倦；看着每天都要背诵的文言文，倒在无穷尽的书山题海之中，我更是感到疲惫。幸福和愉悦又在哪里？

老师说：风景总是在别人的眼中。是啊，外地的朋友来青岛，每次都会被青岛"红瓦、绿树、碧海、蓝天"的美丽风景所打动。每当他们由衷地赞美大海的时候，我都不屑一顾："青岛其实不怎么样。"我想，不仅仅是我，哪怕是居住在栈桥附近、小鱼山半腰的青岛居民，估计也同样感觉不到自己与众不同。

老人言：身在福中不知福。幸福距离我们很近，但是我们不曾发现过它，好像一直在无视它的存在，任其在我们指间划过、飘远。这时，我们才品着手上那残存的余温说，幸福，它来过。

幸福，其实就在我们身边，它穿着它本色的外衣，环绕我们，将我们包围。练了许久的谱子终于在一个明媚的下午弹得如痴如醉、行云流水，准备了一个月的比赛终于在顶级的专家那里得到了应有的认可；抑或是，努力帮助他人之后得到的那一句真诚的"谢谢"，一篇篇作业突然不再枯燥而变得可爱——每一个精彩的瞬间，每一个难忘的回忆，每一个欣然的微笑，都会让我们怦然心跳：原来"幸福"二字一直写在我们的脸上。

当你每一天都会有一点时间，用它来细细地品味每一个细小而华丽的瞬间时，我想，幸福就已经扎根在你的心里，生长了。

正如毕淑敏老师所言，幸福因提醒而到来。

我们需要在一块块蕴含美好的土地中去挖掘幸福，寻找幸福。

毕淑敏老师说："当我们守候在年迈的父母膝下时，哪怕他们鬓发苍苍，哪怕他们垂垂老矣,你都要有勇气对自己说:我很幸福。"[1]

树欲静而风不止,子欲养而亲不待。拥有亲情的时候你提醒自己幸福了吗?李密提醒自己,要小心翼翼侍奉汤药;归有光提醒自己,别忘了庭院中亭亭如盖的枇杷树;贾平凹用"我不是个好儿子"来表达内心的自责和愧疚——你呢?

也许今天你还因和母亲的吵架中占了上风而沾沾自喜呐。你记起母亲夜夜的思念,声声的叮嘱了吗?你感觉到父亲默默地关注,无言的呵护了吗?尝试去感激一杯水、一个苹果、一阵风以及对自己有帮助的亲人吧。珍惜现在我们所拥有的一切,不要等它们消逝。

毕淑敏老师说:"当我们一无所有的时候,我们也能够说:我很幸福。因为我们还有健康的身体。当我们不再享有健康的时候,那些最勇敢的人可以依然微笑着说:'我很幸福。因为我还有一颗健康的心。'甚至当连身体也不再存在的时候,那些人类最优秀的分子仍旧可以对宇宙大声说:'我很幸福。因为我曾经生活过。'"[2]

"不要为打翻的牛奶桶永远哭泣。"牛奶桶打翻了,还可以再去盛。坐在地上哭泣,只能再会为打湿的衣服而哭泣。失去总是难免的,但愿我们失去后,我们可以对自己说我无憾:我们曾经拥有过令我们愉悦的一切。

幸福是一粒小小的甘露,虽小,但可以湿润无数个干涸的心田。让我们不断地互相提醒我们,幸福就在身旁。

看看四周,望望近处,欣赏每一个天朗气清的早晨,享受行走在路上的踏踏实实,感受属于自己的朴实和善良,这是多么美好。

我要大声告诉自己:我很幸福!我要在这一切还没有离我们远去的时候,抬起头,挺起胸膛,用十足的底气告诉世界:我很幸福!

教师这个职业,让我们幸福着

◎王文婷

"幸福"是一个很甜蜜的词语。当我们想起幸福、念叨起幸福时,我们的脸上会浮现出神秘的微笑。教师这个职业,让我们幸福着。对于教师和学生而言,幸福与梦之间似乎有着很大的联系。

梦是一首诗,吟诵最美好的华章;

梦是一幅画,描绘最斑斓的图景;

梦是一曲乐,弹奏最动人的音符。

---

[1] 引自毕淑敏:提醒幸福[M]. 北京:北京日报出版社,2015.
[2] 引自毕淑敏:提醒幸福[M]. 北京:北京日报出版社,2015.

　　我们的身边不乏心灵手巧的织梦者，他们编织了一个个美好的梦，送给了所有有梦想的人，而我的身边也有这样一位平凡的织梦者，用她的爱编织成了美好的梦，送给星星的孩子，她——就是青岛朝城路小学王春霞老师。2012年王老师被评为市南区学生最喜爱的老师，荣获"市南区优秀班主任"称号，通过她在班级工作中点点滴滴的小事，我们看到了她对爱与责任的最好诠释。

　　在我们的周围有这样一群孩子，虽然外表看起来与普通孩子无异，但他们几乎从不与人交流，独自承受着内心的孤独与寂寞……他们生活在他们的世界里，一人一个世界。他们说一种只有星星能够懂的语言。他们有一个残酷而美丽的名字"星星的孩子"。

　　王老师所带的班级里就有这样一位善良并且可爱的"星星的孩子"。初次与小源见面，他总喜欢躲在妈妈身后。对他来说，这里的环境，这里的同学，这里的老师，都是陌生的。听小源妈妈说，他在北京已经治疗了一段时间，比起那种有自残或者暴力倾向的孤独症儿童，他的症状表现要好很多。开学第一天整个上午，小源都坐在自己的位置上。教室里一群精力充沛、叽叽喳喳议论个不停的孩子们，与小源的表现形成鲜明的对比。他专注地盯着窗外发呆，仿佛周围的一切都与他无关。你和他交流，他大半天不说一句话，眼神飘忽不定，要不然就自言自语，咕咕唧唧地说些让人听不明白的话。课间，同学们都到校园玩去了，王老师多次尝试着领他到户外活动，任凭怎么哄，他也不出教室。他认为，教室是最安全的。但总让他躲在教室里可不行，上微机课或体育课怎么办？于是，王老师每天拿着记录本用电话与小源妈妈交流，把家长建议一点点记下来。渐渐地，在交流和自己的观察中王老师摸出了一些门道，如：要和他说话时，你得握着他的手或捧着他的脸，轻轻地、慢慢地告诉他要做什么。早晨他来到教室，王老师会捧起他的小脸，微笑着告诉他：小源，我是王老师。课间，王老师会拉着小源的小手，走出教室；开始在走廊上，后来渐渐熟悉了环境，小源就和王老师一起来到操场上，一起游戏。课堂上，老师们也没有忽略他，让他领着同学读词语，指导他完成相应的练习，完成得好就会发一枚小奖章。经过长期与他玩游戏、沟通，现如今，小源能听从老师的一些指令，能用一些简单的词语向老师表达他所需要的。

　　生活中，王老师也给予小源无微不至的关怀。记得有一次小源闹肚子，来不及上厕所，上课了憋不住又不敢说，就拉在了裤子里，气味难闻，其他小朋友都皱着眉头、捂住鼻子。小源则吓着了，小脸通红，避在座位上咬着手指头。于是，王老师把他领到老师的卫生间，打来热水，拿卫生纸沾着热水一点一点帮他清理干净，换上王老师儿子的裤子。把他送回教室后，王老师又折回卫生间，清洗被他弄脏的衣裤。后来再次提起这件事，王老师只是说当时没多想，就是处于当妈妈的一种本能，自己的孩子小时候拉了尿了，不是也要这样做吗？小源妈妈事后一直很内疚，一个劲儿地表示歉意，王老师只是诚恳地对她说："小源在家是你的孩子，在学校就是我的孩子，咱们都是做妈妈的，照顾好班里的孩子是我的责任。"通过一段时间的沟通和交流，我慢慢发现小源在与正常孩子交流的过程中，也在慢慢地成长，总有惊喜发生：话说得越来越清楚，自己敢到饮水间打水了，能记清每节课上什么，体育课、美术课、信息技术课等是他的最爱，课间也会跑到老师身边表示对老师的喜欢，放学时会摇摇手跟老师和同学们说'再见'"。每当看到这些、听到这些，王老师的脸上总会浮现出欣喜的笑容。

人生一世，总是在追寻。寻山间鸟语，见花落花开；寻琴音乐语，感撩拨心弦；寻卷中乾坤，叹如梦人生。每个人都有梦的愿望，是自己梦的主宰者，而王老师通过绽放一个微笑、传递一个鼓励的眼神、伸出一双温暖的手、奉献一颗爱心来创造一个个美好的梦……

怀着一份爱心、一份责任、一份铭记，让小小的种子生根发芽，我已准备好，创造美好的教育梦。我们因教育而相遇，因教育而感到幸福。

信任让教学充满奇迹

◎王新玲

读《第 56 号教室的奇迹》让我认识到了一位拥有着无比热情和无限智慧的美国教师雷夫。从这本书里，我发现了日常教学中的不足以及雷夫处理事情的透彻与大气。这不禁让我由衷地佩服，不得不说这确实是一本好书。

最让我深受启发的是书上的一句话：第 56 号教室之所以特别，不是因为它拥有了什么，反而是因为它缺乏了某样东西——这里没有害怕。反思现在的教育现状，为了课堂纪律，为了考试成绩，不仅学生怕，连教师都在害怕，大多数课堂都染上了"恐惧"气氛。学生守纪是因为害怕受惩罚，考不好是怕老师批评、家长责骂、同学嘲笑。在家里也是如此，家长挖空心思，对孩子又打又骂，逼迫孩子学习，完全不顾孩子的感受。学生长期以来处于一种"战战兢兢生活"的状态，这严重阻碍了学生的发展。然而，教师又怎么样呢，教师也在害怕——害怕自己不被学生喜欢，害怕上课没人听讲，害怕自己管不住学生，害怕被同行嘲笑，更害怕一系列的评比选优。在雷夫老师的教室里，没有"害怕"这两个字。他用信任取代恐惧，用信任建立起一座坚固的桥梁，使教室的一切变得不一样，使学生热爱学习、为他人着想，最终形成自己的行为准则，而其中重中之重就是师生之间的信任。那么，如何才能做到这一点呢？

第一，言必信，行必果

雷夫老师在开学的第一天就让学生玩"信任"游戏（一个学生往后仰，其他学生在后面接着）。浅显易懂的游戏对我就有很大的触动，只要有一次放手，别人就不会信任你。在班级管理中，我本来就比较健忘又被这样或那样的事情烦着，往往早上对学生的口头承诺说完就忘得一干二净，等到学生跟我说起时才记起来。现在想想就有点后怕。确实，连老师承诺了又做不到，怎么能要求学生答应了就做到呢？建立信任感不是一朝一夕的事情，而是在与学生的交往中不断强化的。就像雷夫老师所说的，"我们不需要对孩子长篇大论地谈我们多么负责任，而是要他们把信任放在我们肩上"，"孩子们以你为榜样。你要他们做到的事情，自己要先做到。我要我的学生和气待人、认真勤勉，那么我最好就是他们所认识的人之中最和气待人、最认真勤勉的一个"。这提醒我们"身教重于言教"。这些道理我们都懂，关键是没有真正做到。父母和老师要勇于负责，不要老是开一些口头支票去愚弄孩子，因为他们很聪明，一定会识破。

第二，动之以情，晓之以理

书中第二章提到了"六阶段"。信任是地基，"六阶段"则是引导学生学业和人格成长的阶梯。雷夫所说的第一阶段"我不想惹麻烦"，我的理解其实就是给学生摆出应该做和怎样做的问题，对他们进行行为习惯的养成教育；第二阶段"我想要奖赏"，在我的观念中应该是教师的一个眼神和一句话，这些动作是对学生表现的肯定和赞赏，不仅仅是物质的，通过这种"赞赏性的奖赏"巩固学生好的行为习惯；第三阶段"我想取悦某人"，在我的教育中应该是"亲其师信其道"。总之，"六阶段"是逐层递进的，也是动之以情、晓之以理的体验过程。这个过程是师生情感建立的过程，是由要我做到我要做的过程，最终知道什么该做该怎样做。这种认知其实非常符合马斯洛需求层次理论的精神。

第三，严于律己，宽以待人

雷夫老师曾忠告孩子们说："你永远无法真正了解一个人，除非你能从对方的角度来看待事物……除非你能进入他的身体，用他的身体行走。"[1] 这何尝不是对我们的忠告呢？当我们理直气壮地批评学生、数落他们的不是时，站在他们的角度思考过吗？当我们碰到学生对哪些讲了再讲的题目还是不会做时，脱口而出的那句"这道题目我讲了多少遍了，你还不会，上课有没有在听啊"，有没有想过以他们的水平是不是真的没有听懂？当我们在为后进生的成绩给自己班拖

---

[1] 引自［美］雷夫•艾斯奎斯：第56号教室的奇迹［M］. 北京：中国城市出版社，2009.

后腿而哀叹时,有没有想过他跟他自己比是否有了进步?毕竟只要尽力,考试不是那么重要;就算是考坏,明天的太阳还是照样升起。考不好只代表一件事:你还没有弄懂题目,老师可以再为你讲解一次。多站在学生的角度想想,会更理解孩子,在今后的管理工作中会做出更适合他们的决策。我们教师也是从学生时代走过来的,应当时时刻刻站在学生的立场上想想他们会怎么想。不仅是教学,在教育中我们也应本着"己所不欲勿施于人,严于律己宽以待人"的原则,理解和信任学生。

第四,人格品性才是教育本质

雷夫老师眼里的 56 号教室所重视的"品格、诚信、道德与胸襟等"这些人生重要的课题,对我们来说为什么会如此冷漠?不管在哪里,我们评价一所学校、一个班级,甚至是一个教师,不可或缺的标准就是"成绩或分数"。雷夫老师认为,会考试固然好,但更值得称赞的是价值观——我的学生知道许多比 SAT 成绩更重要的事情。我们的校园里的教育教学理念、办学方针、校规校纪,又有多少根植于学生心田、融入学生行为之中呢?读了这本书,我既惭愧又窃喜:惭愧的是自己如井底之蛙,站得不够高和看得不够远;窃喜的是我已经意识到自己正在改进,正在进步。

读了这本书,我知道其实奇迹是可以发生的,只要建立起师生彼此的信任,教师做学生可以信赖的依靠,讲求纪律、公平并且成为孩子的榜样。总之,《第 56 号教室的奇迹》这本书真正给了我一个信念,真正给了我一个前进的方向。让我重新审视自己的教学观和儿童观,我将努力以爱包围孩子、感化孩子,并时刻反思自我、总结经验,不断努力前行。

"无为中大成"

◎王新玲

《红蕾·教育文摘》2012 年第 3 期《班主任"兵法"》专栏有一篇文章题为《向唐僧学习怎样当好班主任》。作者从大家熟知的文学作品小说《西游记》入手,分析了一个"没用"的唐僧为什么会领着一群有个性的徒弟取回真经。通过研究唐僧这个团队,引起人们思考,我们应该向唐僧学习什么呢?文章最后一段引用老子的话:"损之又损,以至于无为。无为而无不为。"这个观点引起我很大的共鸣。唐僧有两个绝招。第一个是目标定位。一路向西取真经,这是唐僧的目标定位,他以一种执着的信仰,引导这个团队一路向西取得了成功。第二个是管理策略:"无知,无能,无用,无欲"。回顾我多年的班主任工作经历,深切地感受到班主任管理中的"无为中大成"。

我其实非常希望自己能够像诸葛亮一样博古通今、知识渊博,学生百问不倒,无所不知,无所不能。但是看了这篇文章后我更想做唐僧。唐僧西天取经途中,每遇到一条河、看到一座山、经过一个村庄,总是问徒弟这是什么那是什么,似乎什么都不知道。做老师的、做父母的也要把自己置于无知的境界,和孩子们共同去探讨学习和生活中的问题。比如,开展运动会、艺术节这些活动时,问学生:怎么办?怎样才能有新意?谁去办呢?

唐僧总把自己置于无能者的地位,他以欣赏的目光看待三个徒弟,这是一种管理艺术,是一种境界。教师不要当一个能者,要学会当一个无能者。我的电脑水平十多年来没有进步,是不是要归于这个原因呢?每每遇到电脑问题的时候我都会"找学生",所有学生都知道我的电脑玩不过他们,所以他们特别愿意给我当老师,帮我处理电脑困惑,制作我班的博客、QQ群和空间里的所有的内容,还有那种动态的画面处理等。我班"电子文档"水平的高超有一半功劳是我的"无能"造成的。

作为教师我们能歌善舞确实是非常好的,但是事事都凸显自己的才华,使得学生的舞台就失去了他的价值。我们应当放手,让学生去做,在做中体验,在错中成长;给不同特长的学生以自信,让他们当一回老师,尽情展现自己。

唐僧有个大欲望,所以没了小欲望。教师如果目光总停留在眼前的话,如何给学生一片广阔的天地呢?为了私欲而急功近利,以学生的身心受到伤害来换取自己暂时的面子,这样做考虑到学生的发展了吗?十年树木百年树人,学生的健全人格的成长受老师特别是班主任的影响很大,所以我们一定要摆正心态,用真诚的心做实实在在的事。

老子的话"损之又损,以至于无为。无为而无不为。""无为而治"一直是我坚持的班级管理理念,让学生自己把握自己的命运,成就自己的幸福人生。让我们向唐僧学习,学习他的"无知、无能、无用、无欲"吧。班级管理大胆放手,充分发挥学生自主管理的能力,让他们在自己的天空中展翅飞翔吧。

静待花开

◎于薇

静待花开,需要的是花匠细心的施肥、修剪,而无须叫嚷、催促;静待花开,需要的是耐心的等待和迎来花开时的欣然,而不是失望和比较。这是一种心态,这是一个过程。而教育的"花匠"——教师,又该如何"培育"我们的学生呢?在当代教育家李希贵的《为了自由呼吸的教育》一书中,他把自己多年来教育实践中的一些原生态的东西呈现出来,一切都是那么实实在在、明明白白,言之有理又情有所依。读完此书,我深深地被作者对教育的真诚所感动,也汲取到在教育工作中所需的"养料"。

李希贵老师说:"我真正的学习是从读书开始的,我真正的教育人生也是从读书开始的。读书使我顿悟了教育,教育使我顿悟了人生。""教育是与读书连在一起的,书是最重要的教育资源。"是的,李希贵就是这样,走到哪里,就把读书的种子播撒到哪里。他以自身和专家、大师的成长经历,告诉每一个孩子和家长:播种行为,收获习惯;播种习惯,收获性格;播种性格,收获命运。读书,伴随着他46岁人生,也影响和改变了他一生的命运。我们常说,一个优秀教师首先是一个善于读书、知识渊博、视野广阔的读书人。从李希贵身上我们深知,真正热爱教师这个职业的人,是不允许自己只停留在原有知识水平上,而是要超越自己、超越自己的过去。

最难忘的是他的从"地下图书馆"到"每天10分钟"。为了让学生能多读好书,李老师无偿地把自己珍藏的书借给学生看,但由于临近高考,所以这种借阅只能是"地下"的,结果还是被领导发现了。"地下图书馆"面临"停业"的危险,学生不答应,李老师也觉得读课外书确实会帮助学生提升语文水平。后来,他想了一个办法,把"地下阅读"转向"公开阅读",把阅读的量变得小一点,把阅读的内容编排得科学一些,这就是后来的"每天10分钟"。师生共同参与查找资料,甚至节假日都不间断。这种活动进行了好多年,以至于他的学生在20年后仍对这项活动记忆犹新。李老师说:"把教育的权利还给学生。"学生的成长固然需要老师引领,但归根到底是学生自己在成长,我们永远无法代替他们的成长。教育就是这样奇怪,我们耗尽心血和时间经营时,收效甚微;有时却有意想不到的收获——例如,课堂教学中苦心孤诣的讲解辅导,很快就被孩子们忘掉,而我们无意中播下的种子,却在孩子们生命力的原野里长成了一棵大树,让他们受益终身。每一位善于思考的教师,都需要反思自己的教育生活:我们究竟该怎样把这种"有意的"教育和"无意的"教育结合起来?

"争取学生热爱你的学科""让每一个学生都有最喜欢做的事"……苏霍姆林斯基的《给老师的一百条建议》给了李希贵很大的启发。他感悟到:教育首先是"人"的教育,而不仅仅是知识的传授和技能的学习。要让学生一生能够持续地学习,能够有尊严、高质量地生活,能够为社会做出贡献,而且有能力把握自己的一生。而要做到这些,就必须了解孩子、相信孩子、尊重孩子、赏识孩子,用心灵去塑造心灵。在日常生活中，我们每个人都有自己的想法和意见，学生也是如此。因此，作为教师，我们要尊重全体学生，让课堂响起不同的声音，让学生敢于打破权威，具有质疑精神，这是尊重生命、发展个性的价值取向。在这里，我举个小例子——

在一次常规课上，我准备了一个典型事例来帮助学生理解学过的理论。我像往常一样说出了案例的名字，正要往下讲时，一位学生打断了我的话："老师，这个案例发生的时候我们还没出生呢，能不能讲个我们熟悉的？"话音刚落，其他学生也你一言我一语地发表着自己的意见。我有些慌，这是我没有预设到的啊！但我立刻冷静下来：也是呀，每个时间都有发生时的特定的国情和历史背景，教学内容应该具有时代感。于是，我尊重了学生的意见，同时我反问："能不能讲个你们熟悉的事例呢？"没想到，课堂上非但没有冷场，反而是学生积极踊跃地回答，他们说得头头是道，这让我惊异于他们对时事的热衷和敏锐感。所以说，我们一定要尊重学生的选择权，并允许他们表达自己的主见，只要他们的想法是合理的、恰当的，我们一定要给予鼓励。在这里告诉大家，这一点灵感来自于李希贵老师的那句话：学生的潜能就像空气，可以压缩于斗室，可以充斥于广厦——就看我们给他们提供什么样的空间。

"把简单的事情天天做好，就是不简单！"作为教师的我们，必须不断充实自己且善于发现，有一颗敏感的心，而这种敏感来源于我们内心的爱和责任感！

师爱无言，今生无悔

◎王连峰

每天站在讲台上，都有新的问题等待我去解决，都有新的感觉需要我去面对。那些纯情的、渴求知识的眼光，让我感到肩上的担子很重、很沉。一堂课接着一堂课，一批学生接着一批学生，有收获不完的信息，也有享受不尽的快乐。更多的情雨风露洒满了人生半载，因为在我眼中，学生人生价值的实现才是我自身价值的体现。

2008年8月，我服从学校安排接任初二·10班的班主任。像自己接手每一批学生一样，我喜欢这些可爱的孩子们，无论他们家境如何、智力高低、个性如何，我给予所有孩子的是同样的关心和爱护，因为我坚信他们人人有成功的可能。刚接班，我就被一位憨厚、质朴的高个女孩李某所吸引。依我多年的教学经验和感觉，她应当是位不错的卫生委员，于是我决定让她先来试试。一个星期下来,不出所料,她工作认真、不怕苦累;后来,更是天天与同学在卫生区一起值日。当然,她的工作中也碰到一些挫折甚至不想干下去,我便经常与其谈心,指导她如何开展工作、如何提高学习效率、如何与同学相处。后来在家访时我发现她的父母已双双下岗,家境很是拮据,才猛然想起每次通知她要去家访时她总是推托说"老师先到别的同学家吧",眼睛里满是请求和忐忑。一次次的家访中,我鼓励她放下思想负担,坦然面对现实,用自己的努力创造未来。平日里,我更多地关注她,及时排解她的苦恼和困惑,努力给予她第一时间的帮助。老师的理解和信任激起了李某的工作热情和学习热情。于是,卫生委员的工作赢得了老师和同学的赞许,学习成绩也稳步提高。在第二学期期末考试中,她的数学考了满分(全班只有两个同学)。现在,她已成为一名品学兼优的学生,成为一名能把握自己、主动发展的学生。看到这些,有什么理由怀疑她美好的未来呢?欣慰中,我可以将更多的精力投入到其他孩子的身上了……

还有,还有太多的事情……记忆将我引向另一位特困家庭的学生——任某,我2004年班上的一个成绩非常优秀的孩子。她家的情况是父亲病故,姐姐残废,靠妈妈仅有的600元退休费维持全家人的生活。中考报名的当天,任英华顶着红肿的眼睛来到我的面前,说要放弃中考……看见心爱的学生难过的样子,我含着眼泪激动地对她说:"上高中学费我给你出。"还有,2006年班上活跃、热情的体育班长——王某,由于家庭父母不和,他变得苦闷、消沉,是我的家访和多达几十次的谈话鼓起他的勇气,最终考上重点高中、重点高校。

想在记忆中搜寻一点特别的东西,记起的却只是一张张笑脸。太多的事情已在我的记忆中淡漠了。或许在学生的心目中有很多刻骨铭心的事,因为每每相聚,他们总有诉不尽的心声、说不完的故事。我,只是在他们相聚时快乐的诉说里享受着回忆;在他们一个个成功的喜讯里感受着欣慰;在节日一声声的问候与祝福里体会着快乐;在一封封被唤作"峰哥"的信件里感受着幸福……

我还在面对那一双双纯情的、渴求知识的眼睛,我依然在坚定地走我的路……

"学高为师,身正为范"。师爱是艺术,它更能启迪学生的智慧,引导学生的言行。闲暇之余,看看学生的留言,他们是这样写的——"您的话犀利到位,让我们害怕,但我们记忆最深的还是您的春风化雨,您的严中有爱,您的智慧、幽默、风趣;无论是做人、做事还是做学问,您给我的影响太深远了。"掩卷之余,我不禁想到为人师能让学生感受到求学的美好、拼搏的乐趣,人生足矣!

冬意虽寒，阳光依然

◎ 王文婷

寒冬已至，街道上不见了悠闲踱步的人，映入眼帘的则是人们紧裹着大衣，双手围绕在脖间，生怕有一点寒风侵入体内，这样步履匆匆。

冬天是最适宜读书的季节。静默的冬天，如一幅水墨长卷，时光似乎也慢了节拍，这时候浮躁的心变得清净澄澈。坐在窗前，阳光依旧照耀着大地，温暖的光打在脸上、书上，让我们在寒冬中感受到了暖暖的春意，让疲惫了一年的身体放松下来。读读书，会让冬天变得充实而温暖。

冬日的阳光温和，可爱。午后，拿一本书，坐在阳台上，大把的阳光透过玻璃窗倾泻进来，暖洋洋的。这时候，或读一本金庸的武侠小说，感受快意江湖事；或读一本琼瑶的言情故事，感受浓郁爱恨情仇；或读一本泰戈尔的散文集，感受不一样的文学色彩……从不同的书籍中读不同的故事、品不同的人生百态，在同一片天空下感受同样的阳光照射，静谧而安详。这样的冬天，寒冷而不失温暖。

阳光，是一种语言，一种亲近大自然的语言。与冬日里的阳光对话，我们会感受到光明、快乐、温暖和向上的力量。这种力量引领着我们，在冬日里给我们以前进的动力。如今，寒冬已至且冬夜漫长，莫要辜负这个冬天，让热情的生活、坚定的信念、明媚的阳光充斥着它，伴随着这寒冬，你我同行。冬意虽寒，阳光依旧。

（二）幸福源于"懂你"的引导

班主任的幸福是深层次的、长久的内心情感。筑牢幸福基石的奋斗也一样是艰巨的、持续的。对于班主任的奋斗，不同的人有不同的理解。有的说是不断地丰富自己的教育经验，成为班级的优良管理者；有的说是执着地钻研学生，成为最懂学生的人生引路人；有的说是不断地提高个人修养，成为学生向往成为的那个人。其实，懂孩子们的心，与他们达到心与心的沟通交流，有时候比其他努力更重要。奋斗要找对方向、找对方法，这样的奋斗才有价值，才会感到幸福。

怎样为受批评的学生寻求心理平衡

◎ 王连峰

背景介绍

一个班级，学生调换座位是一件再平常不过的事情了，可不平常的"事件"

偏就发生在这样一件平常的事情上。

一班之长、学生会干部刘杨同学在调换座位时,执意不肯和学习差、表现落后的同学同位坐。一怒之下,我当着全班学生的面严厉地批评了他。"无论你是否情愿,现在必须无条件服从。"我满脸严肃,用毫无商量余地的语气冲他喊道。不错,他依老师的话做了,但也自此失去了以往的开朗、活泼和对工作认真负责的态度,一幅心事重重的样子;见到我也总想躲着,眼光中流露出怨恨的情绪。一名优秀的学生还是一名学生干部,由从前的开朗、活泼、对工作认真负责到情绪低落、心事重重,处在了一种心理失衡状态,如不能及时进行矫正,端正认识,平衡心理,释放心理压力,对他今后的成长和以后的班级管理都是有害无益的。

工作思路和措施办法

学生犯了错误,教师"狠心"当众批评后,学生暂时心理"失衡"是可以理解的,但如何才能使他找回平衡,化"干戈为玉帛"呢?我将这件事情记在班主任工作手册上,进行了认真的思考和仔细的分析。第一,批评的学生属哪个层次,基本状况是怎样的?——被批评的学生是班干部,是学生中的佼佼者;是在有抵触情绪的情况下被当众批评,而且被强制去做违心的事。第二,批评的原因是什么?——是因为作为一名班干部却不能以大局为重,应该采取积极的态度帮助落后同学,而不应以消极逃避的方式对待问题。第三,在什么环境,什么情况下进行的批评?——班内有少部分学生对于帮助差生不是很情愿,而且班级要着手落实"一帮一结对子"活动,作为班长对此不能正确对待。第四,弥补不足,巩固教育成果应采取哪些具体措施?——决定采取"三步走"的做法:冷处理,彼此换位反思;时机成熟,谈心转化;事后巩固,重树威信。

两天后,这个学生的情绪有了变化,开始意识到自己的错误,想要面对老师又怕见老师。见时机成熟,课间操后我在操场上找该生谈心,语言亲切而缓和地告诉他:"在很多方面你都是一个很不错的学生,聪颖、灵活且学习勤奋;特别是你主办的黑板报,每期都非常有特色。老师很喜欢你,也很欣赏你,同时更希望你能支持老师的工作。老师为什么要批评你?身为班干部、三好学生,考虑问题只以自我为中心,不以大局为重,如何为同学们起到表率作用?当然,老师当时说话态度有点过火,言辞激烈了些,对你不够尊重,作为老师的我向你道歉,也请你原谅,我也会在今后的工作中修正自己的不足,努力做同学们喜欢的老师。"我亲切地摸了摸他的脑袋,接着说:"作为班级干部,以后还请你多帮助老师,发挥你头脑灵活的优势,多给老师出点子,我们齐心协力把班级工作搞上去。"

取得成效

　　谈话后，这名学生的情绪有了明显的变化。当然，事情还不算结束，我又多次找机会在课堂上表扬他，肯定他的优点，如对班级工作热心尽责、学习上肯动脑、注意调整和改进工作和学习方法等，帮他树立威信心。不久，他又恢复了往日的开朗、活泼，而且更加努力地学习，更加热心于班级工作。自此，不和谐"音节"被悄悄消除了。

　　作为学生，挨了老师批评，在惴惴不安的同时他自然会反思自己的不足，担心老师有成见，担心在同学中降低了威信；一旦老师找他谈话，他会感到出乎意料，同时他也会觉得温暖；尤其谈话进行到我说"请你原谅"时，他流出了眼泪，里面也许有委屈，但更多的是感动（没想到老师会道歉）。就这样，良好的教育效果便在真诚与感动中产生——该生向我保证：做一名识大体、以集体利益为重的好干部。

　　身为优秀生的他，很重视在同学中的"面子"，因此，我主动地、有意识地寻找机会在全班学生面前表扬他，让他感受到老师并没有因为他的一次错误而嫌弃他。如果说这个学生挨批评时心理上像衣服一样有褶皱的话，那现在算是被老师的"熨斗"熨平了，而且更加平整。事实证明，经过这一"事件"的洗礼，这名学生在各个方面比以前更加优秀、更加出色了。

案例感悟

　　教师在育人过程中，能始终做到耐心细致、循循善诱，可谓最高境界，但实际操作起来，由于教师性格、修养、学识等不尽相同，表现出的具体教育形式也各不相同。作为班主任，为了规范学生的行为，在工作中会有不合时宜的批评、不讲情面等方面的闪失，故情急之下当众批评该生后从学生方面看是不易接受的。学生心理失衡，一方面其内心会进行自我调整，反思自己的不当之处；另一方面也会用自己的思想和观点来评价老师的处理方式。因此，在采取措施时，教师既要让学生认识到自己的不足，还要挽回他的面子，同时又要让学生感受到老师也能认识到自己的不足，体会到老师的良苦用心，谅解老师不合时宜的批评。这样，既修正了学生的不足，又让学生感受到老师的可敬可亲，感受到师爱的博大。

　　人和人的交往、交流最主要的是心与心的交流、沟通，要互相尊重、互相理解。只有这样，才能取得彼此之间的信任，消除彼此之间的隔阂。作为一名教师，我们应当时时注意观察学生的变化，把握他们的心理，注重与学生的交流，随时消除他们各种心理和行为上的障碍，促使他们顺利、健康地发展。同时，教师要随时随地，特别是批评学生时，注意尊重学生，注意批评的后果。

让我们牢牢记住苏联著名教育家苏霍姆林斯基说过的话:"教育者应当深刻了解正在成长的人的心灵……只有在自己整个的教育生涯中不断地研究学生心理,加深自己的心理学知识,他才能成为教育工作的真正能手。"[1]

帮助学生和"问题"说再见

◎于薇

早晨来了抄作业、课本落在家里、课前二分钟铃充耳不闻、上课开小差等等等等,只要你是位老师,那你的班里就肯定有这样的学生,现在他们有了一个统称,叫作"学习习惯问题生"。这样的学生让家长很无奈,这样的学生让老师操碎了心,这样的学生甚至自己也很苦恼。该怎么办呢?

通过对学生学习习惯的调查发现,他们在学习习惯方面存在诸多问题,归结起来主要有以下几个方面:① 不善于合理安排时间,缺乏有计划学习的习惯;② 缺乏预习和课前准备以及课后自觉复习的习惯;③ 缺乏良好的听、说、读、写以及善于思维的习惯;④ 不善于做笔记,有的甚至没有做笔记的习惯;⑤ 不善于使用工具书,缺乏查阅资料和阅读课外书籍以及课外练笔的习惯;⑥ 学习懒散,缺乏认真独立完成作业以及作业做完后认真检查的习惯;⑦ 没有养成不懂就问的习惯;⑧ 没有养成大胆提问、互相交流和口头表达的习惯;⑨ 没有养成规范书写的习惯,等等。这些问题造成了学生学习效率低下,使他们很难适应学习要求,同时也影响到他们今后的发展。

形成学生不良学习习惯的原因分析

1. 学生自身因素。现在的学生一般都是独生子女,部分学生从小就懒惰,怕吃苦,不爱动手动脑;缺乏毅力,目的不明确,态度不端正,学习动力不足,这是学生形成不良学习习惯的一个很重要的因素。

2. 教师方面的因素。由于受升学率的影响,部分教师在教学过程中仍是知识教育重于方法与能力教育,对学生学习方法与学习习惯的指导、督促不够,这是造成学生良好学习习惯难以形成的一个重要原因。

3. 家庭因素。现在很多学生的父母都外出务工,留在家里的学生由爷爷奶奶、外公外婆或亲戚朋友监管。家庭学习环境较差,缺少有效的指导、监管和督促,造成学生在家庭中的学习形同虚设,应付差事,潦草马虎,匆匆忙忙,草草了事。长此以往,随着问题的日积月累,学生对学习的兴趣也逐步丧失。不要说他

---

[1] 引自 [苏]B. A. 苏霍姆林斯基:给教师的一百条建议 [M]. 天津:天津人民出版社,2015.

们良好的学习习惯无保障,就是行为习惯养成都缺乏有效监管。

4. 社会因素。学生受社会不良风气的影响,盲目追求享乐,缺乏劳动及意志锻炼,尤其经不起挫折,这也是其不能养成良好学习习惯的重要因素。

5. 习惯养成本身的难度。好习惯不是一天养成的,坏习惯也不是一天就能改掉;习惯的养成需要长期的培养,要意志、毅力的浇灌,需情感激励的呵护陪伴。

如何培养学生良好的学习习惯

1. 培养学生良好学习习惯应坚持的原则。

(1)坚持教师引导、督促,学生反复强化训练原则。由于学生在学习过程中得不到家长的及时指导,对于何为良好的学习习惯他们知之较少,因此首先要求教师要善于分析、总结、归纳出一些较好的学习方法,然后向学生介绍,再由学生进行反复强化训练,消化运用。

(2)坚持不懈、持之以恒的原则。良好学习习惯的培养是坚持不懈、持之以恒强化训练的结果,需要学生长期坚持,教师也要经常督促,整个过程充满着对学生意志的磨炼。

(3)坚持共性与个体差异相结合的原则。学习方法、习惯有共性的东西,但也因人而异。教师在对学生进行良好学习习惯培养的过程中还应结合个体差异区别对待。

2. 培养学生良好学习习惯的方法。

(1)要让学生明确形成良好的学习习惯的重要性,学生只有认识到了这一点,才会自觉地去养成良好的学习习惯。

(2)由教师将学习习惯的知识内容融合于每堂课的教学中,在课堂上进行讲授、示范、引导。

(3)对于已经传授的学习习惯,教师要在日常生活中随时指导、督促、检查。

(4)建立学生交流机制,定期让学生对良好的学习习惯进行讨论、交流;举办学习习惯交流会,用学生的真实感受现身说法。

(5)建立学校家庭的联动机制,将良好的学习习惯的知识要点编印成小册子发给每位学生家长,要求学生家长或监护人在日常生活中注意及时检查督促,共同促进学生良好学习习惯的形成。

(6)树立自信心。自信是一个人成功的关键。只有自信,人才能肯定自己、相信自己,才能克服种种困难,迎接新的希望。然而,自信心并不是与生俱有的,尤其是学生正处于心理发展的关键时期,在课堂教学中教师要用和蔼的态度和亲切的语言来启发、引导他们,鼓励他们积极思考。无论是分组讨论还是集中发言,只要他们能表达自己的见解,教师都要予以表扬。只有这样,学生才会在课堂上有一种美好的心境。

(7)唤起参与意识。新课改要求让学生积极参与到教学中来,课堂上通过设计多种活动让学生参与其中,学生就有一种身临其境的感觉,从而激起主动学习的欲望。这样的教学行为既活跃了课堂气氛,又培养了学生参与合作的意识。

养成良好的学习习惯,是学会学习、终身学习的基础,对于学生的一生有至关重要的作用和意义。但良好学习习惯的养成不是一朝一夕的事,需要我们教育工作者循循善诱、耐心指导并持之以恒,这样才能使学生养成受益终身的良好的学习习惯。

让我们帮助学生和"问题"说再见!

孩子慢慢来,老师会等你

◎王新玲

一日早晨,阳光明媚,心情愉悦的我刚踏进办公室,语文课代表汪小菲同学就气呼呼地随后跟进。"老师,李龙经常不完成作业,我都管不了。"我"哦"的一声,若有所思。这是个学困生,初一的时候功课还能凑合跟上,作业总体完成情况还比较好,初二是个坎,两极分化严重,再加上青春期,如果对这些孩子不好好地关照,恐怕天天要面对这种问题了。

我问汪小菲同学:"这个作业有难度吗?""没有,很简单,10分钟就搞定。""那好办,你来处理一下,就当这个事情你没有跟我提,悄悄告诉李龙,马上补,你不会跟老师说的。我晚10分钟再进班。"汪小菲同学心领神会地跑了。对小问题睁一只眼闭一只眼,是为了充分发挥群众的力量。

没隔两天,数学课代表杜昊又一脸严肃地拿着本子过来了,说:"老师,你看看李龙的作业本,丢三落四的,偶尔还不交作业。"我笑了笑问:"是什么情况呢?是懒,还是不会?"杜昊同学很苦恼地说:"他肯定是不会。""现在的数学对像他一样的同学开始有难度了,你接受能力强,又是班干部,就帮帮他,想办法让他先完成作业;如果作业及时完成,他、你、老师皆大欢喜,而且还锻炼了你的能力,以后李龙就交给你了。"

在那一段时间里,我们班开展了"作业完成周"的活动,希望大家努力做到保质、保量、准时完成作业。大家对像李龙一样的学生格外关照,时不时问:"上课听懂了没有?有不会的怎么处理的呢?"他们会很自豪地对我说:"我都会了,不会的时候就问杜昊。"学生对学生的教育力量是深不可测的。有很长一段时间,在快放学的时候,李龙都会向我汇报说作业完成了,我都会表现出惊讶状,并兴奋地说:"真的吗?你太厉害了。"赞扬学生极其微小的进步,比嘲笑其显著的劣迹要高明。随后我又询问其他学生的作业完成情况。这时,我看到李龙脸上洋溢出得意的笑容。这是一个多么有价值的信号,怎样让这个想积极向上但又举步维艰的孩子跟上大部队呢?我突然想起曾经看过的一个小故事"黄金床"。

从前有一个国王,他用黄金和钻石打造了一张美丽的床,而这张床的长度等于六人的平均高度,十分标准。

每天他留下一个人睡在这张床上,在皇宫过夜。如果这个人的身高比床长,国王就轻轻拍两下手,从后面走出两个彪形大汉,他们把那人长出的部分用砍刀"咔嚓"砍掉,砍掉的部分就血淋淋地放在床头。然后,国王就看着被砍掉的人在床上挣扎……如果国王留下的那个人比床短,国王同样拍两下,走出两个大汉,一个拽着脑袋,一个拽着脚,使劲拉,一定要拉到跟床长度一样,很多人就这样一命呜呼了。这个国王就喜欢这种刺激,他日复一日地在那里享受着这一切。

苏霍姆林斯基说:"所谓后进生并不是畸形儿,他们是人类的无限多样化的花园里最脆弱、最娇嫩的花朵。我们所要做的,是给他们阳光和水分,帮助他们成长。"[1] 俗话说:"金无足赤,人无完人。"由于每个学生的家庭环境、社会环境、自身的心理素质和基础不同,他们之间存在着一定的差异。我们的教育如果按照一把尺子去衡量,就像这张金床一样,即使再华丽、再标准,也没有办法让每个学生都与其吻合。

世界上没有相同的叶子,更何况是有血有肉的人呢?像李龙一样的学生,在这个两极分化的初二阶段会越来越多,不是作业问题就是课堂纪律问题,问题会层出不穷。我们要不怕错误的出现,不急于求成,不怕缺点的反复,为他们树立小目标,提出低要求,少批评多鼓励,循环巩固好习惯。

我们要对学生说:孩子慢慢来,老师会等你,能跟上就行。

是学生在给我"撑腰"

◎王新玲

岁月的流逝总是不知不觉的,算算自己从 1998 年工作到现在已经有十个年头了。十年间,我经历了从当初刚出校门雄心勃勃但却缺乏经验的小老师,慢慢地成长为一位有了自己教学风格和管理模式的"老"教师的过程。其中,既有苦涩也有甜蜜,既有失意也有成就。

[1] 引自 [苏]B. A. 苏霍姆林斯基:给教师的一百条建议 [M]. 天津:天津人民出版社,2015.

　　岁月的利剑是否磨平了我的棱角了呢？这使我隐约回忆起13年前与张茶子同学的第一次交锋。那是我接班第一天的自习课，教室里你一言我一语，书本纸花像暴雨一样袭来。只听见一声"老师来了"，教室里顿时安静了许多。这是从哪里发出的号令呢？循声望去，一个皮肤白皙、剪着齐耳短发的女孩正用一双挑衅的目光瞟我呢，想必这就是大家口中的"茬子"吧。我没有任何说教，只是在教室里转了一圈。这时，我听到学生在小声议论。从他们的表情里我知道我的后背上被贴上了标签。我边摸索着边想纸条上写的会是什么样恶劣的词语。我取下纸条笑着说："这是谁写的呢？"教室里鸦雀无声，大家都用"不是我"的眼神保持着沉默。"这个同学在我的后背上贴着'我是白天鹅'几个字，我其实很高兴，她送给我这么一个洁身自爱的高雅称号。希望不是因为我的外表穿着一袭白连衣裙，而是我真有白天鹅身上的某些大家认可的东西。"这时的"茬子"同学月牙般的眼睛弯成了一条曲线，仰着头捧腹大笑。

　　以后的日子里，千奇百怪的事情接踵而至。一天英语课，学生跑到办公室对我说："老师，'茬子'和英语老师打起来了。"我赶快往教室跑。来到教室，我看到"茬子"同学正指着英语老师说："你凭什么骂我'泼妇'？"英语老师气得面红耳赤的，看我来了甩下书本就走了。为不耽误上课，我把"茬子"同学单独叫出去聊了一小会儿，约定放学后一起走。后来从学生那里了解到，她课间跟别的班的同学闹了点矛盾，心情不好，上课没有好好听讲，加上之前就和英语老师有矛盾，所以英语老师说了她，把她给激怒了，就有了那种与老师对立的场面。放学的路上，我走了一站路，送她回了家。路上我边安慰她，边告诉她："不能拿别人犯的错误惩罚自己，当然更不能拿这错误迁怒于别人。"她的心情释怀了许多，话匣子也打开了。

　　"老师，你为什么不生气？"

　　"如果我是当事人的话，会更生气的，绝不会放过你。"

　　她听后哈哈大笑，说："老师，是我把天鹅的纸条贴你身上的，你也没把我怎么办呀！"

　　"我早知道是你。你其实喜欢我，只是选择了这种方式来表达对我的喜欢，对吧？"

　　她撅了撅嘴，一丝狡黠的目光快速划过。

　　"你只是跟其他老师的反应不一样。你没有发火！"

　　"你跟其他老师反映的也不一样呀，聪明、活泼、可爱，而且仗义，有女中豪杰风范。以后用你的聪明选择我和大家喜欢的方式来表达，好吗？"

　　她笑得更爽朗了。

平静的日子没有过多久，级部里打起了群架，我们班有 5 名男同学参与，追究原因又是因为她。她在级部里的后进生中很有威信，呼风唤雨，兴风作浪。因为聪明没用在地方上，往往在这些事情上她就扮演着幕后导演的作用。

那一天我与他们畅谈到天渐渐暗下来，推心置腹、苦口婆心的，真的就像哥们在一起畅谈一样，诉说着我的委屈，发泄着我的不满，指责他们的不够仗义。就这样我也哭他们也哭，至今能够回忆起的也就是那个号啕大哭的场景。夜幕降临，我一一将学生送回家，只有她一直陪伴我到最后。

"老师，让我护送你到车站好吗？"她挽着我的胳膊，用她那月牙般的眼睛再一次瞟着我。

"好，我以后就靠你给我撑腰了。"我握紧了她挽着我胳膊的手，消失在夜幕中。

之后，选择了一个合适的机会，我对张茶子同学委以副班长和班主任助理重任，让她行使班主任不在时的权利，发挥她的小诸葛的聪明才智，将她引导到班级管理中来成为我的左膀右臂，时不时地给我撑撑腰，震慑一下那些"皮蛋"们。我们非常愉快地度过了三年，这三年中的插曲不断，我掌握一个原则，相信他们都是善良的，理解他们的想法。因为都年轻，我们成为"哥们""姐们"，为了一个"义"字，我们不断地进步着。

一晃十多年过去了，与这个孩子的"交往"一直记忆犹新。忆昔酸甜苦辣，尽是幸福滋味；看今朝，畅未来，责任重大。扬昔日之风采，激情活力四射；继昔日之作风，博爱平等民主。已为人母的我再次做起班主任，多了一些细腻和理解，少了些青春的活力；多了些深邃的思考，少了些毛毛躁躁。

后续：再次回顾这件事时又过去了 7 个年头，在我的教育生涯中走过了一半多的历程，看到了无数这样那样的孩子，由做"姐姐式老师"到做"妈妈式老师"，虽然年龄容貌在慢慢变老，但是那颗教育的心却永远年轻。特别是自己的孩子在成长的路上也遇到荆棘时，那种对教育的锥心疼让我再次反思起自己的教育工作。2015 年，带着完成培训任务的情绪我开始接触心理学。在半年的学习过程中，课堂上老师讲授的那些心理学知识，让我一直困顿的愁绪慢慢得到缓解，而且身心也放松了许多；最为重要的是，对于如何做学生的良师益友，在度的把握上有了一个全新的认识。

尽可相信你的学生

◎王连峰

各位老师大家好，今天很荣幸地坐在这儿给各位专家汇报一下我参加工作18 年来的 18 年班主任工作历程和其中的些许心得体会，不当之处敬请大家狠狠地批评、指正,在此先表谢意。

对于班主任工作,大家都有切身感受——繁、杂、累,而且总是放不下。那么,如何才能既释放我们自己,又提升学生全方位的能力呢?我认为,如果您真的想放下,那么您只要尽可能地相信您的学生。

接下来,我将就如何进行班级管理从以下几个方面跟大家简单沟通一下。

首先是如何拉近和孩子们的心理距离,并且让他们明确他们来学校的目的,以及在学校里生活应掌握的规矩。

我通常是这样做的。首先,我问他们一个问题——你们来这儿干什么?在哪儿进行这些工作?你想做得如何?另外,我也会问学生:我是干什么的?我对大家有何要求?对于上述问题,尤其是前三个问题学生很自然地会给出答案——我们来这儿学习或上学,在教室学习,每个人都想做得更好。老师首先要肯定学生的答案,然后可以问学生,你们想知道老师对前三个问题是怎么理解的吗?我的回答是学习是一个过程,是一个增长知识和能力的过程,而且这一过程是在不断地尝试错误和纠正错误的过程中实现的;因为这一过程是在教室里实施的,所以教室本是一个允许犯错误的地方,所以我可以允许和原谅大家的任何错误。但是,因为我是大家的老师,我有我的要求,我的底线是——我决不容忍同学们打架,这也是我对大家的要求。对于"每个人都想做得最好"这一答案,我会告诉他们这不但是正确的,也是应该的——因为它符合生物界的自然选择原理。这样,通过上述问答的过程,在一定程度上会缩短师生之间的距离。

其次,我向学生阐述老师心中定位的一个基本的学生形象:

(1)学会做人——做一个好人,做一个积极人——最起码的要求。在此,向学生明确我的班级管理理念——积极、健康、阳光、快乐。

(2)读书——做一个学习者——成为一个终身受益者。

(3)服从——做一个约束者。(约束的双重性——既要学会约束别人,也要学会约束自己;前者是要求和拓展,后者是提升)

第三,我让学生明确我的管理思路:

我认为管理班级的思路要简洁、清楚,让你的学生尤其是学生干部明白什么时候应该干什么、怎样干,做到什么程度叫到位;这样,无论班主任在与不在,班干部都会及时正确地处理好或大或小的各种事情。这样,班主任得到了释放,学生的能力也得到了提升。在多年的班主任工作中,我深深地体会到,要建立一个"团结守纪、勤奋向上"的班集体,就必须培养一批能抓善管的班干部。那么,班主任如何培养班干部参与班级管理呢?多年来,我采取的是"选、教、扶、树、放"

五步做法。

第一步：选，要培养好班干部，选苗是关键。我认为，一个合格的班干部最起码要具备以下条件：① 思想好，作风正；② 讲原则，敢说能做；③ 学习用功，成绩优良；④ 善于与人交往，群众关系好。每接一个新班，我要做的第一件事就是反复查阅学生的档案资料，物色班干部对象。心中有一定底子之后，我再在班中进行几次动员，激发学生热爱班级、积极参与班级管理的热情；鼓励全体学生都来出谋献计，写好演讲稿参加班干竞选演讲，再通过集体投票并结合自己所掌握的情况委任各种职务。实践证明，这种做法是可行的。通过竞选产生的班干部有荣誉感、成就感，有凝聚力，责任心强，深受同学们的欢迎。

第二步：教，即把管理方法教给学生。班委产生之后，在第一次班委会上我与班委一起研究、制订班级管理方案：班务实行班委分工负责制，学习、纪律、生活、文体都有专人负责。班委会每周举行一次例会，让各委员对自己分管的工作进行总结，提出存在问题，再一起研究对策，订出下周工作计划。如此，班干部有了具体可行的管理方法，操作起来易于掌握，也易于出效果。

第三步：扶，即做好班干的参谋、顾问，支持、帮助他们开展工作。班级管理也是一门学问，班干在参与班级管理中难免会遇到很多难题。作为班主任，在班干部遇到麻烦时应及时给予帮助，必要时进行"技术指导"。如在做同学思想工作中，某些班干因方法不当而受到同学们的反感心里很烦恼。我得知后及时地安慰他们，消除他们的顾虑，并告诉他们做同学思想工作要注意方式和方法；说话要诚恳，处处体现出对同学们的关心、爱护，这样才能赢得同学们的喜欢。我鼓励他们继续努力，争取把工作做好，让同学们满意。2004年8月份，我接任初二•11班班主任。刚接班不久，班长同其他班委向我反映了班级卫生、纪律难管理的情况。在班委会上，我与他们一起研究对策，制订了班级公约，使班级卫生、纪律各方面都有了明确要求，并由卫生委员、纪律委员专门负责，班长统一管理，责任落实到人。由于管理得法，收到了良好的效果。时间不到半年，11班的整体风貌出现了积极的变化，并由此得到各任课老师和学校领导的表扬与肯定。如此一来，班干部对工作更有信心了，他们也从实践中积累了经验，增长了才干，逐步提高了自己的管理能力。

第四步：树，即在班级和同学面前树立班干部良好的个人形象。我通常告诉学生，班干部就是班级的第二班主任，班干部的命令就是我的决定，因此不管班干部的决策正确与否，作为班级的一员都要以执行作为前提，若确实有错误，那也要执行完以后再来解决和处理。通过这些方式，既能提高班干部的自信心，也能树立他们的班干部形象。

第五步：放，即放手让学生对班级全面管理。班主任要信任学生，充分发挥学生的主体作用，多给他们提供锻炼的机会。为了让学生演主角，学校布置什么任务的时候，我一般只讲目的要求和注意事项，然后放手让学生去做，自己在一旁当"顾问"。如今年的"元旦诗会"，学校要求每班各自排练相应的文艺节目。我把任务交给班委，从布置到落实、参演，一切由班委安排，最后的"元旦诗会"任务完成得非常成功。这充分显示了自主管理的巨大潜力。我这个当"顾问"的看到学生操作得这么好，心里自然也感到很欣慰。

我的班级管理策略是：

我抓班级管理的整体思路，及时修正学生的不正确的思想和行为表现；班干部主抓班级的细节管理；学生主抓"自我管理"。这种金字塔式的管理结构非常有利于学生的自律和提高。

相信自己，相信学生，时时用心，大胆放手，新时代里社会、家庭和学校教育下的学生，会给你一个你意想不到的惊喜。同志们，大家也不妨放手一试！

真爱无痕

◎ 王琳

面对一个内心自卑、空虚、外表傲慢、凶悍的"小霸王"，教师要做到几个转变：① 站在学生的立场上，换位思考，表达对某些观点的认同；② 由机械说教转为真诚的关心帮助，宽容与尊重；③ 褪去权威，放下架子，与学生进行真诚、平等的对话，增加情感投入；④ 采用随机的形式进行心理疏导，克服学生的反引导定式。在补课、每天家校表现反馈、随机谈话、家访一系列接触中，学生感到老师确是"自己人"。在此基础上，"换位风波"的巧妙处理，化解了一场可能发生的师生冲突，取得了良好的教育效果。

——题记

2012 年 8 月的一天，初一新生发分班榜，我获知我班有的学生，因和张某分在同一班而愁眉不展；其中一个在小学被他打过的男孩，回家见到父母就呜呜地哭起来，说自己"真倒霉"。我不由心头一震，这究竟是个什么样的学生？原来他父亲犯罪入狱，母亲一人带着他。他在小学经常与别人打仗，有时还逃学，人称"小霸王"。我心急如焚，马上到他家进行家访，鼓励他改掉以前的毛病，他也表示要痛改前非。可开学后第一天他仍我行我素，前后左右说话，搅得四邻不安。

坐在周围的一个男学生因揭发他,下课后竟遭他打骂。后来他还往同学铅笔盒上吐唾沫、把鲜红的水粉涂满女同学的桌子、把幼蛇带到教室里扰乱课堂秩序。面对这样一个心灵扭曲的学生,简单的批评教育已难以奏效。小学以来,他听到的批评太多了,其反馈系统早已麻痹。我很苦恼,工作十多年,还是第一次碰到这样难缠的学生;有时我真想自己变成一位武艺高强的老师,让他见了害怕,不敢轻举妄动。我在煎熬中不断思考着以后的路怎么走。有一次,他泡网吧彻夜未归。第二天,他母亲焦急地跑到学校找他,他还没有到校上课。他母亲含着眼泪说:"我真后悔要了这个孩子!"快到中午的时候,他终于回校了。我关切地问:"到哪去啦!"他斜睨着眼睛,一副无所谓的样子,还不时地往地上吐几口唾沫,全然没把老师放在眼里。我心里默叹道:真是刀枪不入,不可救药。怎么办?这样的学生如果任其发展下去,在班级中会造成恶劣影响,甚至会带坏其他学生,一旦结为小集团,那后果就不堪设想了。

怎么管?我反复思考着,不断请教着,认真翻看着教育心理学类的书籍,对他的外在表现进行分析。最终,我发现了他外在的凶悍、冷漠、暴躁只不过是在掩饰内心的脆弱与孤独。他内心越自卑,外在就越傲慢;内心越空虚,外在就越凶悍。其外在的表现是其内心需求的逆向影射。我重新给自己定位,设身处地地换位思考:假如我是他,我最需要什么?那就是真诚的关心,真诚的帮助,发自内心的爱。明确了方向,我便由原来的机械说教转为主动靠近他、关心他、帮助他。他的学习基础太差,错别字连篇,对他的学习不能做高要求,我想起码应该帮他掌握好汉字。每天放学后,我和他约定在办公室给他听写常用字。一开始,他有抵触情绪,还借故逃了两次。我没有批评他,而是肯定和鼓励他的点滴进步。慢慢地,我还未到办公室,他已在那里等候了。记得那天晚上放学已近六点,在办公室等我下班的女儿喊着:"妈妈,快回家吧,我饿啦!"没想到这句不经意的话,对同在办公室的他有所触动。他回家后对他妈妈说:"老师都是为了我才晚下班。"我听到这话,心里感到欣慰也看到了希望。他心中的冰山一角开始融化了。于是,我不失时机地对他说:"老师一直也把你当成自己的孩子,你可要给老师争口气呀!"从此,老师说的话,他不好意思不听了。为了进一步增进情感,一个星期天下午,我进行了家访。去前电话联系了一下,他如约在车站等我。刚一进家门,她妈妈就高兴地说:"听说老师要来,他嘱咐我说'老师来你别穿拖鞋,别穿做饭的衣服';看见桃子上有个虫眼,他对我说'这个桃子坏了,不要给王老师吃','王老师进屋后,别忘了开电风扇'。"听着一串串感人肺腑的话语,我的心真像蜜一样甜。一番亲切的交谈后,已是华灯齐放。走在回家的路上,尽管饥肠辘辘,但我有一种发自内心的快乐。我觉得展现在我眼前的路越来越宽了。一分耕耘一分收获,我所做的努力拉近了我和他的心灵距离。

但他的顽疾并非一朝一夕形成的,改正的过程中往往会复发。有一次坐在他后排的学生找我说:"老师,我不愿坐在小张的后面,他总是回头,动铅笔盒,随便拿笔玩。"他周围的学生告状的事已屡见不鲜。是啊!他上课几乎什么也听不懂,怎么能老实呢?一个大胆的想法产生了。让他坐在靠窗的最后一排,单独一位,拥有一个相对独立的空间。对此,不知他心理上能否接受,好不容易建立起来的融洽的师生关系是否会前功尽弃。我把我的想法如实告诉他。他没有什么激烈反应,只说了一句"随便"。但是,第二天换位之后,面对同学们异样的目光,他的凶悍、暴躁又显露出来。上课铃响后,我夹着课本刚踏进教室,门前横着一个刚踹断了木杆的拖把。我明白,这显然是他干的。此时此刻,我脑中迅速想着下一步该怎么办,并不断地告诫自己要镇定。于是,我强忍怒火,拿起泛着白木渣的拖把,镇定地、轻轻地靠在门后卫生角上。学生都瞪着惊奇的眼睛看着我,又回头看看他,不敢吱声,好像在等待着什么。但让学生出乎意料的是我竟然对此只字不提,若无其事地直接进行教学,全身心投入的教学吸引了学生,不知不觉中已接近尾声。我结合本周传统文化的教育主题,有意延伸到做人要诚实、有错就改的话题上。这时我突然向全班学生冒出一句话:"其实那个拖把是谁踹断的,大家都心知肚明,这个同学能不能自己来认错呢?"教室里静悄悄的,沉寂了几秒钟,他举起了手,嘴里喊着:"是我"。就这样,一场可能发生的师生冲突被巧妙地化解了。下课后,我走到他座位旁,拍打着他的肩膀说:"你勇于承认错误,真是好样的。"他咧着嘴笑了笑,显出挺满足的样子。从此,每当我一进教室,目光先落在他的身上,看见他安静地坐在自己的座位上,我的心里就踏实了许多。有时我和他目光相遇,可以感觉出他的目光中多了几分亲近和信任。这种"随风潜入夜,润物细无声"的教育引导,克服了学生的反引导定式,取得了良好的教育效果,也使我再次看到了希望。从此,我更加关注他的举动,继续做好他的思想疏导,而且反复多次。我经常利用课间造就宽松的环境,采取随机的形式,在他毫无觉察的情况中进行教育指导。初中三年,他未受过学校处分,毕业后上了一所职业高中学习。教师节那天,他特意赶回母校看我,笑嘻嘻地把一只黄玫瑰花送给我。我拿着它,千言万语汇成了一个手势。我狠狠地捣了他一拳,并笑着说:"你这小子还挺有良心。"

教育是一种打动,在潜移默化中用人格感染人格、用心灵唤醒心灵。润物无声,真爱无痕。

启 示

1. 站在学生的立场上换位思考，为转变学生的特定态度铺平道路。教师经常设身处地地站在学生的立场上换位思考，努力寻找某些共同点，表现出某些观点的认同，这为深入的思想教育、转变学生的态度奠定了基础。当然，观点认同仅仅是某些看法的认同，不涉及基本观点和原则、立场。而且，认同是为了引导而认同，因此要掌握认同的分寸，不能削弱甚至抹杀引导本身的立场、观点，否则就是本末倒置。思想教育中，教师对学生教育引导的认同效应，还体现在以平等、友善的态度对待学生，注意自己的语音、语调和口吻。如果一味居高临下、自以为是地教训人，这无疑在自己与学生之间构筑了一道心理栅栏，把自己与学生隔离甚至对立起来。教师的教育以学生为本，如果经常把自己置于学生的朋友地位做学生的"自己人"，缩短与学生的心理差距，在教育工作中可以收到事半功倍的效果，这也是心理学上的认同效应。

2. 增加对特殊学生的情感投入。教师的首要任务是培养学生优良的道德品质。如果教师对待一些学生冷若冰霜、嫌弃甚至态度恶劣，那么实际上教师在这些学生身上培养了一种憎恨人类、憎恨社会的情绪。有的学生对人生感到彷徨苦恼，对学习感到厌烦，甚至道德败坏，形成这种情绪的原因之一正是因为他们在与教师和其他人相处的过程中不能实际地感受到温暖和关怀。一些特殊学生由于各种原因造成了他们的情感饥饿，他们更需要教师增加对他们的情感投入，以得到心理补偿，抚平心理创伤，从而步入健康发展之路。

3. 采用随机的形式进行心理疏导。心理学上把这种事先不预告或不明确教育目的，在对象毫无觉察的情境中进行的引导心理技巧，称之为"目的后继"。学生对教师常态下所进行的教育引导早有警戒和准备，难以达到主观效果。造就宽松的环境，采取随机的形式，使用"目的后继"的引导心理技巧，容易使学生接受教育引导。

4. 教师对学生要严而有格，严而有恒。面对有这样或那样问题的学生，一些教师以为只要声色俱厉、表情严肃，学生就怕了、就服管了。其实，这种认识大谬其误。学生真正惧怕的是那些严而有格并将这种有充分理由的严格要求持之以恒又能以身作则、言行一致的师长，虚张声势的凶狠充其量只能求得一时的表面服从，不能震慑学生的内心世界，往往会引起学生的心理逆反，使教育陷入困境。

让师生的心越贴越近，从此不再走远

◎王连峰、王琳

前几日突然接到一个学生的电话，是我十几年前的一个学生。他的声音很成熟，我已经听不出他的声音了。他说他现在在一所小学教英语，下个月准备结婚，妻子是个漂亮的姑娘，费尽周折，才找到我的电话，告诉我这一喜讯。听后我心里很感激，感谢他这么多年来还一直记得我，感谢他还记得十几年前我曾对他说的一句话：当你和别人分享你的快乐时，你的快乐会倍增。他特地告诉我这一喜讯，就是想让我分享他的快乐。他说，如果他没有告诉我，他会遗憾一辈子。

在与他电话交谈的过程中，我的心灵受到一次很大的震撼：没想到，他一直把我当作他的父亲那样看待。他说，我以前常利用课余时间给他们进行查缺补漏，带他们去打篮球、洗海澡，和他一起去看望他的奶奶。至今，我仍是他心目中最好的伙伴。然而，他所说的一切我已经忘得一干二净了。他还说，他之所以有今天，是因为有我，还有我的一句话一直在影响着他。当时由于他家境困难，兄弟姐妹又多，他爸爸准备让他退学。我知道这些情况后对他说："我去做你爸爸的工作，如果不行，老师帮你交学费。你一定要好好读书。你看，像老师一样，虽然工资低一点，但也能靠自己活下去。"他当时对我说："老师，长大后我也要做一个老师。"我鼓励他说："只要你想干，一定会干得比老师还要好。"如今，他如愿以偿地当了一名教师，还是一个优秀的英语老师，常上公开课，多次被评为先进教师。

放下电话后，我的心久久不能平静。我的学生有这样的成绩我自然是高兴和自豪，可这个似乎是迟来而又及时的电话在我心灵深处荡起了激动的涟漪！

我真的没想到自己对一个学生的影响力会有这么大。想想自己当时刚毕业，一腔热血，一门心思地想把学生教好，至于具体做了些什么在我的记忆中已经很模糊了，没有这个学生的提醒，我还真的记不起来呢。我真的像他描述的那样说、那样做了吗？如果不是这个电话，我真的忘了。当年，我去他家说服他爸爸时的慷慨陈词，我也忘了。我常送给他一些文具和衣服，我更忘了。我送他的那两双新袜子，他只是每年过年时才拿出来穿。听着听着，我的眼睛湿润了，很久没有享受这种被人真诚感谢的滋味了。其实，那时的我，只是和千千万万个普通老师一样，做了自己应该做的事，但竟会让我的学生在记忆中珍藏了十几年，并一直想用他最好的表现来报答我。

现在，他的学生也常围着他，他的家长也常夸他，他居然说："其实，我与我的老师比,还差得远呢。"听后我很惭愧。不知从几时起,我的学生很少跟我说悄悄话了,也不再跟着我的屁股转了;我也觉得,我与学生渐渐有了距离。面对学生,我常会问"功课做了没有",而很少问"你今天心情不好,是不是遇到什么不开心的事";常会说"怎么还在这儿玩,还不快进教室里读书",而很少与学生一起玩了。我与学生的沟通,似乎除了学习还是学习,其他内容显得那么苍白,很难找到共同的语言了。我感觉到,自己和学生是越走越远了。

想想最近发生的一件事,我心里更不是滋味。我的一个学生发高烧了,可家长去了香港,他姑姑也不在,我马上带他去看医生。结果,我担心他药物过敏让家长怪罪,问了他好几次后才敢让他打针,又怕他家长不认账,把医药费告诉了他,最后还对他说:"如果你还不舒服,就打电话告诉我,万一过敏,你可不能怪老师。"想想自己,以前能用一个月的工资给一个贫穷的学生交学费,现在拿出工资的一小部分给学生交医药费却这么计较;从以前的义无反顾到现在的顾虑重重,并担心学生或家长会怪罪我。怪不得学生与我有距离了。

谢谢你,我远方的好学生,你的这个电话提醒了我,也告诉了我"亲其师,信其道"这一亘古不变的真理,让我的思想得到一次很好的洗礼。不管社会如何变,以诚相待不会变,学会感恩不会变,走近学生、走进学生心里更不能变。教师应争取让学生把自己当作朋友、当作伙伴,而不仅仅是一个令人敬畏的老师。

让师生的心越贴越近、越贴越紧,从此而不走远!

看着想着,我想到了现在的我应该怎样做班主任。伏案思之,大致有以下几点。

首先,亲其师,信其道。

怎样才能让学生亲近你呢?我想首要的一条就是上好自己所教学科的每一节课,让学生觉得你就像是一个导游,引导他们在知识的海洋里遨游,让他们享受探索知识所带来的乐趣。由于喜欢你这个人,他们就会喜欢你所教的学科,相信你所宣讲的道理或规范,当然也就会遵从你的管理。

其次,针对具体的孩子要因材施教。

每个孩子都是世界上独一无二的个体,每个孩子都具有自身的特点。世界上没有两片完全相同的树叶,正是每个独特的孩子的千差万别才组合成这个多姿多彩的孩子的世界,他们都是独一无二的具体的孩子。针对具体的孩子,要因材施教,不能千篇一律。因此,要了解每个孩子的特点,让他们在愉悦和快乐之中接受你的教育;让学生感受到被关怀的温暖,进而拉近教师与学生的情感距离。

第三，要重视学生与学生的情感培养。

我们知道，人是有情感的动物，他们需要被重视和肯定。当学生感受到教师是重视、尊重、信任和喜欢他们的时候，他们也会以同样的方式来对待你。所以我们在日常的教育教学工作中，既要注重言传身教、优化教学方法、因人施教，也要融入学生，与他们荣辱与共、苦乐共享。当学生真切感受到老师的确值得信赖时，他们就会"亲其师，信其道"，始终与你保持情感的共鸣。

第四，教师要具有更多的宽容。

师者，教育学生成人成才。孩子是需要教育的，再难以教化的孩子都是需要教育的；孩子的无知，顶撞，对于教育者来说是要接受的。学生都能自然地变好了，还需要教师做什么？因此，遇到那些难以教化的孩子，请学会宽容，始终记住：他毕竟还是需要教育的孩子啊。宽容是一种美德，也是一种修养，更是一种对学生爱的表现。我们把学生首先定位在"是来学习生存智慧的人""正在学步的人""正在成长的人"。所以，对犯了错误的学生，首要的是诱导、激励以及关爱，批评要恰到好处，多从学生的角度去考虑问题，多给学生一点宽容，多一些耐心，多一些爱心，多一些理解，多一些信任，这样才能赢得孩子的内心，收到良好的教育效果。

第五，对每个学生要公平真诚。

公平就是正道直行，中正不二，不偏心，没特例，一视同仁。真诚就是心术正，表里如一；对人坦率正直，以诚相见。要让每个学生都能感受到自己被尊重，感受到自己与老师之间是一种民主平等的关系，感受到一种协商对话的沟通氛围，感受到公平真诚处事的温暖。

第六，要给学生充分的成长空间。

学生是"来学习生存智慧的人""正在学步的人""正在成长的人"，其实他们就是在摸爬滚打、磕磕碰碰中长大的。所以我们在教育教学中，既要相信学生面对和处理问题和克服困难的能力，也要适时给予引导、激励、"伴奏"。

第七，给学生更多展示自我的机会。

每个学生都希望表现自我、展示自我，渴望被他人需要、尊重、认可和肯定。作为教育者的我们如同是学生人生一个驿站的导游，要了解学生主体生命的内心需求，多为学生提供自我展示的舞台，鼓励学生积极参与，使每一位学生更多地享受到成功的喜悦。这样在师生互动、生生互动的学习与活动的氛围中，学生的各方面的能力就会得到发展，相信你的管理也会在无声之中取得一定效果。

当然，教育管理成熟与否也是一种历练，正如对成功与失败的经历，让我们从中感悟它们全在于看问题的角度;对名和利的追逐或放弃,全在于我们经历之后的反思和总结;对于父母养育我们的辛苦,全在于我们自己有了孩子之后的亲身体验。当我们有了这样一定的历练并对其进行分析、总结和反思的时候,我们就会感悟到老子的"道法自然"的奥妙。这样,我们在教育教学之中也就会寻找人的天性,并根据这些天性来引导和帮助学生健康、愉悦和快乐地发展和成长。

走进孩子,拉近我们与孩子彼此间的距离,历练过后的你会发现:众里寻他千百度,蓦然回首,孩子们都在灯火阑珊处。

闲暇之余,看看学生的留言,他们是这样写的——"您的话犀利到位,让我们害怕,但我们记忆最深的还是您的春风化雨,您的严中有爱,您的智慧、幽默、风趣;无论是做人、做事还是做学问,您给我的影响太深远了。"掩卷之余,我不禁想到为人师能让学生感受到求学的美好,拼搏的乐趣,人生足矣!"学高为师;身正为范"。师爱是艺术,它能启迪学生的智慧、引导学生的言行。

我还在面对那一双双纯情的、渴求知识的眼睛,我更加坚定了要走好现在正在走的路的决心和信心。

"莫用金床标准打造孩子"

◎王新玲

当时读《莫用金床标准打造孩子》这个故事时,并没有对它产生想说点什么的感觉;多年之后当妈妈了,我再次读到它时竟有了想写点什么的冲动。正是因为这个故事使我对学生和自己孩子的教育思想发生了转变。这个故事说的是:

从前有一个国王,他用黄金和钻石打造了一张美丽的床,而这张床的长度等于四个人的平均高度,十分标准。

每天他留下一个人睡在这张床上,在皇宫过夜。如果这个人的身高比床长,国王就轻轻拍两下手,从后面走出两个彪形大汉,他们把那人长出的部分用砍刀"咔嚓"砍掉,砍掉的部分就血淋淋地放在床头。然后,国王就看着被砍掉的人在床上挣扎……如果国王留下的那个人比床短,国王同样拍两下手,走出两个大汉,一个拽着脑袋,一个拽着脚,使劲拉,一定要拉到跟床长度一样,很多人就这样一命呜呼了。这个国王就喜欢这种刺激,他日复一日地在那里享受着这一切。

"黄金床"可能就是教育者或家长心目中的一个标准,而学校可能就是"床"上的那个人,成天被说长道短,刻意雕琢,非要符合"金床"的标准。在当妈妈之前，我就是那个"国王"，整日要求学生照着我的标准去做，甚至是照着军人部队式的方式去训练学生。虽然当时确实让所有的老师认为上课纪律最好、成绩最好，但是现在回想起来，我为自己的行为感到后悔，我为了求得集体的共性而抹杀了学生的个性发展。因为有了自己的孩子后，那种望子成龙的想法使我从孩子身上不断地去发现问题，又不断地去纠正问题，希望孩子做到我没有做到的，达到我所期望的社会价值。我发现，我已被周围的环境和工作压力造成了很多心理问题，而这些问题又直接影响着我的工作和对孩子的教育。

后来再次读到《莫用金床标准打造孩子》这个故事时，我领悟了一个道理，那就是：要想改变孩子就要先改变父母。我不仅是一位母亲，还是一位教师；我自身的工作性质，是让学生有个健康的心理，为此教师首先要是一位心理健康的人。

教师的职责是教书育人，他们直接面对的是纯洁无邪的学生。如果教师自身缺乏健康心理，怎么能培养出心理健康的学生呢？如果教师本身性格多疑怪癖，情绪喜怒无常，对学生赏罚无度、冷漠无情，又怎么能使学生的心态平衡、情绪正常呢？可以说，心理不健康的教师对学生身心造成的危害，绝不亚于其教学能力低下对学生学业所产生的影响。

心理学家认为，人们所经受的心理挫折以及缺乏正确的心理调节手段，是产生心理问题的直接原因。对教师而言，教学任务重、升学压力大、工作超负荷等因素，均可使他们精神负担加重、身心疾病增加。再者，心理问题就如同常见的"感冒"一样，几乎人人都会遇到，教师也不例外。因为教师也不是不食人间烟火的神仙，他们也有自己的喜怒哀乐和现实问题，如果工作和生活中的各种问题长期得不到解决，由此而产生的不良情绪就会爆发。另外，目前家长对孩子的期望值都非常高，相应地对教师的期望值也很高；加之教育体制改革，竞争日趋激烈，若是自身水平及能力与应达到的标准还有相当差距的话，有些教师产生自卑心理或焦急情绪也在所难免。

教师的心理健康水平高，则其在智力、情感、意志和个性等方面都能得到正常的健康发展，形成健全的人格，并能自如地运用自己的智慧去应对客观环境。这样，有利于为学生营造良好的心理成长环境，在培养学生健康心理方面起积极作用。教师一言一行，教师的心境、情绪是教育环境的重要组成部分。因此，面对学生，心理健康的教师能够很好地创造促使学生健康发展的良好环境；若教师心理失调，必然对学生的心理健康发展起着不良的刺激。

俄国文学家、教育家托尔斯泰曾说："如果一个教师虽然读过许多书，但却不热爱事业,也不热爱学生,也就算不上一个好老师;如果教师把热爱事业和热爱学生结合起来,他就是一名完善的教师。"教师要有"太阳底下最光辉的职业"的崇敬感、使命感和神圣感。

教师是爱的共鸣,是心和心的呼唤。赞可夫说:"当教师必不可少的,甚至几乎是最主要的品质,就是热爱学生。"关心、爱护学生是教师职业道德的根本,对学生冷漠、缺乏热情,肯定不是一个好老师。学生首先是接受你的感情,然后才能接受你的教育,所以热爱学生才能使一切成为可能。教育工作尤其需要爱心、情感的投入,不能引起师生情感共鸣的教育是不成功的教育。学生的发展千差万别,层次有高有低,教师要有足够的耐心,循循善诱,诲人不倦,以顽强的意志力去调动、激励、培养学生。

对学生在态度和行为上公平对待,不偏袒,不偏心,对不同相貌、不同性别、不同智力、不同个性、不同家庭背景的学生要一视同仁,以充沛的精力照顾到所负责的每个学生,让每个学生的心灵都亮丽。"捧着一颗心来,不带半根草去"。在师生的共同交往和相处中,心理健康的教师往往能尊重、理解学生,平等地对待学生,建立民主、平等的师生关系和开放、创新的学习气氛,从而建立起和谐的师生关系。

教师心理品质的完善、人格的健全会促进教师师德修养水平的提高与升华,从而远离自卑、焦虑、痛苦、烦恼、消沉、不满、失意等不良情绪的困扰,在平凡的岗位上同样能干出一番事业来;通过职业道德教育和教师不断地自我修炼,师德修养提高了,就会促进教师主动地认识自我,自觉地进行心理品质的锻炼,保持健康的心态,抒写精彩的人生。

总之,引起教师心理问题的原因是多方面的,因此提高教师心理健康水平也应有综合措施且已刻不容缓。教师应该提高自身的心理素质,适时适度地调节自己的心态与情绪。切记:教育工作者培养和服务的对象是学生,在任何情况下,他们都没有理由也没有权利把自己的不快与烦恼发泄到被教育者身上。在目前教育体制改革中,只有正视现实、不断进取,才能适者生存。市场经济不相信眼泪,大浪淘沙、优胜劣汰是社会发展的必然趋势。身为教师,只有不断提高自身的综合素质,不断学习和掌握新的知识,尽快适应新的教学观念、掌握新的教学方法、达到新的教学要求,才能寻求新的发展,才能使我们教师成为心理健康的人,也才能有利于培养、影响学生成为心理健康的人,教育教学才能取得我们预期的效果。

每个孩子都有闪光点

◎ 刘洪雨

读书、读书、再读书

读书，求知，思考，唯有学习方能使我们不断进步。梅子涵说过："一个希望优秀的人，是应该亲近文学的。"阅读的好处无须赘述，一个书香生活的营造无疑会让孩子成长得更好。让学生读书，首先教师要读书。最好的教育莫过于感染，最好的管理莫过于示范。自己不读书，怎能要求学生读书？我在语文课堂和班会上把读书的故事讲给学生听，把读过的好文章念给他们听……由兴趣到感染，一点点培养学生的读书习惯。我鼓励学生带书来，在作文、活动课上开展阅读活动，让学生领悟冰心在《忆读书》中所倡导的"读书好，多读书，读好书"的道理，加强自主阅读，特别是往课外阅读延伸，扩大阅读面，增加阅读量并循序渐进、持之以恒。我注意对学生的阅读适时加以引导。阅读并不是让学生浮光掠影地看，需要逐步引导学生养成良好的阅读习惯，即一边读一边想的习惯，一边读一边圈、点、勾、画的习惯，使用工具书的习惯等。另外，做好阅读笔记，让学生顺势利用《成长日记》写随笔，可一举两得。每个学生对知识的掌握情况和接受能力都不相同，布置作业时要鼓励自主学习，强调个性化作业，避免简单的"一刀切"模式；特别是周末和假期，对部分学生来说，避免一些重复的练习，强化自主阅读，能更好地积累和发展。

让孩子们感受到我们的爱

教师要多亲近孩子。比如，在表扬一位孩子的时候，有时候，不经意地摸摸他的脑袋、拍拍他的肩膀，会让孩子感受到我们对他的爱。

教师应不以成绩论高低。有些孩子的成绩总体一般，但某一门课成绩挺突出。有些孩子成绩总体比较糟，但愿意上某门课。我们所谓的差生，可能是那个更爱你的人呀。花10分钟去表扬一位成绩优秀的学生，是我们经常做的事，而让差生记住我们，可能仅仅需要拿出来一分钟的时间去肯定他，甚至因为这个老师，他会去学这门课。心理学家威廉·詹姆斯有句名言："人性最深刻的原则就是希望别人对自己加以赏识。"孩子需要在赏识中不断成长，在班级里有良好的归属感。成长的道路如此漫长，成绩只是其中的一种标志。一个在班级里有良好的归属感的孩子，很少会违纪和厌学，毕竟除了学习，他有其他事情干，同样会获得成就感。班里的日记、作业甚至每一盆花，都有孩子负责；可能他的学习成绩很糟，但有些事情却干得很好，甚至比我这个班主任还要上心。负责日记的两个孩子放弃在操场看比赛的时间，提前三分钟回去把日记发下去不耽误大家放学，这一度让我感慨万千。每一个孩子身上都有让老师、让其他同学喜欢的、感动的甚至依赖的地方，班级的运转离不开每一个孩子，这样，班级也会运转得更好。

教师要耐心地让孩子把话说完。特别是当一次次的收到扣分条的时候，当孩子的作业屡屡出现问题的时候，要先了解情况，然后针对具体情况再发表意见。先了解清楚原因，也让自己少生气，控制住自己的情绪，不带着情绪处理问题，这样可以避免偏激，尽量不要把时间浪费在无用的宣泄情绪上。泰戈尔曾说过："不是槌的打击，乃是水的载歌载舞，使鹅卵石臻于完美。"疾声厉色的批评如同"槌的打击"一样，它带来的只会是相互撞击后愤怒的火花。

教师要利用孩子犯错误的机会进行引导。我收到过非常典型的检查，寥寥三四句："我今天上课违反纪律，对不起老师，下次我一定改正！"我想他写检查完全是为了应付老师，想通过这种方式让自己的问题在老师这里尽快翻过去，并没有对自己的问题进行思考；很明显，既没有分析当时的情境，看不出在课堂上有哪些不合适的行为，这样的行为到底违背了什么行为规则，更没有考虑到这样的行为会给别人带来哪些影响。如果这样放过去，无疑会丧失一个引导学生自我思考和自我教育的机会，不利于对学生责任意识的培养。

对错误和问题，我一般引导学生思考：

（1）我的什么行为影响了他人？

（2）我的行为违背了什么原则？

（3）我打算怎样做来弥补自己的过失，以重新建立和谐的关系？

（4）需要老师提供哪些帮助？

最后这一点告诉学生，学校和老师的管理是一种方式，想通过这样的方式帮助你形成的良好的自控能力，为大家营造一个良好的学习环境，消除同学之间可能出现的对立情绪。与学生一起分析问题的时候，要多体谅学生的处境，减少不必要的指责和嘲讽，多给学生一些思考的时间，要让学生意识到：这是我的责任，我应该承担。

学生习惯和人格塑造是一个漫长、渐进的过程。"犯错—认错—改错—又犯错—又认错……"这是在学生中普遍存在的循环。有耐心，容忍学生的"旧病复发"，要引导学生从自己"犯错周期"逐步延长或者犯错程度逐渐减轻的过程中看到自己点点滴滴的进步，体验到进步的快乐，进而增强进步的信。我们既要允许学生反复，又要鼓励学生进步。

团结好家长

家长见到老师,最常问的一句话通常是:"老师,孩子在校表现怎么样?"鉴于家长苦于没有条件了解孩子白天在校表现而又迫切想知道的情况,可以充分利用 QQ 群,每天进行反馈,学生轮流主持。常规反馈包括每天的作业上交完成情况(每天各科课代表统一汇总,具体到科到人,以便家长详细了解情况,也在很大程度上避免了孩子糊弄作业的侥幸心理),课堂纪律和课间秩序(发现问题及时了解、及时解决,既约束学生纪律,又避免积小成大、无从下手)。不定期反馈包括各科的听写、检测情况,以便家长及时了解孩子的日常学习状态,出现问题后能及时调整孩子的学习进度和策略。孩子对家长往往报喜不报忧,这样日常的反馈就比家长仅仅通过家长会知道期中、期末两次学习成绩要全面得多。

对孩子们在学校的各种风采,我一般都留好影像资料,像本学期开展的校园舞、广播操比赛、跳绳比赛、话剧表演等等活动,我都把孩子们的风采在群里向家长展现,即使家长无法现场参与,也能感受到孩子们成长的喜悦。我们对孩子们的努力和成绩要多表扬,肯定、感谢家长的工作,最大限度地调动家长积极性,形成良性循环。

在这里,我要特别感谢班里郭畅妈妈联系家长建立的微信群。家长在孩子身上遇到的各种问题,常常苦于没有解决思路和途径。其实,一个班里的 50 多个孩子,处在同一个年龄和发展阶段,认知水平基本相同,遇到的问题也往往相似,家长利用这样一个平台联系起来,就孩子身上发生的各种问题进行交流探讨,最能产生共鸣,也往往能碰撞出思维的火花。郭畅是一个成绩非常优秀的学生。郭畅妈妈发现孩子的一些学习方法比较有效,就分享在家长群里,并积极组织家长在家长群发掘孩子们好的学习方法,从每天书包如何收拾到作业记录本如何利用,从单词如何更快速背诵到错题本如何建立……每个孩子身上都有闪光点,都有可以学习借鉴的地方,家长之间和孩子们之间可以取长补短。再如,学生校服的补订、每学期期末新课学习资料的复印等问题都在家长群里进行分享,这样,无形中减轻了班主任的工作负担。

约法三章

◎刘洪雨

想和大家聊的是学生的自主性。

纪　律

可能源于个人性格。我一直认为纪律是一个班级战斗力的保证。所以,我对学生说"纪律是铁,纪律是钢"。

《中学生守则十条》,《中学生日常行为规范40条》,哪些应该做哪些不应该做,学生是知道的。所以,我就对之进行简化。对于纪律,我对学生就要求两条必须做到——一不准打架,二不准骂人,如果违反这两条是要严厉处罚的。比如,一旦发生打架事件,除了处理外还会被取消本学期任何的评优资格。对孩子而言,你不让他说脏话很难,但是不允许骂人,就会给班级减少很多不必要的麻烦。对于是与非,要教育学生做到"心知肚明"。

至于其他的,比如按时完成作业、上课不许随便打闹等,犯错的固然要批评,可也得分别对待。比如,有的孩子只是偶然的,这是不可避免的;对于那些"惯犯","屡教不改尚可扶着走路"的那必须要严抓!

规矩养成的过程是一个漫长的过程,因为你要改变一个人的习惯是很难的。根据我的经验,三个月能有一小变就算成功了。在这个过程中,我们还需要有一点耐心。

团 结

能够在一个屋檐下共同生活、共同学习,这就是一个缘分,我望学生珍惜。所以,我在初一的时候给班级制定的口号是"团结协作、互帮互助"。一个班级,只有团结了才有凝聚力,只有有了凝聚力了才有战斗力。这种向心力是建立在学生之间的深厚感情基础之上的,而感情的增进则是通过活动和日常交流来增进的,如一起打个篮球、踢踢足球,找个共同的兴趣;或者借同学支笔用,换位时帮同学搬下桌子。我常说,智商固然重要,情商则更重要!

哪怕是班级跑操的时候,有的学生因为特殊情况不能跑,我的要求是必须等同学们跑完后才能跟在队伍后面回教室,因为我们是一个整体。就是在这样一件件的小事中,他们慢慢地越靠越近。

我还时常教育学生——吃亏就是赚便宜。比如,你帮同学解答一道难题,看来你是付出了,但是在回答同学问题的时候,实际上你也加深了理解,而且你还收获了一分友谊。不要怕别人考过你,同学们成绩提高了对于自己也是件好事,因为豹子跑得快慢取决于羚羊的奔跑速度。

信 任

信任首先建立在老师的诚信之上。答应了的事情就要努力去做到,如果不能做到就要给出合理的解释甚至道歉。但是,正因为孩子对老师的信任,所以你说他才听。

对于学生,我也是"疑人不用用人不疑"。比如,我们现在体育委员——于昊艺,一开始的时候连个口号都不会喊,缺乏节奏感,经常是不喊还好一喊就乱,所以开始几天和我说了两次干不了。我不同意。我说你肯定能干好,不会干,没关系,我可以教你,给你一个月的时间去做,被学校扣分被纪检部批评你听着就行,我挨训我也认了,但是我不会怪你的。他坚持了下来,到了学期末被学校评为优秀体育委员。现在就是我不跟着队伍,他也能把队伍带得很好。

学校经常是每学完一章就要进行一次检测,以前检测我都会让学生拉开桌子。自初一下学期开始,我就告诉学生,拉开桌子实际上是对他们的一种侮辱,其实监考也是对学生的一种侮辱。为什么?因为不信任!为什么不信任?因为有的学生的确会抄袭,所以只好拉开桌子监考。于是我就问学生:"我们能不能自觉做到独立完成试卷?"他们都说"可以"。自此,我在班级进行考试都是不拉开桌子直接进行考试的,而且他们干他们的我干我的,全靠自觉。这样做,成绩出来后也基本符合他们的认知水平。比如,我们班孙璇,她是手头有答案的,但是从来没抄过一次。即使如此,我也从不排除仍会有抄袭的。这时候,你要在"宁可错杀三千也不放走一个"和"宁可放走一个也不冤枉三千"之间做一个选择。

有时候我们说孩子毛病多,经常在孩子身上贴上"自私""自我""不知好歹""不知感恩"等标签。我不否认,现在的孩子的确存在着很多缺点,但是谁人没有缺点呢,包括我们在场的你、我、他?况且孩子的缺点也不能全怪孩子,他们只是个孩子。一个时代赋予了一个时代人的特点,作为一名教育工作者,我们要做的是给他们播种阳光而不是评头论足。在教过的学生中,我总觉得绝大多数学生还是知好歹的,你只需要洒下阳光,自能收获一路芬芳。

成长日记促成长

◎刘洪雨

记成长日记是学校的传统和特色,但是想要学生把日记写好,并不是一件简单的事。小学时期,很多学生没有每天记日记的习惯,他们进入初中后,我很是花了一段时间培养他们每天记日记的习惯。我要求学生每天早上上交日记,我也坚持每天批阅日记,像各科作业一样正式对待,以帮孩子养成习惯。

为了真正实现成长日记促进成长的目的,避免学生流水账式地应付了事,或把日记当成抄录本、作业记录本,我引导学生多渠道记日记,最终实现了学生和教师的"双赢"!

班级活动、班务管理大探讨

有运动会、拔河这类比赛或活动,学生利用日记这个平台,为班级活动建言献策,无论是运动会开幕式的节目表演,还是演讲比赛选手的确定,学生在日记中都提出自己的想法。

在实际训练和操作过程中,学生敏锐地发现问题和不足之处,我据此不断改进完善,可谓"利用小日记,凝聚大力量"。

班干部也常利用日记进行班务工作的探讨。团支书负责的活动较多,经常在日记中和我探讨活动的安排和进程。这样,既能帮助学生理清思路、提高效率,又能通过事后对工作中不足之处的及时总结、反思不断提高工作能力。音乐、微机课在专门教室上课,离教室较远,站队、带队过程中问题较多,课代表及时将出现的问题向我反馈并提出建议,使我能据此重点处理、完善管理。

学生日常动态一览无余

学生会把当天课堂、课下的大事小情反映在日记中,比如今天音乐课哪个同学纪律极差、体育课秩序如何、谁扰乱午休秩序、最近谁和谁闹了矛盾……孩子都会反映在日记中,我则坚持天天批。这样,我虽不时刻在班,也能及时掌握班级动态,看似鸡毛蒜皮蒜皮的小事,也能及时处理防微杜渐。有些违纪事件,单独问当事人,孩子往往趋利避害,只站在自己的角度看问题,而在成长日记对当天突发的关注度高的事件可能十多个孩子都会写到。这样,我的视角就开阔起来,能更好地、全面地再现当时情况,以便更客观地进行判断。

知心信箱

青春期的孩子总会遇到各种各样的成长烦恼和困惑,对此他们往往不愿和父母交流,又往往怯于和老师对话。于是,我就引导学生将成长日记当成情绪的宣泄口,可以尽情地在里面吐露自己的心声。批阅时,我会及时疏导,给予鼓励;对负面情绪抒发严重的孩子,我会专门找个时间和孩子聊一聊,及时了解情况、疏解心结。

在很多孩子心里,有一种意识:成绩好才是好学生,才是老师喜欢的孩子。班里的代斌,成绩总是稳定在最后一名,但就是这样一个孩子,成长日记完成得很好,不仅每天及时上交,而且哪怕是日记中的一首诗、画一幅小插画都工整认真,我对此给予极大的肯定,将其评定为 A+,在班里多次加以表扬,让这个每门功课只能考个位数的孩子感受到:自己也能在某些方面比那些成绩名列前茅的孩子做得好。开家长会的时候,代斌的父亲特意对我在成长日记中对孩子的鼓励、帮助孩子确立自信表示感谢。可以飞不高,但要有飞翔的姿态。我经常引导孩子:可以没有高分,但要有态度,学会每天做好一件事。因此,班里即使成绩后十名的孩子,大多也能认真对待日记,这对他们来说是一个平等的舞台。班里负责周一升旗仪式时,王钰同学在日记中写道:"不知道自己能不能毛遂自荐负责国旗下讲话。"孩子又善解人意地写道:"如果老师心中已有人选,那就算了。"王钰的成绩不算好,在孩子心里,这个机会大概是属于"好学生"的。我当时非常感动,表扬了王钰,让孩子大胆去尝试。后来校广播站"召新"的时候,王钰又在日记中向我表达了她的矛盾:想去,又怕人才济济自己不行。我告诉孩子,尽管放手一试,即使不成功,那也不会有比现在更差的情况发生啊。有了努力,结果自然如愿以偿。孩子更加自信了,参加了演讲、朗诵、话剧等活动,对自己的要求高了,其他方面也被带动着有了进步。

风采展示舞台

我引导学生不拘泥形式,写自己想写的话,甚至可以画几笔插图,哪怕吐槽呢;只要不以应付的心理对待,日记就不会成为一种负担。日记是属于自己的一片天地,一方舞台。像班里的程宇、杨帆、刘飞宇,常把日记当成小练笔,文采飞扬得让人叹服;周宇创、徐子鸣常在日记中评论时事,见解独到;田桂宇同学更是吐槽段子手,笑点多多,欢乐满满。日记成了学生繁重而枯燥的学习生活中的一抹亮色。

家校联系新平台

青春期的孩子普遍和家长交流"不畅",造成很多问题。我在家长会上介绍成长日记,希望家长能多看、勤看孩子的日记,了解孩子的学校生活和内心世界,也可以借助这个平台和孩子进行交流沟通。很多家长能够每天跟进,像邢云堃、赵雨萌的家长,每天都留言,让孩子感受到家长的关心,从而写起日记来更加用心。

为引导孩子们更好地完成日记,我采取了不少措施做到多管齐下。首先,要求天天写、天天交,避免孩子偷奸耍滑、草草了事,我则坚持及时批阅。这样,虽烦琐且累,但可避免孩子抱侥幸心理偷懒。坚持时间长了,他们的习惯会自然养成。其次,将日记和和谐互助小组考核相结合,我批阅时会打等级,据此等级可获得相应的加分奖励,这极大地激发了孩子们的热情。再次,经常表扬或者宣读好的日记,形成带动作用。最后,请家长监督督促。

每天做好一件事,从日记开始吧,让成长日记促进学生成长。

施爱有道　育人无痕

——一瓶矿泉水带来的思索

◎徐洪运

没有硝烟战场的六月酷暑难耐,加之学生答卷做题的投入,让整个二中校园的空气凝固起来……

"丁零零"……历史考试一结束,学生一窝蜂地挤出考场,人生十字路口的第四场决战在闷热和焦虑中结束。大多数学生都已汗流浃背,汗水像地图一样印在学生衣服上。学生自带的水早已喝光,部分学生在排队等待考点提供的热水。这是几千人啊,需要多长时间?离下一场考试还有不到一小时的时间。作为班主任的我,把学生召集到一个大的树荫下,叮嘱学生:"同学们,现在在这里看这书,我出去给你们买水。"十分钟后,我带了两箱矿泉水回来,让班长每人一瓶分给了学生。好多学生咕咚咕咚半瓶水进去,脸上露出了微笑。中考成绩出来了,我们班的学生各项指标均名列级部第一名。好的成绩离不开教师的教导、学生的努力,那瓶矿泉水也有不少的功劳!

师爱有形,育人无痕

教育家巴特尔曾说过:"教师的爱是滴滴甘露,即使枯萎了的心灵也能苏醒;教师的爱是融融的春风,即使冰冻的感情也会笑容。"是的,也许一瓶水的价值对现在的学生来说微不足道,但在最需要的时候它不仅仅体现的是自身价值,而是一名教师对学生无微不至关怀的最好体现,恰似一股清泉滋润学生的心田,激发起学生内心深处旺盛的斗志,也让师生之间更加亲密。关爱学生,就应该关心、爱护全体学生,关心学生的健康和安全。

爱是教育的灵魂,没有爱就没有教育。教师的爱不求轰轰烈烈,但愿实实在在、有形有色,一瓶矿泉水可以缓解学生的口干舌燥,可以沉稳学生浮躁的心情。我用有形的物质在非常时刻满足学生生理上的需要,进而推动学生感情上的需要,推动学生自我价值的实现(考上理想的高中),以爱的行为实现了润物无声和育人无痕。

满足学生最基本的生命需求是教师经常做的,也是最普通不过的一件事,然而这看似普通的一瓶矿泉水,却激发了我班学生的无限潜能,通过真心、真情、真诚的付出,让学生情感上得以温暖,增强了学生的自信心,让学生在一个宽松、温暖的环境里细心审题、认真答题、耐心检查,接下来的几场考试都自信满满地进考场、昂首挺胸地出考场,超常发挥了自己的中考水平。我们班也取得普通高中录取人数列全校初三毕业班第一名的好成绩。

施爱有道,润物无声

教育植根于爱,真教育是心心相印的活动,唯独从心里发出来,才能打动心灵。一个有责任心的教师对学生的爱无处不在,不仅仅体现在语言上的表扬、激励、关心,更应该落实到具体的行动中去,有措施,有方法,有技巧。从一切为了孩子终身健康发展的角度出发,从满足学生的基本生理需求去做,抓住稍纵即逝的教育契机合理有效地施爱,容易被学生接受,引起学生的共鸣,激发学生的潜能。

以爱润其心,以言导其行,这是我做班主任的座右铭。今后我将继续用爱心去滋润学生,用语言感化学生,做学生的知心朋友。

给孩子们写信

◎管霞

第一封:写在军训后

从 8 月 29 日到 9 月 2 日,历时 5 天的军训结束了。

5 天里,我们以阳刚之气,一展军训之魂。

5 天里,我们以英雄之姿,一展军训之髓。

5 天里,我们在军训中悄然成长。

我们有可爱的同学们。

喊破喉咙的大排头刘苏文;流着汗仍然微笑的杨柳;有伤在身仍能逗乐子的宋述博;常被点名仍不懈气且认真如一的贾万舟;个子小小但声音洪亮的韩国学生金益构;动作标准,流着鼻血仍然坚持上场的戴宗秀;还有个子小小、笑声爽朗的刘冲,一个人,孤独但不寂寞地走在队列的最外侧,奋力跨步、绝不落伍……这就是我们班的同学们。

军训归来

灼热的大地,火辣辣的阳光,汗流浃背的我们,构成了一道特别的"吃苦风景线"。骄阳烈日,受不了了,稍作休息,立即归队;队伍集合,动作敏捷;站军姿,满身大汗,纹丝不动……流淌的汗水,酸痛的四肢,我们并不在乎,在乎的是我们学到了什么、学会了什么。

吃苦不是时尚,需要用汗水和毅力去交换;吃苦给我们留下无尽的财富,强壮的体魄,雷厉风行的作风,以及敢于战胜困难的勇气!

我们有可敬的教官。

军训这个崭新的课堂,让我们感受了军人的风采,拥有了军人的情怀。

事实证明,教官的勇气是我们的荣幸。正是在教官的指导下,我们才能获得优胜方队、精神文明奖的荣誉。

我们的教官很年轻,小眼睛,身材并不高大,但是军营里的磨炼使他练就了坚实

教官的英姿

挺拔的身躯。从教官标准英挺的军姿中,我们知道了坚毅是真正的美。

教官很严肃,难得一笑。但是渐渐地,我们也发现军人不仅仅只有严肃的不苟言笑,他们也有血有肉,感情十分丰富。他们真的是最可爱的人!

我们有可敬的老师。

获得最高荣誉,这里有我们的功劳,也有教官的功劳和所有关心我们的人的功劳。

我们的团队

老师们和我们一起淋雨、一起晒阳光浴,晒伤也不休息;老师们一趟趟不辞劳苦地给我们打水,将水弄凉。

同学病了,嘘寒问暖,端水送药;同学累了,提醒放松,关心备至……

同学戴宗秀鼻子突然流血不止,班主任管老师最先冲在前面,用纸帮她拭擦;白

晓鸽老师跑着拿来冰矿泉水；校医刘老师闻讯赶来，提供专业的棉球。三个人有序地操作着，很快止住了血。训练场的一隅也因老师们的关爱洋溢着脉脉的温情。

就这样，教官严格指导；老师悉心管理；同学们吃苦耐劳、严于律己，训练中动作敏捷、步伐规范，最后检阅时，高一•5班的方队整齐划一、声震操场。

两面来之不易的红旗(优胜方队第一、精神文明第二)就是对我们班全体同学努力的肯定和认可。这说明，这次军训的我们取得了圆满的成功！

白驹过隙般的、为期五天的军训结束了，我们都承受住了考验，不只来自于阳光，更是来自于我们自己！

五天的军训让我们明白了，小小一个立正所包含的"丰富"，几个转身所容纳的"博大"。没有我们每个人的努力，就不可能有一个完整的、高质量的方队。训练的每一个动作，都让我们深深地体会到团结的力量、合作的力量以及团队精神的重要。

通过军训，我们还增进了师生之间的了解和情感的沟通，较快地形成了一种积极向上的良好班风和班级凝聚力。

军训还教会了我们认真对待自己的错误，不刻意隐瞒什么，不对就是不对，而在这种自然中流露的那种质朴是任何东西也粉饰不来的。

还有，对手是最大的朋友。在比赛中我们是对手，在赛后我们是朋友，互相激励着前进，让军训变得更精彩、更充实、更有意义。

校长说：军训已把你们这一群十五六岁的人锻炼成了真正的高中生，让你们知道了什么是汗水、什么是真正的快乐，以及让你们学会怎样独立、怎样面对生活和困难、怎样去承担那份光荣而艰巨的责任……

我们班的康曦元在日记里写道：

军训是一种享受，我向往的那种享受。享受风吹来的那一丝凉爽，云散开的那一丝闷热；享受教官一丝不苟的指导，享受他喊一声"休息"的那一刻放松；享受炙热灼人的太阳——以前我们在大夏天总是深深埋着头，而现在我们享受着太阳的炙烤。今后又有谁愿意面对灼热的太阳而坦然称之为"享受"呢？

红跑道，绿草坪，是我们流汗流泪的地方，也是我们见证奇迹的地方。

我们享受着慢慢被激发的雄心壮志，享受着站军姿汗珠从脸颊划过的痕迹，享受教官的表扬甚至是斥骂——这种享受只有在军训中才能得到。付出的汗水、得到的掌声只有经历过的人们才能明白。或许在人生的长卷中，我们对享受有了更深的认识，但是，不同层次的享受决定不同层次的人生。我想享受的可能更是精神灵魂的锻炼！

军训结束了,它并不意味着句号,而是漫长的高中生活中的一个逗号。

如何将军训精神传承下去,这是一项更长远的工作。

需要我们努力的日子还很长。路漫漫其修远兮,吾将上下而求索。

第二封:写在认识你们15天

亲爱的高一·5班的同学们:

你们好! 首先,我作为你们班的班主任,对你们步入高中15天来的一路适应,表示热烈的祝贺! 不容易啊!

虽然对我们班大部分同学而言,校园还是那个校园,可是高中却不是初中了。因为,进入高中,你就已经经历了人生的第一次筛选,进入培养人才及精英的基地。踏上高中这个台阶,你们将开启大学之门,放飞自己的理想。所以——你们好厉害!

高中,是让你展开理想翅膀的平台。在这里,群鹤舞白沙,任我心飞翔! 我是你们的班主任,我任教的三十九中毕业的、让我得意的学生很多,比如2010年毕业的于澄(厦门大学会计系),比如2016年刚毕业的戚睿华(四川大学文学系)。但是,从三十九中走出来的艺术生更多。比如2008年毕业于三十九中考到北京电影学院,师从张一白,后为《匆匆那年》的副导演蔡婧;比如2010年毕业,现在在中央戏剧学院上戏剧文学研究生的李晓萌;比如2011年毕业,现在是中央音乐学院研究生、打击乐高手於怡;再如2016年刚刚考上大学的田瑞禾(中央戏剧学院)、孟威(暨南大学戏剧文学专业)、孙颖(上海音乐学院音乐学)、刘家骏(中国音乐学院管弦)……这些孩子以前是我的宝贝、我的骄傲,现在还是,将来更是。

当一个艺术班的班主任,最开心的事情就是可以成为很多艺术家的老师啊。一想到你们成名之后,接受采访时深情回忆高中生活,或者深情款款地在回忆录上写下"管大侠"三个字,我的嘴角都要忍不住地上扬。哈哈哈!

嗯,说说我的了解哈。

我首先非常钦佩你们——你们是可以"一心两用"的孩子们。你们比同龄的孩子们付出几倍乃至几十倍的工夫和精力,你们拥有比别人多至少一项的技能,你们还有人生中不可多得的生活情趣和求学体验。我虽然不懂艺术,但是非常会欣赏艺术的人。艺术班的同学们特别动情,也特别懂感恩。你们和6班比拼才艺的那个"死拼"的架势,闭营式上把教官高高举起时的泪水,都深深定格在我的心里。将来有一天,我一定会为5班的同学们而骄傲和自豪! 希望你们在这三年里鼓足信心,用自己的努力和汗水换来属于你们自己的通行证。

其次,感谢你们让我天天开心。军训4面红旗,真让我扬眉吐气啊;开学十天,相处在一起,更是天天有开心的事儿!开学第一天,就有校领导表扬咱们班同学爸爸热心送学生,下午班会有22名同学参加班委竞选,愿意成为我的左膀右臂,我真是做梦也要笑出声来了;第二天,手机刷刷刷地交上35个,让我瞬间变成"大富翁",这是沉甸甸的财富啊。

我的班委一个个特别负责——有极富正义感的小赵,有态度十分端正的小时,有做事十分认真的小孙,有风度男士优雅女士,有极富亲和力的团支书,有收费沉稳的"大排头"……哦,还有最最不能少的班主任代言人——刘成锴,少谁都不能少了他!

哦,多少老师羡慕我啊,天天上课看到帅哥靓女,真是养眼!军姿最标准的温升宝,外交官风格的张景新,身材高挑的胡君,纤弱好学的王奕鸥,粲然笑容的王雁冰,清水芙蓉的刘校宁,端庄娴雅的韩依诺,笑意盈盈的孟宣迪,小鸟依人的闫琳琳……哈哈,个个都可爱。憨中带萌的黄佳,懒洋洋很卡通的史国耀和于嘉浩,还有热心买谱子的战世杰、多才多艺的张天玮、"夹心饼干"于佳昕、娇小可爱的王江山、嗜书如命的甄鑫、收作业积极的纪伊芸、"丢三落四"的辛璐、特立独行的舒唱、洋娃娃一样的邱熙闻、三次把"水"背成"冰"的房子意……哈哈,太可爱了。

我们班同学特别刻苦,特别坚韧。刻苦如江庭萱,认真如张千祎,沉稳如庄昕菲,大气如刘雨婷,文静如刘彦孜,快乐如刘小溢,温柔如姚丹青,众学科老师一路表扬的缪炫晨,字体磅礴的卢元辰,尽职尽力的课代表庞雨昕,做操一板一眼的孙恺辰,第一个喊出"我要训练"的郝青,最爱刨根问底的江镐辰,"打不死的小强"苟晓萍,脚受伤仍坚持军训的李易明,伤痛还要坚持参加闭营式的韩冉……真是一群超越自己的人哪。

50个人,50朵花,竞相在班级的花园中开放,让我这个园丁爱不释手哦。

每天,和你们在一起的时间比我和女儿相处的时间还要长呵。早上7点10分,我就能见到早早到校的你们;晚上6点30,我还能在校门口看到走出校门的你们。

每天,穿过赛赛楼的过廊,就会看到挥舞羽毛球拍的你们;走出209办公室,就到了咱们的教室后门。

心里总是有着满满的期待。

因为又能见到50张年轻的脸,能听到一声声清脆的"老师好"——走到我们50人的家了。

因为班里的每一把桌椅都有着我们身体的温暖，因为班里的墙上贴着代表我们集体的"一棵大树"。

窗明几净，暖意融融。环视四周，有干净的窗帘、雅致的兰草，还有莘莘学子、爱你们的老师。

5班人，一起过第一个节日，管大侠祝你仲秋快乐！

第三封：写在认识你们一年后

最亲爱的5班的同学们：

这是我给你们写的第三封信了。还记得我在第一次见到你们之后，在博客上写的第一封信吗？在那封信里，我更多的是钦佩，钦佩你们是"一心二用"、勇敢选择艺术道路的孩子们。和你们相处了半年之后的今天，我又敲下了这第三封信。在这儿，我更想说说我的幸运。

我庆幸在我的生命中，有了勇敢而执着的信念，让我来到三十九中；我更庆幸，在三十九中当班主任的第一届学生，是和你们而不是和任何的"他们"。

感谢上苍，让我们有缘，天天相处在一起，一起哭过，一起笑过，一起取乐，一起疯闹！每天我和你们在一起时间比我和女儿相处的时间还要长呵。早上6点50，我就能见到早早到校的你们；晚上6点30，我还能顺道捎着咱同学回家啊。而我女儿呢，早上没有睡醒的时候我就走了，晚上7点到家，她才能见到妈妈，而这个妈妈也只能挤出2个小时陪她吃饭、睡觉。所以啊，我和你们早就是亲人了，对吧？

对于我们这个47人的班集体，我们是那么爱她。每次从201办公室穿过长长的走廊，走到咱们的教室，心里总是有着满满的期待。因为又能见到笑意盈盈的33张年轻的脸，能听到一声声清脆的"老师好"，因为能走到我们这47人的家了。因为班里的每一把桌椅，都有着我们身体的温暖；因为班里的每一处墙贴，都凝结着47人集体的智慧。

窗明几净，暖意融融。环视四周，温馨的窗帘花，芬芳雅致的兰草，创意美丽的图书帘，还有子潇微波炉、德宝时间、管式名言……

身在5班，吾爱5班。

我们班有这么多可爱的同学。俊男靓女，个个养眼。有现代版"周瑜"李凯文，有风度男士臧士昊，有优雅女士石文钰、清水芙蓉张佩琦，还有"贵妃"李贝聿，"新疆小伙"陈文涛……

我们班同学理想远大，做人认真。刻苦如戴宗秀，认真如王雪，文静如代萌；有韩籍"外交官"金益构，还有图书馆馆长刘文瑾……

我们班同学热爱集体，特别团结。热心如孙熙媛，可爱如焦译禾，豪爽如马凌琦，个个视班如家；还有好人榜样臧琪、"大补丁"宋述博、"小叮当"刘弋玮、"巧姐儿"郑茜匀，更有花长园丁韩岳、"奥特曼"宋文琳……

我们班同学个个才高八斗，学富五车。语文课上，有擅长抒情的"散文家"康熙元，擅长构思的"小说家"刘苏文；研学课上，有擅长理性分析的"哲学家"綦天慧，通晓古今的"历史学家"刘鼎；体育课上，有我们的"小飞人"李德宝，后花园还有鏖战激烈的"乒乓高手"贾万舟、王子潇；艺术课上，有"小百灵"杨柳，有"小提琴家"赵千绮，还有身怀八般武艺的张梦凡，有唱歌大气的"大家闺秀"辛宗鲜，有擅长二胡的"小家碧玉"何雯洁，更有才华横溢的"表演艺术家"孙俊杰呢。

我们班同学爱校如家，将校园的每一个角落都当作人生的各个舞台。升旗仪式指挥国歌，电视台主持播音，运动会贡献服务，编排课本剧《鸿门宴》更是将传承儒家文化贯彻到底！

我们班同学成绩骄人。军训两面红旗，诗朗诵拔得头筹，集体舞一举夺魁！艺术节上争奇斗艳，午间音乐会更是百花齐放，大放异彩！

作为你们的班主任，怎会不被你们这群热心热情的同学们感动呢？怎会不感谢上天眷顾自己的百般幸运呢？

身在5班，感动常在……身在5班，吾爱5班！

你是不是也和我一样呢，因为心怀感恩而幸运常在？祝春节愉快！

你们的朋友：管霞

（三）幸福源于心与心的交流

谈班主任职业幸福感

◎穆诺

幸福是一种美好感受，是一种积极心态，是一种快乐习惯，是一种价值追求。一个幸福的人，也会有情绪上的起伏，但整体上能保持一种积极的人生态度，经常被积极的情绪推动着，如欢乐和爱；很少被愤怒或内疚这些负面情绪所控制。快乐是常态，而痛苦都是小插曲。班主任的幸福感指班主任在班级管理的过程中获得的专业满足感、成就感、快乐感和使命感。

许多班主任普遍感到工作重、压力大、待遇低，缺少幸福感。周围的不少教师认为，当班主任太苦太累，要上课又要教育和管理学生，既要与家长和学生沟通，又要不断地进行自我学习提升自己、搞好教学与教研，此外学生安全更要时刻挂在心头，每天都有忙不完的事、操不完的心。在这种超负荷的工作压力下，班主任的工作幸福感自然会降低。如何提升班主任的幸福感呢？我认为应从以下几方面着手。

提升境界，学会感受精神层面的幸福

幸福的多少，来自有幸福感之事件的多少；幸福的大小，来自所做有幸福感之事的大小；幸福的长短，来自有幸福感之事持续时间的长短；幸福的深浅，来自该事在你心中地位的深浅。教师追求的应该是精神层面的、深层的、持久的幸福感。要享受幸福，需要我们学会关注自己的内心、提升自己的境界。

1. 享受学生成长过程的快乐。

在班主任工作中，我们更多的幸福感来自学生的成长过程的快乐。当我们任教的孩子们在考试中取得好的成绩时，看到他们阳光灿烂的笑容，你会很幸福；当看见孩子们在互帮互助得到一道证明题答案时，你会很幸福；当看到闹了别扭的孩子们重新握手言欢时，你会很幸福……

人生的得失不是用金钱来衡量的，人生的价值也不是由权力和地位来决定的。在这个世界，有人需要你，你就是有价值的！因为你尽心工作而对别人产生益处就有价值；益处越大，受益人越多，你的人生价值就越大，这是个很朴素的道理。那么，对照一下，在学生成长成熟的过程中，最受益的是谁？哪一步提升没有教师的辛勤耕耘、春风化雨？

2. 享受职业的纯净和年轻。

教师行走于校园，耕耘在讲台，每天围着学生转。生活是单一的，交际圈是狭窄的，到社会上甚至显得刻板和呆傻。但是，我们的工作无须尔虞我诈，无须赔笑献媚，无须曲意奉承；只要上好课、管好班，就活得自自在在、坦坦荡荡；不需要改变自己的本真，不需要委屈心灵的执着。能守护这样的单纯和宁静，就是一种富有。我们的工作对象是天真无邪的孩子。他们想哭就哭，想笑就笑，自然真实；他们打打闹闹、说说笑笑，充满活力；他们上课会争吵，下课会唱歌，春天会去看花开，冬天会去打雪仗，永远不疲倦，永远兴致高。能拥有这样的激情与年轻，就是一种幸福。而教师，从事着阳光下最神圣、最无私的职业，难道还不够幸福吗？

3. 享受付出后的尊重与感恩。

不同的职业有不同的苦与乐。不是所有的职业都能被人尊重，不是所有的付出都能有人感恩。教师最高的价值是培育人，目睹学生的成长与成熟。这里不仅仅有知识的传授,更有心灵的浇灌、人生观的指导,这是教师价值观的传承,甚至是教师生命的一种延续。教师最大的幸福是收获那么多学生的真情,这种真情融合着喜欢、佩服、感激、关心、理解、感恩。

改变心态,学会让心灵释然

心态决定一切。幸福与否常常决定于你的内心感受。同样一件事,由于思维方式不一样,结局会大不相同。善于辩证地、超然地、达观地看问题的人,不论遇到什么坏事、难事或挫折,心里总会充满阳光,始终有一个平和的心态、快乐的心情;相反,习惯以消极、幽怨的思维方法看问题的人,遇事往往好钻"牛角尖",解脱不出来,结果导致自我无尽的烦恼和不快,到头来只能为自己编织痛苦的人生买单。

1. 常换位,不做"抱怨婆"。

在学校,或多或少地有"抱怨婆"式的班主任,几乎整天生活在怨言中——怨学生差,怨家长刁,怨领导不公平,怨任课老师不负责任,怨班干部人才太少,怨教导处随意调课,怨学校开会太多,怨班费太少,怨配发的笤帚质量太差……应怨尽怨,无所不怨。班主任要提升幸福感,首先要改变的是我们的心态!常做换位思考,会让自己心态改变许多。人们大多习惯于从自己的角度去思考问题,于是各种矛盾就经常存在。

2. 尽全力,不苛求。

班主任这个角色应该是超能的,几乎要无所不能——与学生谈话时是心理医生,布置教室时是工匠,大扫除时做监工,运动会之前是体育教练,文艺演出前是导演,学校有外出活动时是领队,开学收费时是会计,上课做严师,下课做益友……

如果班主任总是用自己的"尺子"去衡量学生,一味强调不准干这、不准干那,就很容易引发学生的逆反心理。换一个角度,如果教师充分信任学生,把"尺子"、责任交给学生,选好用好班干部,让学生自己管理自己,你会发现,其实学生的自觉性和自我管理能力是很强的。用这样的方法,学生的能力得到了锻炼,班主任的工作效率也提高了。这样,不仅能培养学生的自主管理能力,而且还可增强学生团结合作的协作意识,增强班级的荣誉感和凝聚力。

提高心理自我调适能力,享受班主任工作的幸福

1. 以阳光的心态面对一切。

班主任不能选择工作环境与职业场所,但可以选择心态。林肯曾说过:你决心有多幸福,你就会有多幸福。所以在工作与生活中,青年班主任要学会阳光地

思考问题,保持一种积极的心态。

2. 学会开心地工作。

(1)调整工作的期望值。期望值过高是班主任找不到职业幸福的个体因素之一。当既定的目标无法实现时,如孩子们考试的成绩、班级的状况、自身的发展情况等不理想时,作为青年班主任就要理智地调整目标,重新制定实现目标的策略。

(2)带着童心与孩子们交往,在交往中丰富自己的精神世界。青年班主任应保持自己的童心和童趣,随时能与孩子们进行童心回放,使自己与孩子们之间有共同的兴趣和语言,走进他们的心灵世界,感受工作的成就和快乐。

3. 掌握人际交往的技巧,建立和谐的人际关系。

(1)学会微笑。高尔基曾说过:"只有爱笑的人生活才能过得美好。"微笑是人类最甜美、最渴望的语言,也是每个人最容易拥有的财富。青年班主任的微笑是每一个孩子、同事、家长最喜欢的表情。

(2)学会倾听与赞美。倾听与赞美是班主任形成良好人际关系的重要手段,也是班主任照射孩子们心灵的缕缕阳光。

(3)学会心存感恩。对于年轻的班主任来说,孩子们身上许多美好的品质需要你去发现,目前你所拥有的一切值得你去感动。拥有感恩的情怀,既能感动同事,也能感动学生。

其实,班主任想真正获得幸福感,最重要的一条是自己调整好心态,经常换位思考,从积极、乐观的角度看待每一件事情,时刻用欣赏的眼光看待周围的一切,时刻发现生活中的美,心与心真诚地碰撞交汇。这样,幸福便会流淌在生命的河道上。

幸福班主任,如何进行自我心理调适

◎穆诺

班主任是教育者,班主任的心理问题当然可以在他人的帮助下解决,如与他人坦诚交谈,通过自己的倾诉与他人善意的劝告把心头的疙瘩解开,但班主任也可以通过自我调适来保持自己的心理健康。

经常自省

人贵有自知之明。一个人要明了自己的健康状况如何,不仅要明了自己的身体健康状况,对心理健康状况更要有点"自我感觉"。通常,有些班主任自我感觉良好,经常说"我有什么心理问题?"殊不知,自己意识不到的问题却真是问题。比如,课堂提问学生回答不出来,心里着急;工作任务过重,容易厌烦;事情多了感到做不完,心情烦躁;时常对别人求全责备,指手画脚;他人因故未理睬你,有点苦闷;子女上大学要交学费了,心里着急;在家中和家人斗了几句嘴,有点激动……其实,"想不开"的时候常有,"想不开"的事情常在,如果说没有却是反常,关键是认识它、承认它,这样才能通过各种途径予以调适而保持心理平衡。

以"平常心"对待一切事物

对待一切事物都要保持一颗平常心。平常心是一种平静而稳定的心态,它不会为遭受一点挫折而灰心丧气,也不会为获得一点成功而沾沾自喜。其实,有些名言正是说明这种心态的,如"不以物喜,不以己悲""知足者常乐"等,以此自勉,是有助于保持心理平衡的。虽然说缘于"责任感"而出现的焦虑是必要的,干任何事情都需要一定的紧迫感,所以从这个角度上说,焦虑是一种动力,然而一直处于焦虑状态之中,则会使人紧张不安,所以还需要以平常心来调节。

培养自己良好的个性和多种兴趣爱好

人的性格各有不同,在待人接物方面也各有不同表现,要保持自己稳定的良好心态,就必须扬长避短,因为性格上的弱点往往正是造成心理失衡的主要内部原因。比如,在气质上属于胆汁质、多血质的人,要保持自己热情、豪放、明朗、善交际等性格特点,注意克服好冲动、浮躁、自傲、不易自制等弱点;黏液质与抑郁质的人要保持自己冷静、沉稳等性格特点,也要克服孤僻、自我封闭、自卑等弱点。班主任具有多种兴趣和爱好,这不仅是教育教学工作所要求的班主任的基本素质,同时也是教师自我调适、保持心理健康的重要前提。人是有思想的,在工作和生活中不可能没有烦恼,但是人们在业余时间从事某些自己感兴趣的或自己爱好的活动时却专心致志,仿佛把一切烦恼都抛在脑后了。也许这是暂时的,但这些活动如旅游、绘画、书法、唱歌、跳舞等,能陶冶人的情操,能提升人的思想境界。常有这种情况,到外面去转转,回来后再想想,也许就觉得原先那些烦恼的确没有什么"意思"。所以,从事这些活动,不仅使我们能在知识与技能方面有所得,有助于教育教学工作,更重要的是能修养身心,保持自己良好的心态。

不断提高自己的心理适应能力

任何工作如果没有对它的热爱是不可能干好的。同时,培养人、教育人也是一项艰巨复杂的工作,需要教育者有较高的素质。为此,班主任需要不断地学习,不断提高自己的思想政治素质、专业知识水平、教育教学能力。

期望适度

人的期望是一种自我设定的目标，经过努力而达到了目标，主观上便获得一种成功的体验，自信心增强；反之，未达到预期目标，受到挫折，便可能产生沮丧情绪，多次受到挫折后自信心也会受到挫伤。比如，教育好有行为偏差的学生是一项艰巨的长期的工作，指望通过一两次谈话就能使其彻底转变可能性不大，如果急于求成，反而事倍功半，久之，对能否教育好便产生了怀疑、失去了信心；如果期望适度，通过耐心细致的说服教育，并对其行为给予每一步的正确引导，久之，不仅学生会从他自己的变化中获得成功感、增强自信心，班主任的自信心也会增强。教育好学生为班主任之天职，乐在其中。同样，班主任对于自己的成长也应有一个目标，但必须适度：期望过低，没有动力；期望过高而实现不了，信心必然受挫。

生活作息合理安排

心理失衡的成因是多方面的，有时人在疲劳的时候心里会有一种莫名的烦恼。其实，"身"与"心"有着密不可分的内在联系，身体健康，精力充沛，其必然心情舒畅，开朗大度。所以，教育教学工作虽然繁忙，但生活作息安排一定要合理，劳逸结合，有张有弛。班主任的心理健康会直接或间接地影响到学生的心理健康。因此，作为班主任学会心理调适、保持心理健康，才会为学生创设出和谐、健康向上的心理成长环境。

做幸福班主任，抵御职业倦怠

◎穆诺

20 世纪 70 年代美国临床心理学家费鲁顿伯格首次提出"职业倦怠"（又称"工作倦怠"）的概念。职业倦怠理论上分为三个指标：情感衰竭、去个性化和成就感降低，以情感衰竭为核心成分。各种调查结果表明，中小学教师职业被看成是全社会最具压力的职业之一，而且教师的压力还有逐渐加重的趋势。班主任作为特殊的教师群体，比一般的教师承担了更多的任务、更多的工作压力，因此，是更容易产生职业倦怠的教师群体。心理学研究表明，班主任在成就感和情感枯竭两项指标上均与非班主任存在显著差异，这说明班主任的职业倦怠程度较之一般教师高。

班主任职业倦怠概述

班主任职业倦怠是指班主任在班级管理和育人活动中不能有效应对工作压

力而出现的一种极端反应,表现为情绪、态度和行为的衰退状态,它是班主任个体不能顺利地应对工作压力而产生的身心疲倦与困乏,属于一种非正常的心理与行为。班主任职业倦怠主要表现在以下几方面。

1. 情绪低落。

情绪低落即班主任的情绪情感处于极度疲劳状态,工作马虎、缺乏热情,在班级管理中放任自流,对于班级活动的开展不闻不问;基本上放弃了作为班主任的职能,仅仅行使其作为科任教师的职能,工作缺乏创造性。

2. 处事的非人性化。

人性化处事是对一个班主任的基本要求。发生职业倦怠的班主任往往会以消极、否定的态度对待学生和同事,遇事容易迁怒于学生或者把学生作为发泄对象,失去了往日的爱心和责任心。

3. 职业成就感低。

班主任职业成就感是指日常的班级管理和教育活动中所感受到的愉悦、满足。班主任职业倦怠消磨掉了班主任的职业成就感,它使班主任感到日复一日的班级管理和程式化的机械工作既沉闷又毫无意义,工作变得让人厌倦。班主任的自我评价降低,在班主任的工作中只是进行日常班级管理,其工作少有感情的投入和创造性。

班主任职业倦怠不仅对班主任的职业工作造成损害,影响其身心健康,同时也对学生的成长和良好的班集体的形成产生了不良影响。班主任是学生成长过程中的重要他人,是形成良好的班集体的灵魂人物。班主任职业倦怠导致班级工作无法正常有序地开展,班集体群龙无首,影响了班级的凝聚力,导致班级成为一个松散的"联邦"。更为严重的是,班主任职业倦怠使得部分班主任辞去班主任工作,解决班主任职业倦怠问题刻不容缓。

班主任职业倦怠的成因

中小学班主任职业倦怠的成因是多方面的,是多种因素综合作用的结果。结合实际情况看,造成班主任职业倦怠的原因主要有班主任工作的现实压力、班主任角色冲突和角色模糊、班主任教育对象的特殊性、工资待遇以及不合理的教师评价制度等。

1. 班主任工作的现实压力。

(1)班主任工作的时间长、强度大。

我国中小学班主任与科任教师相比,通常每天多工作三四个小时。班主任是每天第一个进校,最后一个离校的教师。这些多出的时间主要用于班级常规管理、安全防范、心理健康和道德教育等方面的教育,组织学生参加学校组织的活动,与家长、任课教师沟通;从早忙到晚,工作烦琐,事无巨细,班级大大小小的事都要班主任过问。而这些任务是其他科任教师所没有的。在《中国教师》上刊登的一个调查表明,100%的教师认为班主任工作负担过重。

班主任工作强度大。中小学班主任不同于大学的班级辅导员,它主要是由科任教师兼任,且往往是由"主科"教师(如语文、数学、外语教师)兼任。这些教师教学任务繁重,通常每星期的课时量在12节以上。班主任首先是科任老师,科目教学是他的"主业",在从事班主任工作的同时,更要搞好所任教科目的教学。而且,我国班级学生人数普遍较多,均在40人以上,重点学校会更多。繁重的教学任务,复杂的管理工作,使得班主任工作的强度过大,容易产生职业倦怠。

(2)班主任工作的"风险性"大。

班主任制是学校进行细化管理的措施。班主任面临来自学校领导和家长的压力。学生家长把孩子送到学校,班主任理所当然就成了孩子在校的"第一负责人",孩子在学校内外出了什么问题,家长都会在第一时间内找到班主任,学校领导也会对班主任大加指责。面对时有发生的校园安全事件,班主任工作压力大增,班主任要为学生的各种不良行为"买单"。面对家长和校长的责难,班主任整天提心吊胆,生怕学生出什么差错,这大大增加了班主任的精神压力。

2. 班主任的角色冲突和角色模糊。

当个体面对种种冲突情境而又被期望做出角色行为时,角色冲突就会出现。角色冲突包括角色间的冲突和角色内的冲突。班主任在学校中扮演双重教师的角色:科任教师和班主任。在目前的教育体制下,这两种角色极易引发冲突。角色冲突还包括角色内的冲突,班主任在学校中要面对不同的群体:学校领导、家长、学生,既要积极解决学生的学习问题、心理问题、教育问题,又要应付行政人员与父母的消极支持,这时,如果班主任不能妥善调和不和谐,压力就会随之产生。时代的发展对班主任工作提出了更高的要求,班主任所要扮演的角色越来越多重化,而这些角色行为有时是相互矛盾的。班主任在工作中常常要面对角色冲突和角色模糊的情境,这使得他们不可避免地感到心力交瘁。

3. 班主任教育对象的特殊性。

班主任的教育对象是活生生的个体,是有独立性的人。新时期独生子女的问题、网络发达所带来的青少年网络成瘾的问题又平添了班主任的工作任务,增加了对学生教育、管理的难度。现在的学生越来越有个性,难于管理,加之有些班主任缺乏工作技巧,导致局面很糟糕。初高中阶段的学生处于青春期,逆反心理强,甚至有学生挑衅班主任,致使班主任的工作热情减少,引发职业倦怠。

4. 对班主任工作不合理的考评制度。

由于"应试教育"的影响,学生的成绩、考试分数仍然是评价教师的相当重要的指标,一切以学习为重心,对于班主任工作的考评则简化、弱化。在有些学校,班主任所做的其他工作,比如组织的各种学生活动、建设良好班集体的努力等都无从评价,班主任所做的大量工作不被认可,使得班主任的成就感降低,引发职业倦怠。

此外,班主任自身能力的不足、班主任工作技巧的缺失也是引发职业倦怠的一个重要因素。传统的班主任制只重视对班主任的使用,忽视了对班主任的培训,一些班主任由于缺乏工作技巧,不能灵活处理班级生活中的突发事件,也会因为对自己工作能力的极度不自信而引发职业倦怠。

做幸福班主任,抵御职业倦怠

如何减缓班主任的职业倦怠,帮助班主任保持工作的热情和成就感?笔者认为应该积极采取以下措施。

1. 重视班主任工作,提升班主任工作的地位。

教育部颁发的《关于进一步加强中小学班主任工作的意见》,体现了国家对中小学班主任工作的重视。学校层面要坚决贯彻执行这一意见,重视班主任工作,尊重班主任的劳动成果,对班主任的隐性劳动予以肯定。学校要改革教师考评制度,改变原来单纯以学生的考试成绩为根据的教师考评机制,突出对班主任工作的考评和奖励机制。中小学校要营造以从事班主任工作为荣的氛围,将班主任的工作记入工作量,并提高班主任工作量的权重,使教师认识到班主任工作在学校工作中是和教学工作同等重要的,不分主次。

2. 建立班主任工作的新机制,减轻班主任工作的压力。

传统的班主任一般是由学校任命的,教师很少有权决定。通过这种任命方式产生的班主任,有一些人对班主任工作不感兴趣,迫于学校领导的压力勉强接受。对于班主任工作不感兴趣的班主任来说,更容易引发职业倦怠。解决班主任职业倦怠,首先要改变这种班主任任命制度。

(1)实行班主任轮岗制。

传统的班主任制是教师常年从事班主任工作,甚至是"终身制"。不可否认,在传统的班主任制下,产生了诸如魏书生、李吉林等一批优秀的中小学班主任,但是长时间从事相同的工作容易引发职业倦怠。缓解班主任职业倦怠就要改变这种班主任"终身制",实行轮岗制。学校对全体教师进行班主任工作培训,使所有的教师都基本具备成为一名班主任的素质。实行轮岗,以每两年为一个周期。即使当时不在岗的班主任也会有意无意形成班主任工作的意识,减少现任班主任工作的压力,形成班级教育的合力。这种做法能够使教师对班主任工作永远保持着一种新鲜感,是防止班主任职业倦怠的良好方法。

(2)重点培养"副科"教师做班主任。

传统班主任制下,班主任都是"主科"教师、学校的教学骨干。这部分教师由于教学任务繁重,真正用于班级管理和教育活动的时间相对较少,不利于班集体的发展。而让"副科"教师做班主任,则可以解决这些问题。音、体、美教师由于日常的课时量相对较少,能够抽出更多的时间用于班级管理、与学生沟通、组织各种班级活动。这无论对于班集体的成长还是学生个体的发展都是有利的,同时还可以改变教师本人在学校中的地位。在现今的学校教育系统中,主科教师比非主科教师地位高;并且,一个教师在学校和社会上的地位往往取决于其所带的班级是否具有高的升学率,学生的升学率高,教师在当地就会有名气,受人尊敬。音、体、美教师没有升学的压力,但同时也失去了在学校中的地位,成为教师中的弱势群体。这些处于劣势地位的教师更容易因教学而引发职业倦怠。重点培养音、体、美教师做班主任,可以使这部分教师在班主任工作中产生成就感,找回失落的自我;同时,也可以缓解这些教师因学科教学所引发的职业倦怠,一举两得。

(3)适当为班主任"减负"。

班主任从事着繁重而琐碎的班级管理事务和育人工作,学校应该为从事班主任工作的教师适当减轻教学工作量,使其有更充分的时间去从事班主任工作,这也是保证教学质量的需要。

2. 提升班主任的职业幸福感。

班主任之所以会产生职业倦怠,很重要的原因是由于在工作中体会不到幸福感、成就感。一个人一旦在工作中感到了莫大的幸福,则会引发工作激情,职业倦怠也就无从产生。班主任职业幸福感的产生需要学校领导的鼓励,需要学生家长的支持、配合,更需要教育对象——学生的认可。

3. 改善班主任物质生活条件,提高班主任工作待遇。

在物质产品没有极大丰富的情况下,物质刺激是激励人的较好手段。学校应该着力改善班主任的物质生活条件,提高班主任的津贴水平;建立一整套公平合理的奖惩机制,体现竞争精神。如果对班主任的工作没有系统的评价机制,干好干坏一个样,干多干少一个样,则工作追求上进的教师容易因为努力得不到承认而丧失热情和积极性,产生平庸、倦怠心理。建立赏罚分明的激励机制,有助于增加班主任的职业成就感,防止职业倦怠感的产生。

此外,学校要建立班主任培训制度,对班主任进行定期培训,提高班主任的工作能力和工作技巧。广大班主任也要加强自身的修养,提高自身的工作能力、管理水平和心理素质。

以上是对于班主任职业倦怠的一些思考。在大力提倡班主任专业化的今天,我们更应该正视班主任的职业倦怠,积极寻求缓解班主任的职业倦怠的良方。

培养中学生健康的心理素质

◎王连峰、王琳

在人类的发展过程中,青少年时期是健康心理形成的关键时期,也就是说,中学生不仅是躯体发育和性成熟的时期,同时也是态度、信念、动机、价值观及生活方式等心理特点形成和巩固的时期。因此,把中学生心理健康教育列入校园教育内容,对培养中学生健康的心理素质是十分重要的。

良好的心理素质是未来社会对人才的基本要求,这一点已被越来越多的有识之士所认识。心理学认为,人的心理素质包括正常的认识、良好的适应能力、适当的情绪和行为以及健全的个性,其中"个性"即指"人格"。心理学上有把人格解释为具有一定意识倾向的各种心理品质的总和。一个心理健全的人,一定会有健全的人格。

对中学生来讲,加强对其心理和人格培养,使其具备健康的心理、健全的人格,接受新世纪赋予他们的历史使命的挑战,是十分必要的。所谓健康的心理,即指内心世界要保持稳定、乐观并充满活力,能充分发挥学习积极性和创造性,以良好的方式适应外部环境的一种心理状态;也就是说,具有积极的生活态度、有良好的学习习惯,能进行正常的人际交往,有自我调节能力,有各种"角色"意识,有正确认识自我、发展自我的心理品质。所谓健全的人格,是指有进取精神,有求知欲望,和周围的人保持和谐的关系,有良好的意志品质,言行符合社会规范,能不断完善自己、全面发展自身素质。

培养积极的生活态度、激励进取精神

积极的生活态度是指具有远大理想,有正确的人生目标,有科学的世界观,能用历史唯物主义和辩证唯物主义的观点去分析和解决问题,有强烈的民族自豪感、社会责任感。积极的生活态度是一个人的精神支柱,它使人充实、给人动力、催人奋进。相反,消极的生活态度,使之空虚,使之颓废,无所用心,不思进取。要教育学生懂得,天生我才必有用,人活在世上应对人类社会有所贡献。另外,要把个人的理想与追求同社会的需要紧紧地结合在一起,面对现实,有所作为,奋力拼搏,不断进取。

培养良好的学习习惯,激发求知欲望

勤奋好学是做好一切事情的基本条件,也是完美人格的重要组成部分。良好的学习习惯会使人受益终身。要从端正学习态度入手,使学生明确学习目的,认识到学习要有动力、有动力才能有热情。要教给学生方法,千方百计地引发学生的学习欲望,充分挖掘他们的内在潜力,打开他们创造性思维的闸门,巧妙地开阔学生的科学视野。这样,他们就会表现出强烈的探索志趣和求知欲望,达到好学乐学的境地,保持良好的学习状态,逐渐形成良好的学习习惯。

培养正常的人际交往能力,引导保持和谐的人际关系

人际交往是人与人之间通过沟通建立一定联系的过程。中学生的交往对象主要是家长、老师和同学,要引导学生与他们友好相处,处理好和家长的亲子关系、和老师的师生关系、和同学的友伴关系,使之保持良好、和谐的人际关系。开展这方面的教育,应当从三方面入手:一是加强对中学生人际交往行为规范的指导,包括基本礼仪规范的掌握、各种沟通方式的应用、建立良好人际关系的规律和技巧的形成;二是培养中学生应付人际交往冲突的能力,包括发生冲突时自己应有的正确态度、解决冲突的一般原则与方法;三是培养中学生排除人际交往障碍的能力,使他们保持正常交往的心理状态。良好的培养和引导,对于提高中学生的社会适应能力、保持身心健康有着十分积极的意义。

培养自我调节能力,重视良好意志品质的形成

培养自我调节能力,是提高社会适应性的一个重要措施。生活是复杂的,人的一生中会有让人满意的情景、引人愉悦的事情,也难免会出现挫折、困难与失败。高兴与悲伤,常常相继而来。要培养学生具有自我调节的能力,做到既经得起顺利,也承受得住挫折,做到胜不骄、败不馁,始终保持稳定的情绪培养他们学会用客观、全面的观点认识自己、评价自己,善于控制自己,有克服困难的勇气和毅力,又有耐受挫折的能力,从而形成良好的意志品质。

培养树立各种角色认识,强调言行符合社会规范

人在社会中总要承担一定的社会角色。学生在学校中对教师而言是学生,对同伴而言是同学,在家庭中是子女,在公共场合是参与者或观众;而且,由于生

理上的成熟还要承担性别角色。在学校教育中,应教育学生树立角色意识,认同并遵守各种社会角色的行为规范,遵守社会公德,与集体、社会保持协调一致,使自己的言行符合社会规范,"演"好每一种角色,为将来走向社会承担更多的角色打下良好的基础。

培养正确的自我观念,不断鞭策、完善和提高自己

所谓正确的自我观念,是指能实事求是地认识自己,有自尊心、自信心又敢于剖析自己,勇于承认错误和改正错误。培养学生在正确评价自我的基础上,形成正确的自我观念,克服虚荣心、自卑感等错误倾向,善于取人之长、补己之短,从而不断提高自己。

培养个性心理品质,促进自身素质全面发展

人的个性千差万别,如:有人好静,有人好动;有人善于做组织工作,有人善于搞研究工作,等等,但这并不排斥人与人之间在心理上的共同性。在共同性的制约下,学校教育要注意培养学生良好的个性品质,发展学生的个性,引导他们朝着健康的方向发展;培养他们既不随波逐流,也不孤芳自赏,使之成为能够与周围环境相适应的人,使每个学生都能发挥出自己的聪明与才智。

总之,在开展对中学生心理素质教育过程中,学校要在各方面关心他们,及时地了解和掌握他们的心理动态,纠正他们的不良行为,培养他们的心理素质,以适应社会日益变革、市场竞争的快节奏生活,使之成为符合新世纪要求的合格人才。

明日之社会,今日之校园

—— 学生心理健康教育之我见

◎王新玲

在当前中小学中,有不少学生存在心理上的偏差。据有关部门进行的心理调查表明,学生的厌学障碍和人际关系问题相当突出。用学生自己的话说,终日过着"单调而紧张""烦躁抑郁"的生活。多达近30%的学生有不同程度的心理问题,如任性、偏激、冷漠、孤独、自私、嫉妒、自卑等。近年来,中小学生由于病态心理而导致心理与行为上失误的情况越来越多,甚至犯罪的现象也时有发生,严重影响了学生的身心健康和发展,甚至危害了家庭、他人和社会的安全。昔日的马加爵是父母眼中的好孩子、同学心目中沉默乖巧的学生,但最终却成为残害4名同班同学的罪犯。这件事震动了社会,也给教育界敲响了警钟。当马加爵事

件渐渐为人们所淡忘的时候,药家鑫杀人案、复旦投毒案、摔婴案、"史学奇才"林嘉文跳楼、四川男孩焦虑地拔光头发等信息不期而至,引起我们的深思:"问题到底出在哪里呢?"由此可见,当下人们的心理问题应该引起我们大家的共同关注,而学生的心理健康教育迫在眉睫。

《学记》中说的"知其心,长善而就其失"就是这个道理。心理健康教育对于促进德育工作有着极其重要的作用。初中学生处于青少年时期,正是情感成长的过渡阶段,需要亲情、温情和友情的呵护,需要感情的滋润。他们渴望与家长、老师、朋友们交流,希望能得到成人的夸奖、鼓励和肯定。前教育部副部长柳斌同志曾经讲过:"没有感情的教育是苍白无力的教育。"班主任只有用真挚感情的火种去点燃学生的情感之火,学生才能真正热爱生活、热爱学习并走上健康的人生道路。

从教育改革的角度看,现代教育思想注重"以人为本",更注重培养学生的能力和开发学生的智力,教育的过程是双方互动、共同促进和逐步提高的过程。在教育教学的过程中,如果师生关系处于一种平等、信任、理解的状态,那么它所营造的和谐、愉悦的教育氛围必然会产生良好的教育效果。从学生的发展角度看,拥有交流能力、合作意识是学业取得成功的必要条件。优化师生关系可以为学生健全人格的形成与综合素质的提高打下基础。所以新型师生关系是时代发展、教育改革的必然。如何创建良好的师生关系,引导学生形成健康的心理素质?以下六点是我的感想和体会。

热爱学生——引导学生心理健康,能够全面发展的情感基础

"教育不能没有爱,没有爱就没有教育",爱是教育的灵魂。苏联教育家苏霍姆林斯基说:"热爱孩子是教师生活中最主要的东西。"只有热爱学生,给学生父母般的亲情、朋友般的友情,才能正确对待、宽容学生所犯的错误,才能耐心地去塑造每一位学生。爱生是教师必备的美德,也是教师的天职。能够得到教师的关爱,是每个学生最起码的心理需求。师爱对学生来说是一种鞭策和激励,对学生的成长和进步具有很大的推动作用。因此,教师要把爱心倾注到每一个学生身上。教师要善于倾听学生的意见和呼声,要和学生广交朋友,做学生的良师益友。

尊重学生——引导学生心理健康,全面发展的前提条件

中国传统观念中"天地君亲师""师徒如父子"和"严师出高徒"等思想,尤其是在"应试教育"的沉重压力下,师生关系被扭曲、师生对立的现象屡见不鲜。扭曲师生关系的因素有种种,但其根源在于我们教育思想观念的偏差和行为方

式的不当,长此以往,势必严重影响素质教育的开展。因此,我们必须转变观念:"以人为本",尊重学生。因为给学生以尊重,学生才能感受师生的平等,才能感受自尊的存在,才能为教师引导学生形成健康心理提供前提;反之,一旦激起学生的逆反心理就会"喋喋然徒劳而无益也"。

信任学生——引导学生心理健康,全面发展的主要途径

雅斯贝尔斯(德国)说:"教育的本质意味着:一棵树摇动另一棵树,一朵云推动另一朵云,一个灵魂唤醒另一个灵魂。"交流是开启心灵之门的钥匙。多开展谈心活动,与学生进行思想和情感上的交流,在宽松、亲切的气氛中,师生坦诚不公、平等深入的交流,既能展示教师的教育思想、体现了教师的爱心和耐心,又能促进师生相互理解、相互信任。这种心与心的碰撞,更易激发师生情感上的"共鸣",是情感教育的催化剂。个别谈心的付出是巨大的,无论是时间、精力还是感情,然而其回报也是令人心醉的。我曾用了三年的时间通过与后进生一起玩,进行平等交流,建立了深厚的师生情,取得了"教育无声胜有声"的效果。

研究学生——引导学生心理健康,全面发展的有效方法

有这样一则寓言故事:一把坚实的大锁挂在大门上,一根铁杆费了九牛二虎之力,还是无法将它撬开。钥匙来了,他瘦小的身子钻进锁孔,只轻轻一转,大锁就"啪"的一声打开了。铁杆奇怪地问:"为什么我费了那么大力气也打不开,而你却轻而易举地就把它打开了呢?"钥匙说:"因为我最了解他的心。"正如苏霍姆林斯基所讲的,"尽可能深入地了解每个孩子的精神世界——这是教师和校长首条金科玉律"。教师要通过家访、电访、微信等交流平台等多种家校沟通的方式,了解学生的家庭背景、个性差异、兴趣爱好、心理变化、发展特点,研究学生的成长规律和个性发展特点,只有这样,我们的工作才能开展得得心应手。

让学生当主人——引导学生心理健康,全面发展的最终体现

知识最终要靠学生自己去掌握,做人最终要学生自己去做,这就决定了学生的主体地位。因此,我们应该让学生主动参与实践,学会自我教育、自我管理、自我成才,这样才能使学生的个性得到全面发展。学生在与教师相互尊重、合作、信任中全面发展自己,会获得成就感与生命价值的体验,获得人际关系的积极实践,逐步完成自由个性和健康人格的确立。教师要通过教育教学活动的设计,给学生一个展示自我的舞台,让他们有自主选择的权利,让他们把握自己的命运,从而让每个学生都能感受到自主的尊严,感受到心灵成长的愉悦,成就自己的幸福人生。

教师自身素质的不断提升——引导学生心理健康,全面发展的关键环节

师生关系是对立统一的,教师处于矛盾的主要方面,在运动变化中起着主导作用,因此,构建良好的师生关系关键在于教师。身为教师,只有不断提高自身的综合素质,不断学习和掌握新的知识,尽快适应新的教学观念、掌握新的教学方法、达到新的教学要求,才能寻求新的发展,才能成为心理健康的人,也才能有利于培养、影响学生成为心理健康的人,教育教学才能达到我们预期的效果。教育是人与人心灵最微妙的接触。教育应该在人的心灵中播种爱心,播种善美,播种智慧,播种光明。我们应该与学生共同成长,用生命对话生命,用心灵碰撞心灵,用思想交流思想。

21世纪是充满竞争的世纪,敢于探索、善于竞争、善于合作、富于创新是21世纪对人才的基本要求,而这些品质无一不与良好的心理素质密切相关。素质教育就是要求中学生在德、智、体、美诸方面得到全面发展。中学生的素质发展有多方面内容,心理素质不仅是其中的重要组成部分,而且对其他素质的发展有着很大的制约作用。良好的心理素质既是素质教育的出发点,又是素质教育的归宿。一个学生的心理状态是否正常、健康,在家庭关系、同学关系、学习问题等方面的认识和处理方式的正确与否,往往会影响一个学生的学习态度和对前途的看法,是关系到学生能否健康成才的重要问题。《中国教育改革和发展纲要》指出,要"全面提高学生的思想道德、文化科学、劳动技能和身体心理素质,促进学生生动活泼地发展"。由此可见,心理健康教育不仅是时代发展对教育的必然要求,而且是实施素质教育的目标之一。伟大的教育家蔡元培先生说过:"欲知明日之社会,先看今日之校园。"今日校园之责任,先看我们教师之作为。

二、主题班会,构筑幸福

班主任的工作是烦琐的且幸福的。生活中,不言弃,因为快乐;不言哭,因为幸福;不言累,因为有阳光、微笑,有学生的欢声笑语。班主任的生活因学生而添加色彩,心花因幸福而绽放。牵着学生的手,牵着同行的手,让我们一起携手踏上幸福之舟,向着未来、向着明天幸福起航。

班会是班主任向学生进行思想品德教育的一种有效形式和重要阵地。有计划地组织与开展班会活动是班主任的一项重要任务。班会的形式是多种多样的,其中,主题班会是一种极受师生欢迎的、极富教育意义的组织形式。主题班会能充分发挥集体的智慧和力量,让个人在集体活动中受教育、受熏陶,从而提高综合素质。那么,怎样组织和召开主题班会,才能更好地发挥其教育作用呢? 根据学生的思想动态,有针对性地确立和策划班会的主题,这是最重要的。主题班会是班集体建设的一项必要活动,它可讨论思想品德问题,也可以讨论班级工作,还可以让学生谈认识、交流思想、介绍经验、开展表扬与批评。根据学生的年龄阶段及身心特点、思想发展的脉络,结合学校、家庭、社会生活实际,针对学生在思想、学习、生活方面出现的问题,广泛选取题材,进行筛选、提炼、策划、组织,及时对学生进行教育。

(一)理想·价值观

社会主义核心价值观主题班会活动方案

◎ 王连峰

主题	社会主义核心价值观主题班会
设计思路	1. 通过活动使学生深刻领悟社会主义核心价值观的内涵,懂得价值观的重要性,初步树立社会主义核心价值观。 2. 懂得要从平时的一点一滴做起,用实际行动来体现社会主义核心价值观。
具体方案	活动形式: 1. 学习与宣传等; 2. 组织讨论; 3. 谈体会与感受。 活动流程: 主要围绕"好习惯从校做起"和"社会主义核心价值观"展开系列的、有效的学习教育实践活动。 一、加强领导、强化管理 我班成立了以班主任为首的德育工作领导小组、德育教研组,组建了强有力的班干部队伍,带领各科课代表齐抓共管,形成了完整、有序的管理体系:① 班主任管理,② 班长管理,③ 各科课代表管理,④ 学生自主管理。这种一条龙的管理模式环环相扣、层层落实,德育成效十分明显。

续表

具体方案	二、健全机制,实施到位 1. 具体落实学校下发的实施方案,按照"宣传—计划—总结"的程序将其落实到德育工作行事历中,做到有计划、有目标,真正把工作落到实处。 2. 学生一日常规贯穿于每日的行为之中,让学生知道在家里、在学校的每个时段要做什么,怎样做才能算好、算对,对此教师要给予详细讲解和耐心教育。 3. 学习实践"社会主义核心价值观"教育活动内容要有针对性,要结合学生生活,活动形式要多样,使师生喜闻乐见、容易接受、操作简易,更要富有成效。 三、过程督查,评价实效 1. 我班组织学生认真学习,积极实施。 2. 对学生的读书学习活动的过程进行督查,不能流于形式;既要检查学生对文本的理解,更要要求学生说说个人的心得体会。 四、总结现在,展望未来 1. 学生的养成教育贵在持之以恒,贵在培养其自觉性和自主性,贵在知与行的和谐统一。 2. 学校、家庭、社会形成强大合力,育人效果才会更明显、更持久。 学生在认真听讲座
效果评价	**《社会主义核心价值观》班会课感想** 在推进中国特色社会主义伟大事业、实现中华民族伟大复兴的中国梦的长跑中,我们必须紧握社会主义核心价值观这一接力棒,这是历史赋予我们新一代的使命。班会课有很多感想: 记住要求。我们的阅历不够丰富,或许还不能完全认识社会主义核心价值观,但我们可以先记住要求,在学习和生活中按要求去做,不断规范自己的言行,久而久之,规范就会成为习惯,认识也会逐渐提高。 心有榜样。这并不难理解,电视上、报纸上甚至一些动画片中,处处都有榜样。我们虽然没有他们那么伟大的成就,但我们可以从现在开始严格要求自己,学习榜样的优良品质,从榜样身上获得正能量。

效果评价	从小做起。任何习惯都是从小养成的。从小做起是一种态度,是负责任的态度。我们要不推卸责任,在践行社会主义核心价值观的道路上不做旁观者,要有主人翁意识。 接受帮助。帮助并不是施舍,是我们成长的必经之路,我们应该听取所有人好的建议,不能只听表扬而接受不了批评。"良药苦口利于病,忠言逆耳利于行",帮助不分高低,酸甜苦辣皆为营养。无论是什么意见,只要能促使自己进步,就要虚心接受。 记住:要求是前提,心有榜样是动力,从小做起是方法,接受帮助是途径。这样,社会主义核心价值观的种子将在春风化雨中萌芽。

让理想从这里远航

◎徐洪运

【课程名称】让理想从这里远航

【辅导对象】初三年级学生

【教学目标】

1. 认知目标:

(1)了解理想对人生发展的意义。

(2)明确实现理想需要具备的素质。

2. 能力目标:学会初步规划自己的理想,明确阶段性目标。

3. 情感目标:

(1)激发学生对人生理想的向往。

(2)树立积极理想和人生态度。

(3)树立学生脚踏实地,从小事做起的意识。

【教学重点】

1. 明确实现理想需要具备的素质。

2. 学会初步规划自己的理想,明确阶段性目标。

【教学难点】

1. 学会初步规划自己的理想,明确阶段性目标。

2. 树立学生脚踏实地,从小事做起的意识。

【学生背景分析】

初三学生多为15～16岁,这一年龄阶段正处于青春期向青年期过渡的阶段,他们的思想不断成熟,思维开始由感性转向理性。随着年龄的增长,他们觉得可以更"现实"地憧憬美好的未来,生命的激情和能量藏在理想背后蓄势待发。但是,初中生对现实和梦想的把握存在着一定的失衡和偏差,有一些学生抱着不切实际的幻想,有一些学生的理想模糊不清,更多的学生不知道如何去实现自己的理想而存在着梦想和行动的脱节现象,因而需要引导他们了解梦想和理想的区别,明确实现理想的途径,树立"从此刻开始行动"的意识。

【活动过程】

活动环节	活动内容	时间	备注
Ⅰ."化茧成蝶的瞬间"导入	同学们,今天我给大家讲述这样一个故事:一个聋哑的女孩,为了实现自己的音乐梦想,遭受了种种嘲笑,经历了种种困难,最终实现了自己的梦想。故事的名字叫"化茧成蝶的瞬间"。 播放"化茧成蝶的瞬间"的精彩片段。简单介绍精彩片段,引出理想主题。 过渡:让我们来延续"化茧成蝶瞬间的精彩",开始这节课的行程。 出示标题——"让思想从这里远航"。 **设计意图及目标达成预测**:用极具震撼力的视频激发学生对理想的追求,调动他们进入下面课程的期待心理,引出理想这一主题,并在课堂一开始将理想提升到一个较高的定位,使学生由此及彼,从故事中女孩的理想想到自己美好的理想。	5	播放视频《化茧成蝶的瞬间》
Ⅱ.度生命之长	有人说人生路漫漫,人生真的是漫长的吗?今天我们要用一张纸条来衡量一下你这一生用来实现梦想的时间有多少。(下发给学生纸条,同时在屏幕上展示纸条动画) 1. 我们已经消耗了一部分生命的能量,15年的喜怒哀乐已成为往事,所以大家是不是应该撕掉之前的15年? 2. 想想你会工作到什么时候,50岁,60岁?请把后面的那几年撕掉。 3. 看看你手中的纸条还剩下多少。但是,在这剩下的部分中,我们需要用三分之一的时间来睡觉,用三分之一的时间来吃饭、聊天、休息和玩耍。请你把这一部分也撕掉。 4. 我们在做事情时总免不了要打个盹、偷个懒。请你根据自己的情况,将你在做事时会浪费掉的时间也撕掉。	6	材料:纸条"生命的长度"

活动环节	活动内容	时间	备注
Ⅱ. 度生命之长	看着你所剩不多的时间,我发现很多同学有些不忍心下手了。现在来比较一下用来实现梦想的时间与你撕掉的时间的长短,请大家思考: 　　在不断撕掉生命长度的过程中,你有怎样的感觉呢?你又想到了什么? 　　请同学们讨论发言。 　　教师总结:其实大家都认识到了,我们真正用来实现梦想的时间并不如我们想象得那么多。人生短暂,经不起白白消耗。那么,我们是不是应该赶紧行动起来,去搜寻、整理自己的梦想,让它有梦想成真的一天呢?	6	材料:纸条"生命的长度"
	设计意图及目标达成预测:用客观、想象的事物来衡量生命的长度,通过学生亲自动手度量实现理想的时间,使他们对时间的概念更具体化。将实现梦想的时间与被其他事所消耗的时间进行比较,使他们感觉到生命有限、实现梦想的时间紧迫,激发他们树立理想的动力。		
Ⅲ. 梦想大搜索	在展开梦想大搜索前,先让我们来看一下我们的前辈们的梦想有哪些。 　　视频展示"前辈的理想"有哪些。 　　假如,我们有一张具有神奇魔力、可以使你梦想成真的愿望卡,你会写下多少自己的梦想呢? 　　现在给大家一点时间,可以尽情地写下自己所有关于未来的任何梦想,或是远大的,或是平凡的,或是奇妙的,或是朴实的。现在让我们开始"梦想大搜索"! 　　(1)让学生在3分钟内写下自己所有关于未来的梦望。(配乐) 　　(2)梦想大筛选。 　　同学们的梦想别具一格、非常独特,但我们的愿望卡不能帮助你实现所有的梦想,我们必须去掉一些。请大家仔细审视自己一大堆的梦想: 　　① 哪些梦想是你觉得不切合实际、不可能实现的空想?请你把它们去掉。 　　② 哪些梦想并不需要通过自己太多的努力,在未来自然就能实现?请你把它们去掉。	11	播放视频《前辈的理想》 背景音乐:钢琴曲

活动环节	活动内容	时间	备注
Ⅲ. 梦想大搜索	③ 哪些梦想是你不太愿意花过多精力去实践的？请你把它们去掉。 ④ 在剩下的这些梦想当中,你只能选择一个需要你付出一定的努力最不想放弃的梦想,用波浪线标注出来。 经过一番痛苦的选择,我们最终找到了自己最希望实现并相信可以实现的梦想,它的名字就叫"理想"。理想与梦想一样,都蕴含着人们美好的愿望,但理想具有一定的现实性,是我们相信可以实现并愿意为之奋斗的梦想。一个人可以有很多梦想,但往往只有一个奋斗的方向,那就是理想。同学们,你们的理想已经掌握在你自己的手中了。	11	材料:活动卡片"愿望卡"
	设计意图及目标达成预测:在意识到理想不容等待之后,同学们开始思考自己对未来的梦想。每一个人的梦想是丰富而多变的,有时连自己也分不清主次,只有把它们都陈列出来,经过层层筛选和思考,才能帮助同学们更清醒地辨别和认识自己的理想。		
Ⅳ. 载着理想远航	托尔斯泰说过:"理想是指路明灯,没有理想,就没有坚定的方向;没有方向,就没有美丽的人生。"人如果没有理想的鼓舞,就会变得空虚而渺小。下面让我们一起载着理想起航,寻找自己人生的航线。 播放视频《小蜗牛的启示》。 要实现我们的理想,就必须靠自己。那么,我们需要培养哪些个人能力呢? 学生思考并展开大讨论。	7	播放视频《小蜗牛的启示》 背景音乐《星空》
	设计意图及目标达成预测:确定远景目标后,要引导学生去思考如何实现自己美好的理想,将理想落到实处,指导他们明确实现理想所要具备的个人能力和素质、预计可能遇到的困难,给予学生理想是可实现的信心,并使他们明确现在的学习和生活的目标和方向。		
Ⅴ. 在平凡的土壤上栽种理想	我们知道,时间的车轮一刻也不会停留,几年前无忧无虑的生活还在眼前,如今我们已开始要为自己的人生做打算了。而今天我们还有一些同学无所事事,浪费光阴…… 请这样的同学对照一下他(她)们…… 播放视频资料《心灵的震撼》。	13	视频《心灵的震撼》

续表

活动 环节	活动内容	时间	备注
V. 在平 凡的土 壤上栽 种理想	我相信:同学们对自己的理想又有了更深入的思考,也能把它与我们的学习和生活结合在一起。理想就是一粒种子,只有播种在平凡的土壤中,经过辛勤的浇灌才会开出成功的花朵。那么,我们怎样才能将理想落实到学习、生活的实际行动中呢? 　　学生思考并展开大讨论。 　　学生发言,教师总结。(用准备好的一篇文章来总结,题目是"让理想从这里远航")	13	背景音乐:钢琴曲
	设计意图及目标达成预测:使学生明白,只有在平凡的土壤中栽种理想,才能孕育出累累硕果;要用一个平和的心态去看待和审视理想,培养从小事做起的意识。		
VI. 教师寄语	教师寄语:我们的人生不能没有梦想,失去梦想的人生,如同没有阳光的天空。但是,不要让你的梦想只是在天空中飞翔,要把它种在平凡的土壤中,悉心浇灌和照料。相信有一天,你会收获累累的硕果,你的人生将会无限美丽和精彩。 　　最后,让我们大声齐诵《少年中国说》来结束本次班会课。 　　展示《少年中国说》视频。	3	播放《少年中国说》视频
	设计意图及目标达成预测:教师一段有感情的朗诵,敲打着学生的心灵,尤其是最后的齐诵《少年中国说》对本节课进行了有力度的提升。		

告别童年　迈向青春

◎王新玲

【班会主题】

告别童年　迈向青春

【班会目的】

1. 使学生认识到自己已经长大,应该告别过去无忧无虑的生活,迎接新的生活。现在是学生人生中最重要的一个阶段,因此应该珍惜现在的时光,把握住每一分每一秒努力学习,为实现自己的人生目标而奋斗!

2. 学生对童年有很多美好的回忆,感受童年的无忧无虑的,体会青春期的烦恼与快乐,认识青春期产生烦恼的原因,用自强、责任等品质拥抱青春,迈好青春第一步。

3. 让学生感受到亲情的珍贵,体会责任的重大,从而树立正确的学习目标和生活目标。

【班会准备】

1. 搜集全班同学童年时的照片。

2. 歌曲《亲亲我的宝贝》《时间去哪里了》《我相信》。

3. 动画片海报。

4. 父母给子女的一封信。

5. 心形大卡纸和心行便笔纸。

【班会活动实录】

2014 年 5 月 15 日在青岛第二十一中学初二•5 班教室召开了"告别童年 迈向青春"主题班会,由朱晓雯、唐元龙、王荟业、王晓菲四位同学担任主持。他们声音洪亮,朝气蓬勃。学生都十分积极地配合。第一板块为回忆童年,由主持人王晓菲开启了诗一般的开场白:"童年像那寂静的雨滴,无声无息地划过屋檐。如今长大成人的我们,抬头仰望浩瀚的夜空,愉快的童年往事也如那繁星一般星罗棋布、璀璨无比。让我们带上记忆的钥匙,打开童年的宝盒,回首那段难以忘记难以割舍的回忆……"

我们将提前搜集的小时候照片做成幻灯片,并配上《亲亲我的宝贝》歌曲。在欢快的歌声中,当学生看到彼此小时候的照片时,都忍不住笑出声来,并且开始喊着同学的名字,互相嬉笑着。看着自己儿时的照片,的确感受颇多;看看现在的自己,也确实有了很大的变化。童年,是一杯醇香的茶,令我们回味无穷;童年,是一座五彩的桥,桥上是我们成长的足迹;童年,是我们每个人最美好最快乐的回忆……在朱晓雯同学的主持下,由桑海洋和杜慧达同学为大家讲了讲他们小时候的趣事,大家产生了共鸣。接着,我们又播放了一些童年影片,当学生看到熟悉的卡通人物时,更是兴奋不已,好像又回到了童年时代。紧接着,我们又邀请了王晓腾、宋凯、宫祥超同学为大家带来了三首耳熟能详的童年歌曲,学生都不由自主地齐唱起来。

正在大家兴奋不已的时候,我们又拿出了"秘密武器"——家长寄语,这是老师在之前的家长会上让家长书写完、一直留在班主任手中的给学生的信。伴着《时间去哪里了》的歌曲,学生先是迫不及待地拆开家长的信,激动不已地读着。但是,当学生读着父母给写的信时,好多女孩子哽咽着抹去眼泪,教室里却鸦雀无声,异常安静。我们邀请了李暄和李龙同学与大家分享了他们的父母对他们的期望。听着听着,学生的眼睛红了起来,眼泪像断了线的珠子控制不住地掉下来。当然,大家也意识到了自己的责任,知道自己已经是大孩子了,不能再像小时候一样了,应该多为父母着想。在学生心情稍微平复之后,我们进入了第二板块——励志青春。

"如果说人生是五彩缤纷的,那么青春必是其中最绚丽的一抹;如果说人生是动静交融的,那么青春必是其中最活力四射的一份……"在这个板块中首先由刘瑶瑶、于曜霖、沈琮皓三位同学为大家介绍了几位名人的励志故事:贝克汉姆,从"赌局"中领悟父亲的良苦用心;曼德拉,从小就追求正义和理想;莫扎特,一个天资聪慧的神童……学生都听得很认真。

学生为举行班会而准备着

从他们的表情中可以看出,所有人都有信心成为和那几位名人一样成功的人。然后,我们进行了小组讨论,应该怎样做呢?每位学生先写下了自己的青春誓言,激励自己不断进步;然后开展小组交流,大家讨论热烈,父母的寄语给了他们无限动力。王晓菲和杜昊同学一起创作并朗诵了他们的诗歌《求真的梦》。(这首诗歌后来在学校征集校歌评比中胜出,莫大的荣耀)

"青春是充满活力的,青春是五彩的,青春是热烈的,青春是每一个人一生中最美好的时刻,而我们,现在处在这样的一个时刻,享受青春的美好,青春的快乐。现在,就让我们来听一听同学们眼中的青春吧:李睿同学的理想是成为一名治病救人的医生,庞照辉同学的理想是成为一名篮球运动员……在同学们分享完自己的理想之后,我们将每个人的青春梦汇入 5 班的梦,让我们一起成就中国梦。"(36 个小梦想融入中国梦的大大红心中,一直悬于教室,激励着我们)

"青春的路上,留有我们的痕迹.因为我们追随时间的脚步,毫无顾忌地去冲去闯,敢作敢为。我们清楚,心中还有许多没有被磨灭的希望与梦想,需要我们去点燃,于是背起行囊,朝着心中那个一成不变的方向,迈着坚强的步伐,不懈努力,从未停过……"在王荟业同学富有激情的主持下,班会接近尾声。

"每个人完成梦想的过程中,总会遇到各种各样的挫折和困难,甚至被不理解。但不要紧,这只是完成梦想的磨炼。请微笑着,一步一步往前走,坚持你的路,不抛弃,不放弃……"

最后全班学生一起齐唱《我相信》这首歌:"我相信我就是我,我相信明天,我相信青春没有地平线……"学生通过歌声唱出了自己的心声!

"让我们青春无悔,让我们的青春和生命在短暂中'永恒'!让它充满力量,充满激情!充满活力!让它朝气蓬勃、奋发图强、永远不会凋零!永远吟唱无怨无悔的青春舞曲!"在主持人慷慨激昂的主持中我们结束了此次班会。有了学生的配合,这一次班会十分成功,同时也使学生确立了奋斗的目标,知道了自己肩负的重大责任。

【班主任寄语】

当你们迈入青春的门槛时,每个人一定都在勾勒着自己美好的未来。老师衷心地祝愿青春岁月能成为你们人生中最亮丽的一道风景。用你们青春的活力点燃智慧的火花,让青春在奋斗中度过、在充实中度过。希望每个人在回首青春时,留给自己的是满心的收获。你的执着,你的勤奋,你的努力,都会成为你终生骄傲的资本。没有了悔恨,没有了遗憾,因为你为自己付出过!

愿你们在青春的岁月里,一路相伴,一路同歌!

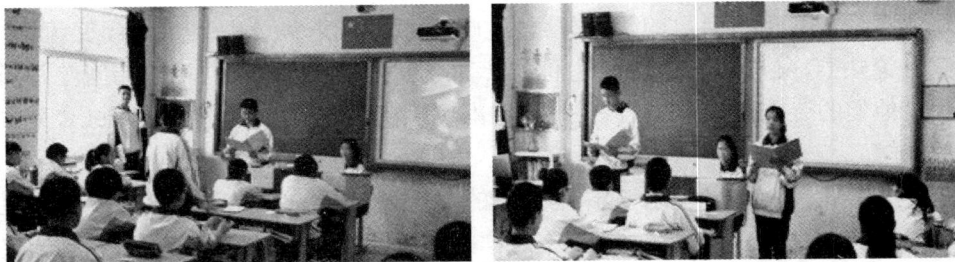

主持人在主持班会

【班级总结】

通过这次的班会,学生能更加理智地面对青春期,有意识地让自己长大。在这成长的道路上免不了酸甜苦辣,学生保证不忘师长教诲,争分夺秒,勤奋学习,自强奋斗,立志成才,勇敢地走下去,书青春精彩篇章,绘人生壮丽画卷。

在班会过后,每个小组也写下了他们的誓言,并且张贴到班级梦想中:

有志者事竟成。

人生在与拼搏,拼搏在与青春,青春是人生的起跑线,迈好人生第一步,赢在青春,赢在人生。

让青春的光芒在现在就绽放。

青春永驻,梦想常在。

书山有路勤为径,学海无涯苦作舟。

让青春的火炬助燃。

我们团结,我们进步,我们互爱。让班级因为我们的存在而精彩!让生活因为我们的存在而绚丽!

(二)安全教育

生命在你手中

◎王琳

【班会目的】

1. 通过知识竞答、讲身边事例、演小品、学习交通规则条例等方式引起学生对交通安全的重视。

2. 形成学习、宣讲安全知识的氛围,培养学生自我保护的意识和能力,为他们的健康成长打好基础。

3. 引导学生了解一些基本的交通规则及交通标志,逐步形成自觉遵守交通规则的良好行为习惯。

【班会准备】

1. 收集有关交通事故的案例或图片。

2. 了解一些常见的交通标志。

3. 选好主题班会课的主持人。

【班会流程】

主持人(男):同学们,你们知道什么对于人来说,是最重要的吗?

(生齐答:生命)

主持人(男):对,就是生命。生命对于人来说只有一次,我们每个人都应该珍惜它。

主持人(女):为了使我们更加健康安全地成长。

主持人(男):为了使同学们掌握更多的安全知识。

合:我们精心筹备了今天的"生命在你手中"主题班会,希望同学们积极参与和配合。让我们一起预祝这次活动取得圆满成功!

活动一:交通知识竞赛

主持人(女):生命在你、我、他,我们每个人的手中。如何才能牢牢地把握祝我们的生命呢? "交通安全知识知多少"竞赛现在开始。

1. 简答题:

(1)交通讯号有哪些颜色?都有什么作用?

(2)红灯亮时,行人该怎样?

(3)黄灯亮时,还可以过马路吗?

(4)什么灯亮才可以走?

(5)行人、行车应靠哪边走?

(6)我国把每年的哪一天定为"全国中小学安全教育日"?我国第一个安全教育日是何时?

主持人(男):同学们,你们认识这些标志吗?(出示几个交通标志:直行、向左转弯、禁止行车、禁止通行、向右急转弯、两侧变窄、左侧变窄、安全出口等)

活动二:身边交通事故案例大家谈

主持人(女):

1. 畅谈身边或自己知道的交通事故案例。

2. 你听了这些案例之后,有何想法?

(自由发言)

主持人小结:生命在你手中,交通安全不容忽视。下面我们就一起来学习交通规则,并养成自觉遵守交通规则的好习惯。(分发《中华人民共和国道路交通安全法》摘要,深化主题)

活动三:演小品,试体验

主持人(男):接下来我们请李浩、张雨生、李文庆、卢周伟、张浩杰、魏晨阳、崔佳乐这几位同学来表演一个小品。

1. 演小品:一农用三轮车载多人回家,在乡村小路拐弯时不慎翻车,学生A不行右臂折断,造成终身残疾。

2. 试体验:交通事故一旦发生,会给我们带来无法弥补的伤害。下面我们一起来体验一下交通事故得学生A带来的不便规则。先请同学们站起来右手不动,一分钟之内将自己的上衣脱了再穿上。

3. 思考:由于伤残,有的人不能正常生活,有的人无法实现自己的人生理想。为使自己拥有一个健康的身体,拥有一个美好的人生,今天的我们应该怎样做呢?

4. 学生自由发言。

班主任小结。

主持人：请班主任总结本次班会。

【班主任寄语】同学们，生命属于我们只有一次，而生命又是如此的脆弱，因此我们一定要牢记交通规则，要求大家不仅仅是说在嘴上，记在心里，更重要的是付诸行动上。因此，我再次提醒大家注意以下几点：

1. 一定要强化交通安全意识。

2. 自觉遵守交通法规：

（1）行走时，要走人行道，要是没有行人道的时候靠右走。

（2）乘坐交通工具时，一定要等车停稳之后再上下车，不要拥挤。车辆行驶中不得将头、手等身体的任何部位伸出窗外。

（3）骑自行车时要注意双手握把，靠右慢速行驶，过马路时要下车把车推过去。

通过这次班会，我也希望我们每个同学做一名安全使者，将安全的种子传播给每一个人，让全社会永远铭记：生命在你手中！

（三）感恩教育

感恩主题班会活动方案（一）

班级：初一·11班　　　　　　　　　　　　　　　班主任：王远峰

主题	感恩父母
设计思路	孝，其为人之本。一个连自己的父母都不能挚爱的人，能指望他去爱谁呢？让我们学会感恩父母吧！
具体方案	请同学们讲自己跟父母之间发生的事。从只会在襁褓中哇哇啼哭，到我们喃喃学语叫出第一声爸妈，到第一次踩着小脚丫跌跌撞撞地走路，第一次背着书包走向学校，第一次拿回考试成绩，第一次离开父母…… 也许你从没注意到在这无数次的第一次中，在这漫长的成长道路上，父母付出了多少心血、倾注了多少爱。你的每一次微笑，每一次成功，甚至是每一次失败、每一次犯错误，父母都会牢牢记在心头，陪在你身边，给予你默默的支持…… "谁言寸草心，报得三春晖。"默默的行动，肩负着默默的伟大；默默的沧桑，默默地爬上黑发。无怨的付出，儿女如何报答？静静的爱，在静静中融化。思绪飞到天边，飞到珠穆朗玛。用一切，采下一朵雪莲花。洁白陪着淡香，芳香和着繁华。对着无边的恩惠。献给他们——爸爸！妈妈！

续表

效果评价	鸟有反哺之情,羊有跪乳之恩。我们早已习惯了父母对我们的爱,蓦然回首,才发现那份感动、那份爱。本次班会非常成功,促进了叛逆期的我们对父母的理解与感恩。

感恩主题班会活动方案(二)

班级:初一·11班 　　　　　　　　　　班主任:王连峰

主题	感恩老师
设计思路	一颗感恩之心,是人类心田中最真、最善、最美的种子。它发芽之后,开出爱心之花,结出智慧之果,而你的人生也将由此进入与众不同的新世界。这就是老师。感恩老师。
具体方案	向同学们介绍关于感恩老师的名言,如: 1. 感恩老师,给我顽强的翅膀,飞向那知识的海洋,让书伴我成长;感恩老师,给我指明人生的方向,走向那五彩斑斓的人生风景线,让灯点燃快乐的火种;感恩老师,给我无限的前途和光辉,使我的明天繁花似锦,让我走向光辉的未来。
具体方案	2. "春蚕到死丝方尽,蜡炬成灰泪始干。" 当我们什么事都不懂时,我们步入了幼儿园、小学、中学。在这里,老师教我们做人,给我们知识。在老师的培育下,我们学会了我们原来不懂的东西,明白了学习的目的,掌握了学习的方法,知道了人活着的真正意义,树立起远大的志向。鲁迅遇到了藤野先生,魏巍不能忘怀蔡芸芝先生,达·芬奇更加感谢教他画熟鸡蛋技巧的弗罗基俄。有一个来自遥远的声音,那时戴维的声音:"我一生中最大的发现是法拉第。"也许三毛是不幸的,初二时数学老师的体罚让她走上了休学的道路。但许多年后,三毛说:"一直到现在,我的数学老师都是改变我命运的人,我十分感激他。要不是当年他的体罚,我不会走上今天的路。" 同学们感恩老师,并不需要我们去做什么惊天动地的大事,它表现在日常的点点滴滴中。课堂上,一道坚定的目光,一个轻轻的点头,你在专心地听课,这便是感恩。下课后,在走廊里看到老师,一抹淡淡的微笑,一声礼貌的"老师好",也是感恩!用优异的成绩,用可骄的成功,用你一点一滴的进步来告诉老师"老师,我能行",更是对老师的感恩。
效果评价	本次班会非常成功,更多同学们课下主动帮助老师、尊重老师,"谢谢您,老师"诸如此类的话语也在初一·11班的教室里回响着。

感恩主题班会活动方案（三）

班级：初一·11 班　　　　　　　　　　　　　　　班主任：王连峰

主题	感恩朋友
设计思路	友情是可以穿越时空的。几十年的时光，足以水滴石穿；几十年的时光，足以使天地见证容颜的失色。然而，友情在时光的流逝中，却能如陈年老酒一样，愈久愈香。年轻时候的友情，就像一幅工笔画，追求是细节的逼真，哪怕有一点瑕疵都会影响到整幅画的效果。年老时候的友情，就像一幅水墨画，追求的是神似。它们各有自己的特色，却不会褪色。感恩友谊。
具体方案	感谢你陪我闯过那些风、那些雨，感谢在最无助的时候有你鼓励，感谢在孤独的时候至少还有你。亲爱的朋友，谢谢你陪我走过人生；谢谢你愿意走进我的生命，扮演朋友的角色。或许你不是最好的，但却是我生命中最精彩的！天空因云朵而美丽，山川因河流而美丽，花朵因绿叶而美丽，生活因为有你而美丽。感谢你，我最好的朋友，愿我们的友谊地久天长。 　　当我们越来越看重自己的利益而无视他人的利益时；当我们玩友越来越多而感觉自己越来越孤独，那么到那时友情就会离你越来越远。它是最平淡的，但却无时无刻不在你身边。通过一个个真实的事例，让更多同学明白友谊的可贵，学会珍惜友谊。 　　最后，让同学们给自己最想感谢的朋友写一封信。友情淡如水，淡如清泉；朋友如花香，淡雅而芬芳；朋友如雨水，细腻而有清澈。我们应该怀着一颗感恩之心去对待自己的朋友。是他们，让我们懂得了许多道理；是他们，在我的生命里写下了最美的一页。
效果评价	本次班会很成功。一位同学在信中写道： 　　四季轮回，花开花落。活在世间，人并不孤独，因为有朋友。因为是朋友，让我们感到了人世间的友情。温暖四季，因为有你，感恩朋友。

感恩主题班会活动方案（四）

班级：初一·11 班　　　　　　　　　　　　　　　班主任：王连峰

主题	感恩社会
设计思路	感恩社会，给予我们仁爱，让生活处处可见花开。感恩社会，给予我们团结，让我们的生活少些争吵和冷漠。感恩社会，给予我们温暖，让大雪纷纷的夜晚不再孤单。感恩社会，给予我们理解，让人生永远得到关爱。

续表

具体方案	人生道路，曲折坎坷，不知有多少艰难险阻，甚至遭遇挫折和失败。在危困时刻，有人向你伸出温暖的双手，解除生活的困顿；有人为你指点迷津，让你明确前进的方向；甚至有人用肩膀、身躯把你擎起来，让你攀上人生的高峰……你最终战胜了苦难，扬帆远航，驶向光明幸福的彼岸。那么，你能不心存感激吗？你能不思回报吗？感恩的关键在于有回报的意识。回报，就是对哺育、培养、教导、指引、帮助、支持乃至救护自己的人心存感激，并通过自己十倍、百倍的付出，用实际行动予以报答。 　　让同学们谈关于感恩社会的例子，从心底明白为什么要感恩社会，社会给予了我们什么。 　　"感恩"是个舶来词。"感恩"二字，牛津字典给的定义是："乐于把得到好处的感激呈现出来且回馈他人"。"感恩"是因为我们生活在这个世界上，一切的一切包括一草一木都对我们有恩情！ 　　"感恩"是一种认同。这种认同应该是从我们的心灵里发出的一种认同。我们生活在大自然里，大自然给予我们的恩赐太多。没有大自然谁也活不下去，这是最简单的道理。对太阳的"感恩"，那是对温暖的领悟；对蓝天的"感恩"，那是对蓝得一无所有的纯净的一种认可；对草原的"感恩"，那是对"野火烧不尽，春风吹又生"的叹服；对大海的"感恩"，那是对兼收并蓄的一种倾听。 　　"感恩"是一种回报。我们从母亲的子宫里走出，而后母亲用乳汁哺育我们成长。而更伟大的是母亲从不希望她得到什么。就像太阳照耀我们，她每天都会把温暖给予我们，却从不要求回报，但是我们必须明白"感恩"。
效果评价	本次班会非常成功，同学们明白了什么是感恩，也知道要时时刻刻怀着一颗"感恩"之心，对世间所有人、所有事物给予自己的帮助表示感激。

学生感恩主题班会感悟（一）

　　学会感恩能够使同学之间的友谊更加坚固，学会感恩能够化解所有的矛盾与恩怨，学会感恩能够净化人们的心灵，学会感恩能够使人们懂得珍惜。这一切的一切，都浸透在星期二下午的"感恩"主题班会中。

　　大家一个个走上讲台，娓娓道来，台下的同学则专心致志，有时惊讶，有时感动，更多的是内心深处最柔软的地方被触动。感恩别人的同学是真诚的，被感恩的同学是幸福的。每个人在这世上都应该学会感恩,感恩父母,感恩老师,感恩同学甚至感恩默默奉献的陌生人。感恩让世界充满爱与阳光,感恩将温暖洒向大地,感恩是我们生活中必不可少的一部分。

这短短一个多小时的时间过得太快太快,同学们还意犹未尽,沉浸在感恩带来的美好之中。这次主题班会,让大家深深地感受到感恩的魅力。

学生感恩主题班会感悟(二)

在生活中,我们会遇到很多人的帮助,老师的,同学的,家长的。周二下午,我们初二·11班举行了一次令人难忘的"感恩"主题班会。

在班会中,我们收获了感动,也收获了友谊。在同学发言的环节,大家都踊跃发言,走上讲台,感恩老师的谆谆教诲、同学的友爱帮助、家长对我们的无私奉献。很多同学甚至流下了感动的泪水。我想:"滴水之恩,当涌泉相报。"其实,我们的生活充满了美好与关爱,我们应感恩那些帮助过我们的人,也应尽自己的力量去帮助他人。

这次主题班会,我终生难忘!

学生感恩主题班会感悟(三)

1月5日下午,举行了一场关于感恩2015的主题班会,感恩父母,感恩老师、感恩同学。

看着大屏幕上放映的影片,我在思考:我们要用怎样的方式回报父母奉献给我们的一切。看着班主任眼中泛起的泪光,我在感慨:我们要尽自己最大的努力,考出一个优异的成绩来感恩老师。看着好朋友的脸庞,我在心里说:感谢你的陪伴;有了你,才使我的初中生活更加丰富多彩。

最后,我也站上了讲台,向父母、向老师、向同学表达了自己最由衷的感谢。感谢父母,谢谢您给了我生命!感谢老师,谢谢您像红烛一般,为我们倾注了您的时间和精力!感谢同学们,指出我的错误,也发现自己的优点;有了你们,我的青春不会后悔!

感谢这次主题班会,让我们有机会说出自己心中的感恩之情。

（四）习惯养成

从我做起，从小事做起

班级：初二·3班   班主任：于薇

主题	养成教育主题班会
设计思路	关注细节 重视习惯养成 从感性反思到理性认识
具体方案	一、导入 "习惯决定性格，性格决定命运。" 以此强调习惯的重要性，引出主题——正视自己，改变自己，走向成功。 二、呈现问题 1. 在本子上列出自己的 5 个优点，班上交流。可以自己思考，也可询问别人。 2. 再列出 5 个缺点，班上交流。 3. 师生总结班上出现的一些不良现象，如： （1）作业不会做，就照别人的抄或依靠参考书。 （2）以不会作为借口，不交作业。 点评：这两种属于逃避问题的做法，缺乏知难而进的精神。 （3）课堂上讨论以讨论开始，闲聊告终。 （4）听见别人在闲聊，忍不住走过去。 点评：自制能力差，经不住诱惑。 （5）值日不认真，不及时，生怕自己多干了。 （6）没有做好课前准备，甚至迟到。 点评：集体感不强，时间观念差。 三、解决方法 1. 小实验：先用右手写"我相信，我出色"，再用左手写同样的字，比较其速度和美观程度。 得出结论，习惯可以改，但需要不断重复、练习。 2. 介绍习惯形成的三个阶段： 1～7 天，特点是"刻意，不自然。"需要时刻提醒自己。 7～21 天，特点是"刻意，自然"，但容易反复。 21～90 天，特点是"不经意，自然"，习惯已稳定。 3. 形成好的习惯需要的方法是什么？全班讨论。 如写座右铭、别人提醒、定目标、写计划等等。 4. 教师赠给学生名言警句。 四、师生小结，谈感悟

续表

具体方案	 学生在介绍自己的情况
效果评价	细节决定成败,这一点在现阶段学生的学生生活中显得尤为重要。学生通过本次班会课,经过亲身感受、讨论总结出今后努力的方向。

争当版权保护小卫士

班级:初二·3班　　　　　　　　　　　　　　　　　**班主任:二薇**

主题	习惯养成教育
设计思路	1. 学生通过活动课,能够对版权知识有基本的了解。 　　2. 通过表演情景剧、举生活案例等形式,学生能够积极参与到活动中,更直观地感受维护版权的重要性。 　　3. 帮助学生树立正确的价值观,尊重、保护版权,用实际行动争当版权保护的小卫士。
具体方案	活动过程: 一、导入课题 二、普及有关版权知识 1. 列举生活中的版权作品。 2. 什么叫"版权",版权的分类。 三、"版权"与我们的生活息息相关 1. 学生表演情景剧——"我真后悔"。 学生畅谈盗版对于生活、社会的危害。 2. 教师呈现典型案例,学生参与分析。 (1)中学生的作文未经允许入选作文选。 (2)汪峰禁止旭日阳刚再唱《春天里》。

续表

具体方案	3. 学生结合自己的生活经历或见闻,列举不利于版权保护的现象。 四、版权保护我先行 1. 从国家和公民角度寻找维护版权的方式、方法。 2. 发出争当版权保护小卫士的倡议。
效果评价	恰值"4.26 版权日",学生可以了解相关知识,从小树立保护版权的意识,进而增强法律意识。

(五)人际交往

让友谊之花常开
——如何与同学相处主题班会

班级:初一•6 班   班主任:于薇

主题	如何与同学相处
设计思路	本节课由学生感兴趣的话题入手,结合名人事例和现实普遍存在的问题,引起学生对自己和同学相处的方式和存在的问题进行反思,从而能够解决问题。
具体方案	一、读读想想——友谊故事 　　自 1931 年起,鲁迅(1881—1936)和瞿秋白(1899—1935)为推动革命文艺事业,并肩战斗,结下了深厚的友谊。1933 年 2 月,瞿秋白夫妇的住处受到特务的监视,他们被迫转移,避难在鲁迅家中。在沉静的深夜里,两位患难中的战友相互鼓舞、相互切磋。后来,鲁迅四处奔忙,帮助瞿秋白夫妇安顿了住处。鲁迅和瞿秋白都把对方视为知己,瞿秋白曾拟有"人生得一知己足矣,斯世当以同怀视之"两句话,鲁迅即亲笔写成一副对联,赠给瞿秋白。 　　探讨:是什么使他们更加亲密无间? 　　二、自我反思——这里面有没有你 1. 歧视同学甚至戏弄同学的。 2. 上课听不懂,干脆不听了,讲话、看课外书或睡觉的。 3. 做作业时碰到难题,不经思考就马上问同学,或干脆抄别人的。 4. 同学有不懂的问题请教你,不予理睬或干脆把作业本给别人抄的。 5. 总觉得自己不如别人,不思进取的。 6. 值日只负责自己任务,没想过帮助别人分担些的。 7. 没有找准自己位置,认为自己是个人才,歧视其他同学的。

具体方案	8. 没有集体观念,从来没想过为班集体做点事情、做点贡献的。 9. 考试期间就想着抄袭,搞点答案的。 10. 无视班级纪律,想迟到就迟到的。 探讨:这样的你会交到朋友吗? 三、与同学相处的要素 1. 互相关心,互相帮助。对新环境的不适应会碰到许多问题,这时最需要同学的相互关心和帮助。在这种情况下,能得到同学的真诚关心和帮助,很可能就是好同学、好朋友关系建立的起点。第一个要素——关心。 2. 为人谦虚,诚实守信。谦虚是一种美德,一个人不论有多大能耐也不要妄自尊大。我们来自不同的地方,生活背景不太一样,经历也不同,但每个人都有值得学习的地方,因此要互相学习、共同提高。相互交往要诚实,恪守承诺,讲信用,不说大话,这样才能赢得真正的友谊。第二个要素——谦虚守信。 3. 宽容大度,学会体谅。我们来自不同的地方,在兴趣、爱好、性格、气质、生活习惯、文化修养等方面都存在差异。与同学朝夕相处,有时看问题的角度不一样,思想水平不一样,会有些行为摩擦和心理冲突,这就需要我们互相谦让、严于律己、宽以待人,处理问题时,求同存异,这样友好相处就有了根本的保证。第三个要素——宽容体谅。 四、学以致用——以下情况,如何才能和谐解决 1. 同学踩了你的脚,你会_____。 2. 同学将你的书不小心撞到地上,你会_____。 3. 同学误会了你,你会_____。 五、发现身边的美 用笔写下你最欣赏身边哪位同学的哪些优秀品质,具体表现在什么事例上。 六、发出倡议 (1)三比三不比:不比基础比进步,不比聪明比刻苦,不比阔气比志气。 (2)八句话:相信自己行,才会我能行;别人说我行,努力才能行;你在这点行,我在那点行;今天若不行,明天争取行;能正视不行,也是我能行;不但自己行,帮助别人行;相互支持行,合作大家行;争取全面行,创造才最行。
效果评价	学生在畅谈与同学相处中存在的问题时较坦诚,也很踊跃,说明在这个问题上有的同学是存在困惑的。这节班会课采取不针对人而针对事的方式,让孩子们在一些现象中找到自己的影子,自己反思、感悟。

（六）传统文化传承

学《弟子规》，明礼诚信

班级：初一·6班　　　　　　　　　　　　　　　　　　班主任：王连峰

主题	明礼诚信
设计思路	1. 学习《弟子规》，背诵《弟子规》，了解《弟子规》的内容。 2. 促进学生对中国传统文化的认知，孕育学生的文化底蕴。 3. 丰富学生的课余生活，全面发展中国传统文化与校园文化。
具体方案	主持人开场：弟子规，这是中国古代流传下来给我们的礼仪，是作为学生应遵守的规范。它虽简短精悍，却蕴含着深刻的道理，读起来朗朗上口、直入人心。这是普通人都应学的良言，是中华民族几百年来的精髓，是学生文化的瑰宝。学习《弟子规》是我们继承传统文化的首要任务。今天，我们主题班会的主题就是"学习《弟子规》弘扬中华民族传统文化"。 1. 全班学生配乐朗诵《弟子规》第一大部分。 2. 分四个小组朗诵，比赛。 3. 四个小组派一名学生以 PPT 或文字形式分享学习《弟子规·出则悌》的感受。 4. 四个小组再派一名学生详解《弟子规·出则悌》及对生活产生的影响。 5.《弟子规》接龙，由主持人开头起一句，全班每个人依次接一句。 教师总结： 一个民族，如果没有自己的民族精神，再怎么粉饰也只能是一盘散沙。一个国家，如果没有自己的传统文化，再怎么发展也只能成为别人的文化附庸。今后，我们要努力学习传统文化知识，弘扬中华美德，做一个真正的中国人！
效果评价	本次班会的主题是博爱—谦让。《出则悌》中的"悌"说到底就是"博爱"，对平辈和友人要"悌"，这既是"孝"的延续，也是做人的根本。通过此次班会学生之间的交流，更加深了他们之间的感情，也使他们对谦让有了更深刻的理解。相信学生会变得更懂礼仪，更加谦和。

敬爱长辈　以礼为先

——读《弟子规·出则悌》篇之感悟

众所周知，《弟子规》是我们青少年诵读的经典之作，是古代圣贤的智慧结晶，是教育我们做人处事的最佳读物之一。

通过这次主题班会"出则悌"篇章的学习，我深深地感受到国学文化的博大精深。三字一句朗朗上口，三字一句寓意深刻。在诵读中我读到了礼让，读到了宽容，我读出了自己身上存在的问题。

文中关于对长辈尊重的细节我感触很大。日常生活中父母对我总是百般宠爱，什么事都顺着我，好吃的我先吃而父母站在旁边看，我也不知道让父母先尝尝。到爷爷奶奶家看到丰盛的美食，我没有顾忌太多，拿起筷子就往嘴里塞，看到我喜欢吃，爷爷奶奶在旁边直乐。这一切，让我感觉理所应当。完全没有"长者先、幼者后"的概念。直到学习《弟子规》中的《出则悌》，我才知道对待长辈应该懂礼节，从站立、说话、饮食等方方面面处处尊重他们，这是做晚辈的基本礼仪。

我们现在都在提倡素质教育和个人修养，其实《弟子规》就是一本浓缩版的教科书。通过解读，我感悟到一个人活着就要讲道德、有修养，这样才能赢得别人的赏识与接纳。

今天能重温传统文化感到非常幸运，我要从现在起把圣人教诲贯彻到生活中，把《弟子规》学以致用，用《弟子规》来规范言行，以恭敬的心、谦卑的态度、彬彬有礼的行为来对待一切人、事、物。这不仅是一个人提高修养的过程，更是一个人思想升华的过程。爱周围的人，爱这个世界，只有这样，这个社会才会变成和谐的社会。

博爱　谦让

——读《弟子规·出则悌》篇之感受

俗话说得好，兄弟齐心，其利断金，意思就是说，只要兄弟姐妹之间团结一心，互帮互助，那么什么事都可以做到、什么困难都能解决。记得那次我和姐姐帮大人往楼下搬东西。一开始，我觉得东西看上去很少，于是想表现一下，不想让姐姐动手。可真是巧了，姐姐和我想的一样，我们两个因为这发生了喋喋不休的争吵。可真让我自己搬的时候，我发现东西看上去少，但却十分凌乱，一次根本搬不了多少，还没搬完二分之一我就累得气喘吁吁、大汗淋漓了。

虽然说道理没错，可为什么说孝在其中呢？我想大概就是因为兄弟姐妹之间无争吵，相处得其乐融融，大人们看了也会很开心；况且现在家里孩子少，兄弟姐妹之间互相有个照应，父母见了也会更开心。换一个角度想，如果自己与兄弟姐妹之间的关系很僵，那么原本两个关系很好的大人，见了这种情形，也难免会尴尬，这不是明摆着给父母添麻烦吗？

同时在与兄弟姐妹之间发生不愉快时,我们应该先平息一下怒火,切不可冲动。这是因为人在愤怒时做出的事都是不理智的。我们应该从自身找原因,主动道歉,可以选择讲道理的方式化解矛盾,切不可破口大骂,否则只会使事情演变得越来越糟,矛盾愈演愈烈,起不到一点解决的效果。

孝是中华民族的传统美德。当我们和长辈在一起时,我们应该处处以长辈为先。在吃饭时,长辈没有入座,我们理应站立等候,不能抢先入座;当长辈还未动筷时,我们就不能抢先开始吃饭;在用餐过程中,我们应时刻注意长辈需要些什么,如茶喝完了要及时添上、需要纸巾时要及时递上,还应当使用公筷为长辈夹菜。在当今社会,老辈总是特别疼爱小辈,隔辈亲更亲嘛。像我外公,就特别疼我表妹,所以每当大家还没动筷时妹妹早已满口菜肴,大刀阔斧地四处扫荡自己喜欢的饭菜了,可这是个十分不懂礼仪的行为,我们应该引以为戒。

无论身处何地,我们都应该尊敬长辈、敬爱师长。班级文明公约中就有一条:要尊敬师长,不要冷漠顶撞。在校园中,许多同学见了老师都能礼貌地打招呼,可还是有那么一部分同学对老师视而不见,希望那些同学能够改变这种态度,无论遇到认识或不认识、教我们或不教我们的老师,我们都能礼貌地打招呼。

在初一·12班这个温暖的大家庭中,老师像长辈一样爱护我们、呵护我们,我们同学之间也像兄弟姐妹一样相亲相爱。有时我们会产生矛盾,但很快就能握手言和。让我们在这初中三年里,心贴心,心连心,成为一辈子的挚友,在以后漫长的人生道路上互相扶持。

（七）环境保护

"同在蓝天下 我们在行动"环保主题班会

◎班级:高一·9班

班主任:管霞

活动目的:通过学生的社会调查,从不同角度来树立创新、协调、绿色、开放、共享的发展理念,广泛宣传节约资源和保护环境的基本国策,积极培育和践行节约集约循环利用的资源观,大力倡导勤俭节约的社会风尚;通过具体实践,让学生发挥自己的优势,进一步了解环保知识,凝聚环保的力量。

活动形式

1. 表演、签倡议书。

2. 做调查报告、宣传材料。

活动准备

1. 第一小组同学分组调查传统污染情况、资源匮乏情况,搜集各类资料,写出调查报告。

2. 第二小组同学调查新形势下的资源浪费情况,把有关资料制作成多媒体课件。

3. 第三小组同学挖掘身边的资源,将环保思想淡漠的情况编成情景剧。

4. 物色主持人(孙筎峻、范琳),班委预备会召开。指导学生写好班会议程、节目串词。

5. 制作相关课件:人文风景以及现实中存在的问题和近几年治理的成果。

6. 节目准备:歌曲《在希望的田野上》。

活动过程

一、激情导入

合:尊敬的老师,亲爱的同学们,大家好。

1:在地球的某一个角落里,

2:在大地的某一块沃土上,

1:一直有一个地方深深撼动着我们的心灵,那就是我们美丽而富饶的家乡。

2:当春回大地之时,家乡到处呈现出生机勃勃的景象。

1:看,高楼大厦巍然屹立,神奇秀美,

2:瞧,碧海青山傲然昂首,气宇非凡。

合:这就是令我们骄傲一生的家乡——青岛!

1:如何让我们的家乡更美丽?问你,问我。

2:如何让我们的行动更有力?有你,有我。

1:我宣布青岛第三十九中学"同在蓝天下,我们在行动"主题班会现在开始。

第一环节 蓝天不蓝——环保低碳势在必行

主持人:

1:她在黄海之滨,热烈而沉稳的黄海激荡无数的中华儿女。

2:他在崂山之畔,青山绿水间孕育神奇而古老的齐鲁大地。

1:然而,浒苔每年夏天如约而至,让大海变成了连绵的草场。

2:然而,雾霾每年冬天如影随形,让蓝天变成了绝望的灰色。

蓝天不蓝,任重道远。

环保低碳,势在必行。

第一小组：庞雨昕

调查传统项目——鞭炮污染、化工厂排污、水资源匮乏。（图片、视频、校园内问卷调查、小标签制作）

第二小组：范琳、孙笳峻

调查新污染资源——快递包装、胶带（资料）。

第三小组：王怀功、刘成锴

调查身边的污染——小品《如此厂长》。

第二环节　让白云返回蓝天——我们在行动

主持人：我们所依赖的大海，和昔日的美丽相比已经显得十分苍老了，以至于我们都渐渐淡忘了她原本的丽容……当工厂把废水、人们把垃圾往大海里排倒时，可曾想过，大海也会流泪？那正如一个母亲的眼泪，充满了无奈与包容……

主持人：青岛素有"红瓦绿树碧海蓝天"的美誉。为了青岛，为了我们的家乡，我们应该献出一片爱心。一个人的力量或许微不足道，但是今天在座的有50位同学，每个人都拿出一点力量，我们的家乡就会变得更美丽。看，我们的同学在行动！

第一小组在行动：

调研报告、发放传单、制作标签——图片、签名。

第二小组在行动：

发挥专长，用艺术的形式，吸引关注——视频、展示。

第三小组在行动：

立足学校平台、与专家面对面、近距离了解并宣传——材料。

第三环节　态度与坚持

班主任发言：

今天，我们在班委的主持下和全班同学热情参与下，紧紧围绕《同在一片蓝天下，我们在行动》这一主题，开展了一次内容丰富、形式多样的主题班会，处处流露出同学们对家乡的热爱之情，表达了同学们对美化建设家乡的坚定决心。我非常感动！"态度决定高度"。我希望同学们能坚持下来，将我们的家乡青岛建设得更加美丽。

主持人：

热爱家乡，就应该从小事做起、从我做起，靠我，靠大家，手挽手，心连心，共同建造美好的家园。请听我们的心声。

　　为了建设美丽的家乡,请听我们——青岛儿女的庄严誓言。(齐):热爱家乡,从小做起,爱我家乡,我们在行动。

　　主持人:多么美好的一句话啊,"热爱家乡,我们在行动"。是的,接下来就是见证我们行动的时候了。不积跬步无以至千里,不积小流无以成江河!

　　主持人:我们愿做初生的朝阳,把希望之光洒向大地,为我们的家乡,为我们的祖国,我们义不容辞!班会到此结束,谢谢。

幸福班主任的管理艺术

一、加强班级文化建设

小时候,我种下了一棵名为"幸福"的树,每天放学后都会跑去看看它是否长高了,再踮起脚量一量什么时候自己也能跟"幸福"树一样高。随着时间的迁移,我也慢慢长大,"幸福"树已拔地而起,长成了一棵挺拔、坚韧的大树,每当经过它的时候总会看到有许多小孩子环绕周围嬉戏,那快乐的模样就叫作幸福。

对于班主任工作而言,幸福更是一件无时无刻不萦绕周围的事情。有人问,什么事情是班主任工作最幸福的事情? 有人可能会说是自己的学生取得了优异的成绩,有人会说是学生从遥远的地方寄来的一张祝福明信片……这些都是幸福的小瞬间,王连峰名班主任工作室的老师们则是从身边发现幸福、感受幸福,他们认为,幸福同样是与孩子们一起建设自己的班级,让我们一起幸福的生活在自己亲手布置的班级文化建设之中。

(一)班级文化——"勇于担当,积极奉献"

竞选班长演讲稿(一)

◎俞鳕纯

指导教师:王连峰

尊教的老师、亲爱的同学们,大家好!

有一位名人说过,不想当将军的士兵不是好士兵! 这么多同学走上讲台做竞选演讲,说明我们班是个积极向上、奋勇争先的班级。有这种激烈竞争的场面,归功于王老师的精心指导,归功于上一届班委的无私奉献,归功于全班同学的齐心协力。我很荣幸地作为上一届班委成员,为营造这种争先恐后的班级氛围付出了汗水、贡献了智慧,同时也坚定了我可以做好班级事务的自信心。我愿意继续为大家服务,竞选班长这个职务。

在上一年的班级工作中,我从同学们身上学到了乐观坚强,学到了灵活机敏,学到了勤勉刻苦,学到了善良正义。班的记录本上,记录着调皮捣乱,也记录着友善和榜样,班委和同学们的良好互动使我们班获得了运动会总分第一、学农文明班级等许多荣誉,让流动红旗常驻 11 班,让老师和家长都高兴地看到我们已渐渐长大。

打铁还需自身硬。想要当好班干，首先要自己学习好、纪律好、人际关系好。在学习方面，我始终保持在班级前十、级部前一百。在纪律方面，我要求别人做到的，我首先自己做到；要求别人不做的，我自己首先不做。在和同学相处方面，我与人为善，收获同学们满满的信任和友爱。

雄关漫道真如铁，而今迈步从头超。让成绩归零，让努力再进发，我们一定能成功！请大家投一票！谢谢！

竞选班长演讲稿（二）

◎ 王一晨

指导教师：王连峰

马，只有跑过千里，才能知其是否为良驹；人，只有通过竞争，才能知其是否为栋梁。很高兴今天能够站在这里竞选班长；无论结果怎样，我都感谢老师和同学们能给我这个机会。不知不觉中，我们已经初二了，我非常感谢大家在这一年以来对我的照顾和对我职责上失误的包容。通过这两个学期管理班级的工作，才真正让我明白了什么叫作责任。对于责任，嘴上说说固然简单，落实到现实中：午休、课间操、自习、美术音乐信息课……没有一秒让班干部不头疼。也正是因为有了班干部们，我们班才会变得更加美好。也许，我不是为班级付出最多的；也许，我不是工作最努力的；我也犯过错，但我敢于面对自己的错误，而不是逃避，决不允许自己在同一地方跌倒二次。但这一切，都已成为历史，与其后悔历史，不如面对未来。

在剩下的两年里，我要做更好的自己！从这一分这一秒起，我已经开始改变。学生最主要的任务还是要学习。直到这次期中后我才发现，原来以前我对学习的认知和态度全是错误的，等到寒假的时候再开始发愤学习，真的就晚了。作为一名合格的班长，应该清正廉明、公平公正、务实，对班级有着一颗热爱的心，这才是主要的。我不敢说我一定会做得多好，但我可以保证以认真负责和积极的办事态度去对待一切。我认为即便是当再大的官，也不该端着一副高傲的架子，冷漠别人的后果只会使你身边变成一望无际的荒漠。相比起来，我更喜欢平易近人、偏向民主的班长。即便是一棵小草，只要团结好同学，他的身边也终将会变成一片热带雨林。我不是最出色的，学习成绩也不十分稳定，我只想做一个务实的实干家，不需要那些美丽的词汇来修饰。许多同学都说，班长是"老师和同学间的桥梁"，我不是最华丽的那座桥，但我一定是最实用的那座桥。

尽管我们性格各有不同，但正如歌中唱的那样，"我们没有什么不同，天黑时我们仰望同一片星空"。有幸在三十九中相聚,我对生活已经充满感激。我相信,有你们的陪伴,三年的时光一定更加值得珍惜!

再多的豪言壮语,也只不过是瞬间的智慧和激情的演绎,朴实的行动才是开在成功之路上的鲜花。无论这次竞选谁胜谁败,竞争过程有多么激烈,明天我们都将作为团结的11班人开始崭新的一天,创造我们更加辉煌的未来!

谢谢大家!

竞选班长演讲稿(三)

◎张子淳

指导教师:王连峰

大家好! 今天我要竞选的职务是班长。

过去的一年,我经历过成功的喜悦、失败的悲伤,但是每一天我都在收获,每一件事我都有收获。当然,有经过努力后取得好成绩的收获,也有因失误或过错而接受教训的收获,这些收获都在使我不断成长进步。记得刚上初中时,我还那么懵懂,而现在的我,已经逐渐变成了一个懂得为人处事的人。这一切的一切都要归功于老师的教育、同学的帮助、家庭的鼓励。回想起来,在这一年中,我最大的收获是更自信和勇敢了,当初对很多事情都没有信心,通过逐渐地改变自己、发掘自己,让大家看到了一个不一样的我。我坚信,只要我努力了,就一定能有更多的收获!

可能会有人质疑,你没有一个成绩的资本,也没有管理的经验,那份自信从何而来? 我的回答是,家人的鼓励,身边同学对我的信任! 可以这么说,他们的鼓励和信任,就是我此时站在讲台上的资本;同时,我也要为我的目标而努力拼搏。这份自信,使得我现在要突破自己,竞选班长。

我认为作为一个班长,最重要的是要有一份乐于助人的爱心,当同学需要帮助时,尽自己最大的努力去帮助他;其次要有一份耐心,不怕麻烦地去管理一切班级琐事,当同学发生矛盾时及时上前劝解,当上课有同学不认真听讲时及时提醒他们;再次还要有一份责任心,将班级中的每一件事都作为自己的事尽责任去努力做好。我会积极地为班级而做好各项工作,起到带头表率作用。

作为班长,应该是全面发展的,在学习、管理等方面都应该是出类拔萃的。虽然我现在在这些方面还不是非常优秀,但是我一定会努力。我认为,努力不仅仅是一个词语,更是一种行动,是一个证明自己优秀的行为。在此之前,我已经制定了一个目标,就是努力达到做一个优秀班长的所有要求。我相信,我的努力,不仅仅是"努力过",而是在一直努力,请老师和同学们看我今后的表现。

班长,并非只是一个职务的称呼,也不仅仅是一份荣誉,更是一份责任。作为班长,必须要为了班级的蒸蒸日上,为了每个人的全面发展而尽力付出。我有想法,我有信心,我有行动,我更会去努力。请大家相信我,我有能力当一个优秀的班长。

当然,选不上班长,我也不会气馁,我会更加努力,并且积极地完善自己,让自己做得更好。因为我知道,只要有付出,就一定会有收获。

希望大家能投给我宝贵的一票!谢谢!

竞选班长演讲稿(四)

◎魏靖洋

指导教师:王琳

老师,同学们:

大家好!今天我竞选的是班长一职。我来参与竞选的目的只有一个:一切为同学服务。我自信在同学们的帮助下,我能胜任这项工作。正由于这种内驱力,当我走向这个讲台的时候,我感到信心百倍。

拿破仑有句名言:"不想当将军的士兵不是好士兵。"我认为,班长不只是个称号,不只是个光环,它背后有着实质性的内容,与同学们息息相关。所以,假若我能当选,决不会让这个"长"成为一个虚名。

班长应该是架在老师与同学们之间的一座桥梁,是老师的得力助手。不过,我要先从自我做起,严格要求自己,起到表率作用;其次,我会在任何时候、任何情况下,都能想同学们之所想、急同学们之所急,敢于坚持原则。班长作为一个班集体的带头人物,我有能力处理好班级的各种事务。

班长作为一个班级的核心人物,应该具有"统治"大局的才能,我相信我是够条件的。首先,我有能力处理好班级的各种事务。因为我自认为我具有较高的组织能力和协调能力。凭借这一优势,我保证做到将班委一班人的积极性都调动起来,使每个班委成员扬长避短、互促互补,使班委形成拳头优势。将全班同学的积极性都调动起来,使大家团结一心、互相督促、互相学习、共同进步。

我的口号是"做一个真正的平民班长"。班长应该是老师的小帮手,能向同学们传达老师的指令。我保证做到在任何时候、任何情况下,都首先是"想同学们之所想,急同学们之所急"。

也许,在我说出这番"豪言壮语"后,有些同学会暗自发笑:他怎么这么自负！可是我想说，这不是自负，这是自信！一个人如果连自己都不相信，那他就没有资格做任何事；即使做了，也很难成功！我之所以能够站在这里，大部分是由于我的自信！当然，能力也很重要，但是一个人的能力和信心永远是成正比的。

请大家相信，我会是一名优秀的班长，担我职，负我责，我还会与其他各部委员密切配合。当然，我也知道，此次竞选，不会一帆风顺，因为在座要竞选的选手都很优秀。不过，我已经做好了准备：面对得失——消极不如积极；面对挫折——有信心才有成功；面对自己——有梦想才有作为；面对理想——有追求才有希望！

竞选班长演讲稿（五）

◎于小涵

指导教师：王琳

尊敬的老师，亲爱的同学们：

大家下午好。我是于小涵，今天我要竞选班长。首先我要感谢这一年来，所有人给我的支持与鼓励，是你们让我懂得了爱能让人更勇敢的道理。

今后，我有时可能会跟你们急，但你们会包容我；我也可能会做得不好，但我有你们的支撑。我有对班级的爱与责任，这是我竞选班长的自信。

我想，爱很简单，就是当同学们伤心的时候一句安慰的话语，就是努力做好每一件事，就是为班级付出无怨无悔。爱不需要轰轰烈烈，不需要把你做的事全部公之于世。爱就在你身边，一个不经意的动作、眼神，可能对方就会懂得你的付出与努力。

我想，责任就是担当，就是付出，就是当你和小伙伴玩闹打破花瓶的时候不会逃避、不会推卸而是共同承担，就是当这个班级有问题需要解决的时候不会躲到别人身后而是站出来去关心别人、关心集体。

歌德曾说过，责任就是对自己要求去做的事情有一种爱。那么，在一定程度上我们可以说有了爱就有了责任。我相信，我对班级的爱是每个人都能看到的；我也相信，我有能力与11班共同奋斗。

不管这次能否竞选成功，我仍然会带着一颗为班级奉献、爱班级的心继续前行。

希望所有同学共同努力，始终如一地爱着这个班级。我是于小涵，我要竞选班长。谢谢大家！

（二）班级文化——"和谐班级，携手共建"

"和谐互助小组"促学生自主和谐高效发展

◎刘洪雨

"为了一切学生，为了学生的一切，一切为了学生。"我们倡导构建自主和谐班级，就是要以人为本，建立学生自我管理、自我服务、自我激励的自主管理机制，搭建起学生充分参与、充分体验、充分展示的活动平台，建成学生幸福成长的班级环境。

担任班主任以来，我充分利用"和谐互助小组"，培养每一位学生的责任意识、合作观念，促进学生的自主、和谐、高效发展。

1. 划分和谐互助小组，形成考核机制。

全班学生被划分为 12 个小组，建立"和谐互助小组考评制"，考评由学习、纪律、卫生和其他方面组成，包括个人得分、小组得分，起始分为 100 分，每周考核，期中、期末总评。各科课代表负责学习方面的考评，综合每个学生的作业、课堂表现、早读等情况进行加减分；纪律由纪律委员负责，考评学生的午自习、自习课纪律，进行常规检查；卫生由卫生委员负责，根据每周值日生的表现进行加减分考核。个人起始分为 100 分，每周由班长进行汇总，算出个人得分和小组得分，并由各方面负责同学进行总结性发言，指出存在的问题，让大家引以为戒，同时明确下一步的努力方向。

和谐互助小组考评成绩作为期中、期末班级优秀个人、和谐互助小组评选的依据，极大地调动了学生的积极性、主动性，在班级形成"比、学、赶、帮、超"的良好氛围。

2. 激发学生自主参与，提高学生的自主管理能力。

改变传统的班干部选举办法，变过去的班主任指定班干部为学生"自荐"和"众举"相结合，即采用"竞选"的方式。通过竞选，使学生有了自我表现的机会，有了获得成功的机会，增强了竞争意识，提高了学生的全面素质与关键能力；同时，班级建立监督评价机制，在实施监督评价的过程中，开放监督评价过程，实现监督评价主体的多元化。鼓励学生本人、同学、家长以及各科任教师参与监督评价，将监督评价变为多主体共同参与的活动，让学生成为监督评价的主人，使学生在行使班级管理权利的同时，更感到一种责任、一种制约、一种监督和评价，从而不断完善其工作。监督评价不是目的，目的是引导学生完善自我、发展自我。

3. 正确舆论导向,引领学生自主管理。

形成正确舆论是班级民主管理保证。班集体舆论是班级成员观念和态度的集中体现,是班级深层次的精神文化,对班级每个成员都有约束、感染、熏陶和激励的作用。因此,班集体的成长离不开健康的班集体舆论。首先,要加强班级的民主作风。班级工作中,不论是建立组织、评比先进还是日常班务工作,都应采取民主形式。这样选出的班干部才有凝聚力,评出的先进才有感召力,处理的事情才有说服力,全体班级成员才有主人翁的责任感。其次,及时表扬好人好事,批评不良的思想行为,促使学生的好思想、好品德得以保持和发扬,不良的言行得以改正。例如,班级里有学生做了好人好事,我一定会及时地表扬并大力宣传。若班级里有学生做了违反校纪班规的事,无论是谁都要进行批评并督促其改正,使班级形成"好人好事有人夸,不良现象有人抓"的风气,提高学生明辨是非的能力,形成班级公平竞争的良好班风。

"路漫漫其修远兮,吾将上下而求索"。构建自主、和谐的班集体,为学生创造一个自由、和谐的学习空间和学习氛围是班级建设的永恒主题,需要我们积极探索、不断实践,以使班级真正成为培养现代创造型人才的摇篮。

做好"超级链接",让班会有声有色

◎管霞

2017年5月27日,在中国传统节日端午节即将到来之际,青岛三十九中学要求每一个班级召开"碧艾香蒲忆端阳"的主题班会。如何召开一次别开生面的班会,让孩子们在节日里受到传统文化的熏染?如何发挥艺术班的优势,在活动中渗透自己的教育理念?我和班委们商量之后,准备"小题大做",将小小的班会开成一系列的活动。

第一个活动,召开一次"听说读写"兼备的班会。精心备课的主持人用PPT,介绍端午节的来历、传统风俗,还联系现代国人越来越熟悉洋节、越来越遗忘自己传统节日的现实展开讨论,在补充了韩国"端午申遗"的内容后,再提出"越是民族的,越是世界的"口号,号召每一个炎黄子孙心怀敬爱之心和珍爱之情,自觉做一个维护者和传承者;接下来的环节,是作为班主任我发挥语文老师的优势,补充了爱国诗人屈原的相关内容,鼓励大家写"感动中国颁奖词",以文字向屈原致敬。

在低沉的音乐声中,学生用文笔回味着屈原忠贞的爱国热情。"有的人死了,你却永远活着。当你颜色憔悴形容枯槁地徘徊在汨罗江畔,用年华赋就的《离骚》

卷章已在风云变幻中与日月争辉;当你纵身一跃的身影落下,用名字镌刻的爱国诺言就永远激宕在我中华儿女的身上。"班上小张同学饱满的情感、优美的句子让同学们在掌声中流连思索。

第二个活动,举行一次隆重的文艺演出。我们班是艺术班,班中聚集了学校民乐团管乐团戏剧团舞蹈团的人才,吹拉弹唱,样样精通。经过三天的准备,我们师生一起走进学校附近的惜福镇街道中心小学,隆重举行了"艺动城乡,共度端阳"文艺演出——"给最爱的你"。

这场文艺演出以"文化活动提升学生素质,传统节日渗透民族精神"为主题,针对"端午节"和"六一儿童节"两个节日,分为两大篇章,分别为《给最爱的你——致敬屈原》《给最爱的你——致敬童真》。

在第一篇章《致敬屈原》中,学生一起缅怀屈原,重温历史。民乐团的学生使用琵琶、二胡、中阮、竹笛等传统乐器,献上正声雅音,余音袅袅;合唱团的学生用歌声传唱《离骚》,向爱国诗人致敬;独舞《雪中梅》更是以雪中红梅的舞台形象来表现屈原傲霜斗雪,永不退缩的顽强精神,从而让学生感受传统文化的传承力量。

少年儿童是祖国的花朵,是民族的未来和希望。在第二篇章《致敬童真》中,小品《瞧这一家子》提出"关爱亲情"的希望;曾在青岛市"关爱自闭症儿童"公益活动中展示过的舞蹈《bangbangbang》,瞬间引爆孩子们的热情;在"你来比画我来猜"互动游戏中,孩子们跃跃欲试、手脚并用,童真稚趣的表演将气氛推向高潮;其精心设计的游戏词语,涉及端午知识、四大名著、海洋知识,不仅充分体现了我们学校的海洋教育特色,还挖掘了中华传统文化资源的传播潜力,在互动中为孩子们上了一堂传统文化课。

参演的孩子们纷纷表示受益匪浅,一方面在准备节目、筛选演员的时候,加深了自己对传统节日的理解;另一方面感动于可爱的小学生观众,那种童真童趣,那种热情洋溢,深深感染着每一个参与演出的学生。学生都说,为了这一双双充满童真的眸子,再辛劳也值啦!

系列活动之三,就是要求学生写出《端午感悟》的周记,并在下一周的班会交流。我告诉学生,不要说"端午快乐"。端午节是祭奠屈原的日子,祝福词说安康或吉祥会更好。我们不仅仅要放假,而且要体悟节日的过程。家人团聚吃着粽子,端午节还可以呈现一家人团圆、和睦、快乐的亲情。

本次端午系列班会分了三项内容,有演讲有表达,有反驳有抒写,有头脑风暴又有社会实践,仿佛幻灯片上的超级链接,跳跃自由的内容让学生可观可感、记忆深刻,可谓别开生面、有声有色。

班委们结结实实地锻炼了组织能力,联系学校、报送节目、组织排练、租服装道具等,一切井然有序;学生则更有责任感、更自信了。这场文艺演出让对方小学的校长连呼"太精彩了",并希望我们"下一周再来"。而这精彩是高一艺术班的全体学生废寝忘食的排练换来的。

而更重要的收获可能还没有显现出来。作为一名班主任,我清醒地知道,教育学生不能只看眼前。今天的孩子,就是明天的建设者和接班人,而中学时期则是孕育远大理想、萌发高尚情操的关键时期。艺术班的孩子们要想实现"德艺双馨",艺术班的班主任必须着眼于未来,为他们的德行而教,为他们的人生而教。

"教育无小事"。班主任如果能敏锐地抓住每一个细小的教育契机,做好班会超级链接,充分利用教育资源,就可以用艺术和智慧,把每堂班会课都办得有声有色。将"小题做大",捕捉班集体发展和学生成长中的"亮点",将教育理念渗透到每一位学生的日常生活中,一定会让每一节班会都深入人心,更一定会让班主任的幸福指数大幅度增长。

择地生根　向阳花开
——青岛第二十一中学"最美教室"建设

◎王新玲

在《市北区"最美教室"建设行动方案》精神的指导下,我校开展了"最美教室"建设活动,我和我的学生积极参与其中,经历了学校"最美教室"建设活动的初评、终评以及新学期复评。在整个活动的过程中,学校为各班提供了充足的建设资金,并进行及时的交流反馈、评比激励。随着活动的深入,我班的诚信特色不断深化,使"以班级为家"的概念更加植根于师生的心田,真正使教室成为师生智慧的生发地、生活学习的美好家园!现在请允许我与大家分享我们班的故事:《泽地生根 向阳花开》。

冬之孕育

三年前,刚接手这届学生的时候,我每天的口头语就是"真不敢想象,这些孩子怎么啥也不会呢"。迈过倒地的卫生工具却无人将其扶起,见到师长缺乏主动问好的习惯……面对困惑我进行了反思。我与学生约定规矩,并亲自示范。"言必信,行必果"成为我打开学生心灵的钥匙,并由此开始了诚信特色班级建设的步伐……如冬日里用执着的心孕育着未来的希望。

春之萌发

通过一年的耕耘，班级理念在这块土地上生根发芽。这时，学校的"最美教室"建设活动如一缕春风拂面吹来，为我们的特色班级建设带来了新的契机。学生积极参与，并逐步在活动中形成了"班级是我家，建设靠大家"的思想意识和行为习惯。空调机上遮上了学生亲手织的装饰物，窗帘上绑着学生亲手做的束带，墙上挂着学生做的十字绣；读书角上摆满了学生从家里带来的自己最喜爱的图书……最让我惊喜的是，某日学校抽查卫生，当检查学生说"卫生部来抽查卫生……"时，学生齐刷刷地低头看自己的一亩三分地，迅速做出反应，其统一形式和反应速度顿时把检查的师生惊呆了，我不由得一阵欣慰：家的概念和责任的意识开始深深地扎根在学生的心里了。"言必信，行必果"已融入我们的学习生活中。"明礼诚信、责任奉献、求知好学、团结进取"的班风深深扎根在学生心田，班级"事事有人做、人人有事做、时时有人管"，每个学生都从我做起、从身边的小事做起。

夏之绚烂

随着学校"最美教室"活动的深入开展，更让我看到了向阳花的绽放，感受着夏的绚烂。我鼓励学生说："在我的眼里我们班就是最美的教室，现在我们要展现给所有人看，我们是最美的。"大家七嘴八舌地提出了很多整改意见。班委召开主题班会，拟订出班级最美教室建设方案并组织全班同学进行了分工协作。主题画面被绘成了向阳花，色彩绚丽，一下子使整个教室明亮了很多。后来有同学指出教室的橱柜有点凌乱，那些凌乱橱柜的主人飞快地跑过去整理，结果有个学生越着急越出错，书本撒了一地，一脸难为情地看着大家。在这里没有指责声，传来的是"我们把多余的书放橱柜里吧""大家的东西多少不一样，不好统一""找个帘子盖住""使用起来不方便"……这如果在以前，大家都会齐刷刷地看着我，等着老师说怎么做，现在我好像是个局外人了。为此，他们又进行了热烈的讨论，最终杨阔同学的"七彩抽屉"建议得到大家的认可。学生亲自动手，把鞋盒改造成了一个个精美的五颜六色的橱柜抽屉。不仅如此，小组长还将讨论后的小组誓言分别贴在橱柜上。整理后的橱柜看上去像一面五彩缤纷的墙。每个人都有属于自己的特色橱柜，整齐划一却又个性分明。学生对橱柜的改进成了我们班最美教室建设的最大的亮点。充分信任，完全放手，耐心等待，终于让我等到了"向阳花开，我在丛中笑"的幸福之感。

教室一角

"好书伴我成长"，与每一面墙对话。

向阳花是我们的班花，寓意着一群快乐、健康、诚信、积极向上的少年向着一个梦想前进再前进。

向阳花开。在这里我们快乐学习，立德树人，团结合作，展现自我。一群有梦想的少年，在这方沃土上茁壮成长。

秋之收获

学校要公布最美教室评选结果了，学生自信满满。当"最美教室示范班"的奖状在教室里高高挂起，我们要代表学校参加区评比的消息传来时，学生抑制不住的欢呼雀跃。兴奋之余，全班学生又开始了新的征程。学生通过参与"最美教室评比"活动，体会了快乐，学会了思考，加强了团结，展现了合作，突显了自我，增强了自信。

回顾三年，发生在这间教室里的点点滴滴，无不尽透着师生们的情感。以学生为本，本着学生的认知、情感、心理等根本，一切皆水到渠成。《史记·李斯列传》

说，一个人有无出息，在于能不能给自己找到一个优越的环境、平台。人的贤与不贤，决定于他所处的地方。我们共同选择了这块希望的田野，泽地生根，把每个学生都当作一朵含苞待放的向阳花，让他们追寻梦想，健康绽放。"最美教室"的建设，更让这些向阳花们找到了心中温馨的家园、心灵的栖息地，他们在温润的土壤中幸福绽放。

欢呼雀跃的孩子们

我们班的"向阳花"

做好自己　放飞理想

◎王新玲

班级内涵

　　一个充满成长气息的班级对学生具有潜移默化的教育影响力和感染力,初一·5班是以"诚信伴我成长"为班级内涵的健康向上的班级。我们把"言必信,行必果"融入我们的学习生活中,用真情感动心灵,以诚信引领人生。人没有了诚信,生活便没有了分量;人没有了诚信,世界就变得浑浊而寒冷。让我们在真诚中舒展心灵的畏惧,在真诚中领略世界的风采。留住了真诚,我们的生命便有了绚丽的色彩;留住了真诚,你我心中便有了激情的共鸣。让我们在彼此的信任中开启合作的大门,让我们在彼此的信任中放飞心中的喜悦。

班级品牌

　　我的教育理念:让每一个学生都能追寻自己的梦想,实现自己内心的渴望。

　　我的教育策略:关注细节、大胆放手。

　　我的管理目标:无为而无不为。

　　我们的发展目标:每个学生从我做起,从现在做起,从身边的每一件小事做起。在家做一个诚信的好孩子,

我和学生在一起

在学校做一名诚信的好学生,在社会做一名诚信的小公民。

　　我们的班风:明礼诚信、责任奉献、求知好学、团结进取。

　　我们的习惯:事事有人做、人人有事做、时时有人管。

　　我们的口号:一屋不扫何以扫天下。

班级品牌的创立

　　1. 营造班级氛围。

　　苏霍姆林斯基曾说过要"让每一面墙壁说话"他的意思是要让校园的每一个空间都具有潜移默化的育人功能,用现在的话来说就是"优化学校教育环境"

或"营造校园文化氛围"。在班级品牌形成过程中这个环节很重要,我们所期望的班级形象要充斥着班级的每个角落。

为此,可以采用建立家长委员会、班级的博客、QQ群、飞信定期、发放家长信等好多方式;除此之外,为每个学生建立个成长档案夹也是一个好办法。这个档案夹里,有学生"我升入初中了""我的未来我的目标""看看我的变化""守望班级""坚持是成功前的状态"等等不同时期学生的随笔,同时配套的是父母的"夸夸我的孩子""你的优点我们关注""我是这样做的""孩子我们相信你"等等家长教子心得。这些内容丰富了我们班级文化建设,这些内容都会在我们的班级文化建设中体现。

我们班里的墙面布置

2. 发挥学生的自主管理能力。

班主任的工作是管理班级。班级是大家的,建设要靠学生。要细化班级学习、纪律、卫生各个方面的规则,让学生人人有事做、事事有人管、时时有人管。要建立一支强有力的班干部队伍,一支高效的课代表队伍,一支落实到位的小组群体。班委、课代表、互助小组、周日班长等等制度使得班级形成了树状的金字塔管理体系,小组成员捆绑连坐制,使得学生的集体荣辱观融入学生的心灵、展现在他们的行动中。

老子说:"损之又损,以至于无为。无为而无不为。""损之又损"就是不断减少我们的职能,越来越少,最后大成。我们要以无为带动有为,让学生把握自己的命运,成就自己的幸福人生。在学生进行自主管理的过程中,我本着如下四个原则:明确责任、分工合作;发扬民主、收放有度;树立威信、严格要求;先教后放、分层管理;实施班级工作"细节关注、学生管理",做到事事有人管,人人都管事,每一个学生都成为班级事务的管理者,每一个学生都是自我管理、自主管理的主体和核心。

"我是小老师"

快乐的小组合作学习

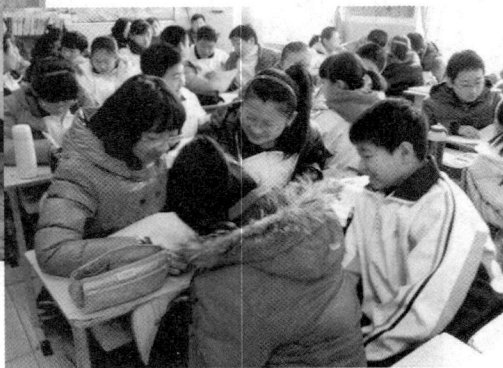

3. 开展丰富多彩的活动。

教育的目的是为培养服务于社会的人,社会实践的开展是对我们教育的一个很好的见证。我们的学生开展了丰富多彩的社会实践活动,特别是我班在海琴广场开展的"小手拉大手"垃圾分类活动,学生设计问卷、编制宣传材料,动员家长一起上阵,对当时在场的人们触动很大,他们积极参与我们的活动,关于此事迹的报道还被刊登在《城市信报》上。我们还开展了"走进敬老院,关爱老年人"、早报义卖、还我魅力青岛——清理浒苔等等一系列的社会实践活动。

丰富多彩的学校活动是学生展现自己的大舞台,运动嘉年华和艺术节一切都是学生们自己做主,充分体现了我们的班级理念。学生通过组织活动、参与互动,张扬了个性,施展了才华,体现了主人翁意识,自我教育得以体现。

4. 关爱每个学生。

十年树木百年树人。学生的健全人格的成长受老师的影响很大,所以我们一定要摆正心态,用真情感动心灵、以诚信引领人生,关爱每一个学生。在这个班级文化内涵的建设过程中，我们通过主题班会开展一系列的活动。比如"诚信银行"，每个学生开一个诚信户头，每一项活动作为资金存储在银行里，学期结束兑换成不同形式的奖励：可以使物质的，也可以使荣誉称号。在这个过程中，学生储备的不仅是自己的诺言，还有行动，最终形成好的习惯，做好自己。"一屋不扫何以扫天下"，我要求学生从点滴做起，从身边小事做起。

孩子们在演出

我特别关注游离于集体边缘的学生，注意拥抱一下他们，不让每个孩子掉队。对待学生的成长我们要学会"等待"；对待学生的问题，我们要学会"宽容"。站在一定的位置上，每个学生的身心都能触及你。

我们应坚持用"恒心"构建优秀班集体，用"爱心"建立和谐的师生关系，用"细心"关注班级成长，用"耐心"等待"个性学生"的变化，用"信心"培养班级荣誉感，用"放心"来引导学生进行自主学习、民主管理。一旦班级形成了品牌，它就转起来了，教师

我为学生过生日

的"无为"促进了学生的"有为",最终达到真正的教育目的。

牵手共赢 创造幸福

◎王新玲

在 2012 年的《教育文摘》上看到《向唐僧学习怎样当好班主任》这篇文章时,让我感慨万千,"无知""无能""无用"和"无欲",不能说自己就是唐僧吧,也有很多相似之处。唐僧的绝招"目标定位"和"管理策略",其实也正是我一直在实践着的教育策略。

1. 班级品牌的创立。

每个班主任老师都有自己的带班风格,我称之为"班级品牌"。我希望我的孩子和我的学生诚实守信、求知好学、团结合作等,具有一切优秀的美德。这虽然有一定的困难,但是我们也要告诉学生这是我们共同的愿景目标,为了这个目标我们要制订三年规划、近期计划。于是,我就提炼出了"让每一个学生都能追寻自己的梦想,实现自己内心的渴望"的带班理念和"关注细节、大胆放手"的带班方针,以及我的带班策略。

在班级品牌形成过程中这个环节很重要,我所期望的班级形象充斥着班级的每个角落。我们的口号是"班荣我荣、校荣我荣,3 班是我家、建设靠大家";我们的班训是"一切从头做起、从我做起、从身边小事做起";我们的班风是"明礼诚信、责任奉献""求知好学""团结进取";我们的习惯是"事事有人做、人人有事做、时时有人管"。这些愿景目标还会配合主题班会的开展进驻学生心灵,在学校开展的一系列活动中得以展现和锤炼。

坚持是成功前的状态。班主任的工作是琐碎的,但也是有规律可循的,那就是抓班风和学风。从学生一进入这个集体就告诉他们"我们要做最棒的",因为你家长为你选择的学校是最棒的,你新班级的老师是最棒的,那你毋庸置疑就应该做最棒的学生了。路在脚下,在学生的脚下,教师不能替代他走;前途是学生自己的前途,发展是学生自己的发展。班主任要学会在"无为中大成",从而引导学生自主发展。

2. 发挥学生的自主管理。

(1)明确责任、分工合作。

班主任的工作是管理班级。班级是大家的,建设要靠学生。要细化班级学习、纪律、卫生各个方面规则,让学生人人有事做,事事有人做,时时有人管。要建立一支强有力的班干部队伍,一支高效的课代表队伍,一支落实到位的小组群体。

小到学生个体,大到班级整体都有明确的责任与分工。

（2）发扬民主、先专后民。

一个班级必须要有铁的纪律,一切行动听指挥,步调一致才能得胜利。"没有规矩不成方圆"。班规怎么定,学生要遵守的规矩学生来制定。利用班会、晨会时间,我带领学生认真学习《中学生守则》《中学生日常行为规范》,从学习、纪律、卫生、作业、考勤、好人好事等方面对学生的在校行为进行量化考评,使学生做到"有法可依、有法必依、执法必严、违法必究"。对学生的考评结果一周一汇总,及时鼓励和表扬,把硬制度和软文化结合起来。

（3）树立威信、严格要求。

班干部是班主任和学生联系的桥梁,是学生的精英,是教师的助手,是自我管理体现最明显的一部分。在选择班干部时,遵循三个原则:① 责任心强,办事公正,品学兼优,有较强的组织能力和活动能力,易于和他人沟通的学生;② 各类特色学生,扬长避短,最大限度地展示他们的能力;③ 发扬民主作风,使学生干部同学关系形成动态平衡,人人有机会实现自我价值。还有一个外加的条件,那就是教师可以有"提名候选人"的权利,这是为了树榜样,真正让班干部起到师生纽带的作用。

（4）先教后放、分层管理。

想要获得"无为而治"的班级管理效果,就要先有所为,通过班级文化氛围感染学生,通过教师手把手地言传身教引导学生。我要求学生从不同方面、不同学科先按照老师教的基本方法,体验成功的快乐,最终目的是放手让他们去管理。班委、课代表、互助小组、周日班长等制度使得班级形成了树状的金字塔管理体系;小组成员捆绑连坐制,使得学生的集体荣辱观融入学生的心灵、展现在他们的行动中。

借鉴魏书生先生的教育思想,我在学生中广泛倡导"一屋不扫,何以扫天下"的教育理念,实施班级工作"细节关注、学生管理",做到事事有人管、人人都管事,每一个学生都成为班级事务的管理者,每一个学生都是自我管理、自主管理的主体和核心。

3. 个性学生的挑战。

我不喜欢用"后进生"这个词,特别是在经历十月怀胎生下儿子后。孩子对每一个家庭意味着什么?每每提到"后进生"这个词就让我心痛,所以我叫他们"个性学生"。这类学生的形成有很多因素,我们班主任在三年要完全改变他们是不可能的,但是我们可以在我们力所能及的范围内理解他们个性的成因,寻求解决的突破口,引导他们健康成长。回忆三年前我班的一个学生,他外貌的异样、脾气的暴躁、习惯的怪异确实令人头疼,但是看看现在的他,让我感到无比的幸福,因为他朝着我希望的方向成长着。给他们一个充满明礼诚信的班级,让他们懂得自信自尊;给他们一个充满责任奉献的班级,让他们懂得团结友爱。对这样的学生除了用班级品牌影响他们之外,晓之以理、动之以情的教育肯定不可或缺,偶尔还会给他们"委以重任"。去年学校对运动会提出了运动嘉年华的口号,鼓励各个班级在运动会上创新。我的习惯就是"有困难找学生""咱同学们说说怎么办",让大家各抒己见、群策群力。那个方案最后就落在了这些有个性孩子身上。"你行,就你来做吧!"学生高兴地去忙活了。类似的情况太多,活动问学生,决策问班干部。我们应给个性学生机会,让所有的学生人人有事做,事事有人管。

关于善待学生问题我做到"三个不":① 不怕错误出现;② 不要急于求成;③ 不怕缺点的反复。个性学生最大的问题就是反复,问题层出不穷。对此,有时候我采用"视而不见"的办法,其实是为了保护他们刚刚建立起来的自信和自尊。比如,自习课纪律不好时,他们已经从后门看到我时我就不批评了,就是想让他们产生自责感。还有就是因为他们的学习或纪律影响到捆绑小组时,学生与学生的教育力量也会很大。对小问题睁一只眼闭一只眼,是为了充分发挥群众的力量。

4. 合力的功效。

班主任工作琐碎、繁杂却又极其重要。在工作过程中,班主任往往感到身体累、心理累。这种身心俱疲的状态是极不利于班主任开展工作的。因此,班主任需要调节身心和调整状态,寻求更多样、更有效的工作方式;其中,在工作过程中贯穿"和谐"理念,做好各方面协调工作能使班主任联合各方面的教育力量,形成教育合力,同时也能促成学生良好道德品质的形成。

我一直坚信"亲其师、信其道"。学生迈进这个班级的第一天,我就对他们说:"你们的父母很明智,他们选择了四方最好的学校,你又来到21中最好的班级,因为我们的老师是最棒的。"我会大加表扬我们所有的任课老师,夸夸他们的不同风格,时时刻刻维护我们老师的形象,让学生逐步由喜欢到敬爱老师。班主任就是学生与任课老师的纽带,怎样使学生紧紧围绕在任课老师身边形成求知的态度、体验获取知识的快乐,就是班主任需要配合任课老师的工作。而任课老师是班主任的耳朵和眼睛,我们想眼睛明亮、耳朵灵通,就要维护好、协助好他们的工作。

教育合力的形成离不开家庭教育和社会教育。我们学校早就采取了有系统的家校沟通方式。

什么是"教育合力"？就是从事教育的各种有效力量凝聚在一起所形成的强大的力量。众人"拾柴"齐心协力，集思广益"火焰"自然就亮。班主任工作的最大魅力就在此。

"教育是朴实无华的。"用一颗真诚的心，去做实实在在的事吧。

二、社会实践活动集锦

窗帘布做出"青花瓷"汉服　高中女生课题研究汉朝衣冠

青岛新闻网讯
◎管霞

一袭白底蓝花的汉服穿在高二女生金冬雪身上，青岛三十九中海洋生物实验室里有点像演"穿越剧"了，学生和老师们看了不禁感慨汉服的庄重与大气。出乎意料的是，这身汉服的设计师是一名17岁的高中女生，衣服上精致的蓝花是她一笔一笔画上去的，而这身汉服的布料用的是废旧窗帘布。在2015年青岛三十九中"海洋科研未来之星"评选中，来自普通班高二·3班女生张煜旋"废旧布料做汉服"的课题让专家评委眼前一亮，随后记者采访了张煜旋的课题小组。

研究性学习"用废旧布料做汉服"

现在社会上流行"汉服热"，张煜旋所在课题组的研究性学习瞄准了"汉服"。"我们那时特想自己做一件汉服。"张煜旋笑着告诉记者，自己是课题组组长，邻班的女生傅琪是副组长，此外还有宋清、金毅、王一帆三名组员。他们一起查资料，上网搜长沙马王堆一号汉墓出土衣服的照片，翻看沈从文的《中国古代服饰研究》，最初没觉得做件汉服有多难，没想到在选布料的时候就难住了。

汉服的布料必须要韧，可本着环保的理念，课题组要找废旧布料，挑来选去觉得既能遮阳又很结实的窗帘布最适合。紧接着，课题组研究出了汉服的结构图，又在网上联系到一名裁缝师傅，汉服的成衣终于做好了。可衣服上没有花纹也不行，课题组的成员没有刺绣功夫，最后张煜旋决定先拿划粉笔把图案画出来,然后再用纺织染料上色。张煜旋笑着说,做这件汉服用了半年时间,一道难关接着一道地过,非常不容易。

何为"天人合一" 汉服里尽是学问

虽然汉服制作的过程不易,但是课题组收获很多。"汉服里藏着'天人合一'的概念。"张煜旋对记者说,汉服左侧的衣襟与右侧的衣襟交叉于胸前,自然形成了领口的交叉,叫作交领。交领即代表"天圆地方"中的"地","地"即"方与正",而汉服的袖口之所宽大,代表"天圆地方"中的"天圆"。此外,汉服的领型是"交领右衽",也就是左侧衣襟压住右侧的衣襟,这和中国"以右为尊"的思想密不可分。规范的汉服下襬要有 12 个折子,代表着 1 年有 12 个月。

"'华夏'一词的来历也和服饰有关,《左转》中有'国有礼仪之大,故称夏;有服章之美,谓之华。"张煜旋和傅琪告诉记者。课题小组很想让人们了解汉服里的传统文化,其中隐含着对自然的尊重和敬畏,这很让他们感动。

海洋班带动普通班学生"科研梦"

"我们做的这件衣服是双绕曲裾。"张煜旋说。西汉时典型的女子着装是"深衣制",深衣取自"被体深遂","曲裾"是说上衣绕着身子围两圈,从正面看上衣右边有两道衣边。一直给课题组当模特的金冬雪说,汉服穿着很暖和、很舒服。

采访中记者了解到,青岛三十九中海洋班每年都有很多课题结题,最早的"海洋科研未来之星"评选大多也都是海洋班的学生。没想到随着学校鼓励学生多做研究性课题、多创新多发明,普通班、艺术班也有一批学生开始加入"科研"队伍,做汉服、发明太阳能安全充电宝等等课题让不少老师、专家"脑洞大开"。

记者:刘艳玲

我们的暑期"爱国之旅"

——记 2014 级 11 班暑假实践活动

于小涵　石雨晴
指导教师:王连峰

第一站:青岛市革命英雄纪念馆

2016 年 7 月 19 日,青岛三十九中 2014 级 11 班团支部 8 名同学参观了青岛市革命英雄纪念馆。

同学们带着对烈士满满的崇敬踏进了青岛市革命英雄纪念馆。在馆中,同学们了解到王尽美、邓恩铭等 70 位革命烈士为保卫祖国、捍卫和平而牺牲的可歌可泣的英雄事迹。望着正厅立柱上"还我青岛""五卅风云涌岛城"等8幅历史题材浮雕,同学们不禁联想到了近期的南海事件。有些同学激动地说:"我们要向革命烈士学习,在国家危险的时刻,及时站出来;我们要向'五四运动'时罢课的学生看齐,在国家需要我们的时候,为国斗争、为国奋斗!"

天空愈发阴沉,好像飘起了零星的雨点。同学们站在烈士群雕"山河魂"前,向为中国人民解放事业和共和国建设事业英勇献身的烈士默哀,表达对革命英烈深切的缅怀,感知如今幸福生活的来之不易,体会到身为一名光荣的团员所肩负的重大责任,应该为实现我们的中国梦而努力。

一上午的参观很快结束了,同学们回头看着著名书法家舒同题写的馆名"青岛市革命烈士纪念馆",白底金字,浑厚有力,内心的激动情绪久久不能平复。通过这次团员活动,同学们了解到青岛人民在党的领导下所进行的波澜壮阔的革命运动历程以及取得的丰功伟绩,真正理解了中国共青团所肩负的责任和使命,也更加坚定了努力学习的决心和信心!

第二站:八大关

2016年7月20日上午,2014级11班12名同学参观了青岛八大关花石楼。

进入楼内,同学们了解到这座融合了西方多种建筑艺术风格的欧洲古堡式建筑,竟留下了蒋介石、董必武、陈毅、戴笠、白光等诸多名人的脚步,不由得心生骄傲、自豪之情。

通过这次实践活动,同学们进一步了解了百年青岛的历史,又放松了身心。深入家乡的名胜古迹,真是一次令人难忘而有意义的活动!

第三站:团岛灯塔

2016年7月24日上午,2014级11班的25名同学参观了团岛灯塔。

进到灯塔内部,同学们惊奇地发现:这座百年灯塔竟像是新的一般!金黄色的铜扶手依旧闪闪发亮;暗黄色的壁灯仍散出柔柔的光泽;特别是高纯度水晶的灯笼透镜,百年后依然晶莹剔透,如一尊精美的水晶艺术品。经过介绍,我们才知道灯塔的护塔人王炳交主任,三十八年如一日,在狭小的空间里,每天爬上爬下几十趟,把这座灯塔从地板、楼梯到各种装饰、设备全部擦得一尘不染,几乎从不中断。同学们看到这些不由地对这位全国劳动模范、"五一劳动奖章"获得者升起一股由衷的敬佩之情。

短短的参观结束了,但同学们仍意犹未尽。通过这次实践活动,同学们不仅学到了很多航标知识,更被灯塔守护人默默付出、无私奉献的精神深深感动,正像王主任自己做的一首诗中所写,"船行万里靠明灯,航标工人责任重。艰难困苦何所惧，自有信念装心中"。无论哪行哪业，无论多么平凡的岗位，一个人只要有爱岗敬业、勤奋钻研的信念，发扬"劳模精神"和"工匠精神"，在平凡的岗位上也能做出不平凡的事迹。

灯塔的灯不能灭，护塔人的精神更不能失传！

这个暑假丰富多彩的实

参观途中

践活动让我们受益匪浅，学到了很多书本中没有的知识，也感受到了奉献精神的可贵。相信我们一定会把实践中领悟到的点点滴滴牢牢记在心里，为了祖国的未来而努力奋斗！

初一·11班寒假社会实践活动

◎潘奕蓉

指导教师：王连峰

2015年2月25日，初一·11班自发组织了到福寿星敬老院看望老人给老人拜年的活动。大家不仅给爷爷奶奶们带去了新年礼物、送去了新年的祝福，还自编自导自演了魔术、山东快书、跆拳道、独唱等丰富多彩的节目，迎来了爷爷奶奶们热烈的掌声与灿烂的笑容。同学

去敬老院慰问留影

们还同爷爷奶奶们一起表演了老年人喜欢的戏曲节目。此次活动给爷爷奶奶们带去了快乐，同学们也从这项活动体会到了"给，永远比拿愉快"，明白了孝道的意义、学会奉献，希望今后能多参加这样的活动，给身边的人，给社会增添一份快乐。

2015年2月28日上午，初一·11班到台东步行街进行报纸义卖活动。大家

同学们在给老人们表演节目

不怕寒冷，热情洋溢；有的单独行动；有的三五成群，拿着报纸向来往的行人义卖报纸，都希望大家献出一片爱心。同学们各司其职，克服卖报纸的生涩与胆怯，经过不断地摸索与相互鼓励，报纸卖得越来越快。在大家的共同努力下，一个多小时，共卖出了近400份报纸，同学们红扑扑的脸上，露

义卖报纸留影

同学们在义卖报纸

出了奉献的欢乐笑容!

　　通过此次活动不仅筹得善款 400 余元,同学们还深深地感受到奉献爱心的意义,同时用自己的实际行动去感染他人。大家从中学到了一些与人沟通和交流的技巧和学问。谢谢你,社会实践活动!

百年青岛,铭记历史

——初二•6 班暑假实践活动纪实

◎赖晓睿

指导教师:于薇

　　今年是中国人民解放军建军 90 周年,为了更好地感受祖国的富强伟大,三十九中市北分校初二•6 班的同学们一起走进青岛历史博物馆,体验一场"时空的穿梭"。

　　漫步在历史长廊中,那些宝贵的历史资料仿佛在同学们眼前组成了一幕又一幕真实而深刻的影像。每一段历史时期的变化,都见证着我们在进步,我们在强大:贝壳到铜币再到纸币,是祖先们一步步努力的印记;骨到青铜再到瓷器,是祖先们一步步改变的痕迹。

　　此次博物馆之行令大家受益匪浅,不仅得到了视觉上的享受,而且了解了许许多多中国源远流长的历史和灿烂辉煌的文化。

　　作为中学生的我们,应该铭记先人创造的历史,努力地实现当下自我的追求,绝不辜负先辈们用鲜血为我们创造的和平天地。在这建军 90 周年之际,让我们与历史同行、与祖国同行!

同学们在参观

高一·5班为盲校儿童献爱心活动策划书

◎策划人：刘苏文

指导教师：管霞

【活动主题】

"同在蓝天下，共享阳光和爱"为盲校孩子献爱心。

【活动意义】

班级以"学习雷锋"大主题为背景，开展一次主题为"同在蓝天下，共享阳光和爱"的爱心公益活动。活动拟以全方位调动班内同学志愿服务的积极性，并让更多同学积极参与到爱心活动当中。以募捐为主要目的，通过募捐所得资金购买盲纸到青岛市盲校慰问残疾儿童，送关怀和温暖。本次活动具有很强的公益性，同时培养同学们的社会责任感。

【活动目的】

通过班内同学捐赠挂历、校园爱心义演、"点滴爱心，汇聚温暖"为盲儿募捐等一系列活动，最大限度地动员班里同学参与到爱心活动中。通过这个活动平台，我们筹集爱心资金，为盲儿购买盲文书；另一方面，也能以此为契机，向在校的同学们宣传爱心服务的意义，以鼓励更多人参与到社会爱心活动当中。而对于本班而言，此次活动旨在进一步增强班的团结凝聚力，提高同学们"做新时代雷锋"、服务社会的意识。

【活动定位】

本次活动旨在作为中介平台，让本校的同学们了解本地盲残儿童的情况，触发大家的同情心，宣扬爱心服务精神，并且把募捐的成果投入之后的为盲校儿童买盲纸活动中，是一个系列性的志愿活动。本次活动把了解现状、宣扬精神、爱心服务结合起来，全力贯彻我们"同在蓝天下，共享阳光和爱"的活动主题和宗旨。

【活动背景】

（1）活动时间：2012年3月30日星期五—4月9日星期一。

（2）活动地点：高一·5班教室、海大操场、校园内。

（3）活动人员：高一·5班全体同学。

（4）活动指导老师：管霞。

【活动内容】

（1）活动1期——爱心义演（3月2日—3月10日）。

① 联系青岛盲校，由两位同学先到该中心了解相关情况（包括该中心盲儿总数，营运过程的困难等）。

② 在班级范围内鼓励同学捐出各种旧书籍文具、生活用品。

③ 相关宣传海报和宣传小卡片的制作,以及相关物资、场地的申请。

④ 为盲儿排练节目,组织游戏。

⑤ 3 月 10 日,25 位同学参加爱心义演,节目丰富多彩,取得圆满成功。

⑥ 筛选义演活动照片,为志愿精神宣传以及后期的"爱心募捐"做准备。

(2)活动 2 期——募捐活动(3 月 30 日—4 月 9 日)。

① 以海报形式展示前期准备好的盲校相关情况以及宣传标语,在现场派发倡议书,吸引同学们到我们的募捐箱位置,向他们讲述盲校儿童的情况,宣扬大众爱心服务活动的重要性,并动之以情、晓之以理地让他们捐出零花钱。

② 让募捐者用便条贴写上他们的感想,并贴于宣传板上的"爱心树"上。

③ 在校内派发倡议书,号召同学们捐出旧挂历用来做盲纸。

(3)活动 3 期——捐书读书(4 月 10 日—4 月 19 日)。

① 准备朗诵材料,筹备"为盲童读出美丽世界"活动。

② 计算募捐所得,将钱用于购买盲儿所需的盲文书籍和文具。

③ 收集各班的旧挂历,裁成盲文用纸。

④ 全班赴盲校,给儿童赠送礼物,为他们朗读故事并进行相关的互动活动。

(4)撰写活动总结以及整理相关活动记录。

(5)活动经费预算。

【活动控制】

(1)若遇上下雨天导致活动无法进行,可推迟为次日或者周六举行。

(2)为增加当天参与活动的学生人流量,选择在大课间在操场空地上进行,并且活动时间集中在中午 12∶00～12∶30 时及傍晚 16∶00～16∶40 两个时间段。

(3)若由于种种原因,导致募捐收益不佳,会考虑鼓励本班同学家长积极参与,或者清明节期间另外组织活动,以保证有较为充足的资金进行下一步的盲儿探访活动。

"点滴善款,汇聚爱心"倡议书

◎孙俊杰

指导教师:管霞

亲爱的老师、同学们:

大家好!

近期,我们高一·5 班的同学奔赴青岛盲校,为那里的孩子们献上了一场公益演出。精彩的节目与有趣的游戏贯穿于整场演出。在祥和欢乐温暖的良好氛围里,我们全体同学被他们天真的笑容深深打动,被他们乐观的心态深深感染。

虽说他们身患残疾,但是他们用甜美的歌声、可爱的笑脸在向我们诠释着何为坚毅,何为勇气。热爱生活的他们在学校里生活自理、学习自理,甚至有些孩子还学会了乐器,用不太成熟的演出展示着他们热爱生命的心。

结束后,我们在与盲校老师的交流中得知,在这些天真烂漫的孩子面前,困难不仅仅是我们能看到的失明的双目。

摆在他们面前的是一座座大山,作业用纸告急、家境困难、生活难以自理等,这都需要他们用残疾的身体艰难翻越。

盲校孩子们使用的书本和练习册都是需要特殊纸张才能实现流利阅读和书写。由于需要特殊纸张制作,孩子们的书本和练习册都显得尤其珍贵!盲文纸每张价格近两毛钱,每张最多只能"写"200个盲文字,一位盲童写篇1 000字的文章就要5张这样的纸,因此对纸的需求量非常大;而真正的盲文纸很贵,虽然政府给予了很多的补助,但是学生写作业仍需要大量的纸张。另外,有许多盲人家庭因为孩子从小就四处求医,家境困难,资金短缺,有可能使盲人孩子连最起码的学校教育都无法完成。

上述这些情况,引发了我们全体同学的思考,我们特别想用我们健康的身体来扶助他们翻越这一座座的"高山"!

但是,仅凭我们微薄的力量,实在是杯水车薪。所以,我们迫切期待着您的加入。

这些残疾的孩子需要您的关心,需要您的帮助。

少喝一瓶矿泉水,少买一个炸串,他们就有了一张盲纸;

少吃一个冰激凌,少扔一个本子,他们就有了一套文具;

我们的举手之劳就让他们终身受益,

我们的一点点物质帮助就可以让一个盲儿的作业本绽放笑容。

只要人人都献出一点爱,世界将变成美好的人间!

只要我们把每一个人的点点滴滴力量汇集于此,我们或许就能够形成一股弄潮之力,帮他们飞越高山、走向美好!

我们想告诉大家,也勉励我们自己的是:赠人玫瑰,手有余香。

帮助需要帮助的人,你一定会得到别人的帮助!

要学会感恩,因为我们活在一个感恩的世界。

"向盲校儿童献爱心"公益演出活动总结

◎张梦凡　张佩琦

指导教师：管霞

3月10日，我班24名同学奔赴青岛市盲校，为孩子们举行了一场公益演出，活动在班主任管霞老师的大力支持下，取得了圆满成功。

那天上午，同学们早早就到了盲校，见到孩子们的时候，大家都沉默了，先是同情，后是伤心。很多同学心生感慨，和这些残疾孩子一比，我们太幸福了。我们又有什么理由抱怨现在的生活呢？

演出开始了，在张佩琦同学极具亲和力的主持下，精彩的节目一个接一个完美呈现。不管是宋述博的快书、刘弋玮的美声独唱，还是代萌的长笛、杨柳的独唱，无一不精彩纷呈，让人陶醉。贾万舟与焦译和同学的双簧博得孩子们的阵阵笑声，刘鼎同学的竹笛演奏技压群芳；而马凌琦、张梦凡、王雪的几位同学用刚学会的手语为孩子们送去亲切的《隐形的翅膀》，即使盲人孩子们看不到手语，但是我们坚信他们一定能感受到我们的爱。李贝聿、辛宗鲜、康熙元、陈文涛、李德宝等同学，载歌载舞，倾力演出，将我们的爱彻底释放。

学生们的演出

　　盲校的孩子们特别开心，也带来了他们精心准备的节目，有二胡独奏，有小合唱。虽然他们技艺不精湛，但是他们用甜美的歌声、可爱的笑脸在向我们诠释着何为坚毅、何为勇气。他们有一颗热爱生命的心。

　　我们精心准备的游戏，让全场达到沸点。同学们和盲儿们融成一体，将他们紧紧抱在怀里。宋述博、焦译禾同学更是奋力抱起小朋友，单脚站立赢得"叠报纸"比赛第一；女子不让须眉，马凌琦和张梦凡抱着一个，背着一个，和小朋友们表演"熊爸爸、熊宝宝"到比赛结束。

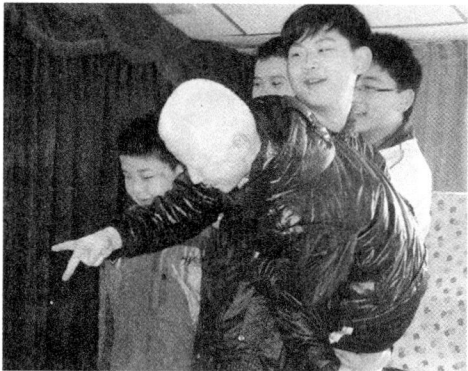

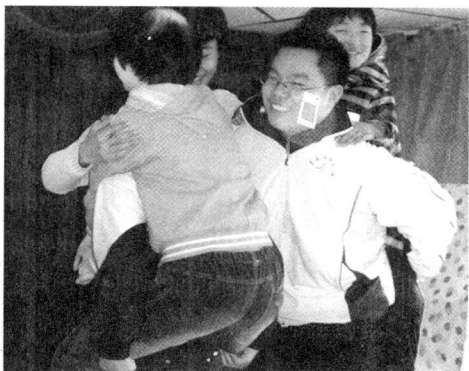

学生们和盲童一起做游戏

　　这次公益演出，同学们做了精心的准备，无论是策划还是学儿童歌曲、表演节目都非常踊跃，不但为盲校的小朋友们送去一份贴心温暖，而且在这个展示自我的平台上有所锻炼。臧琪和张梦凡等同学还拿出自己的零花钱，给孩子们买了糖果和牛奶，将高一·5班的善良和热诚传递出去。

　　演出结束后，很多同学依依不舍。在这里，我们不仅留下了回忆，还留下了我们最诚挚的爱。正如管老师所说，盲儿们想得到的，不是施舍，而是一种归属感。

今后，我们还会多多组织此类爱心活动和感恩教育，为更多的人送去温暖。

学生们在盲校

给盲童的一封信

◎刘苏文

指导教师：管霞

亲爱的小朋友们：

你们好！我是三十九中 11 级 5 班的班长刘苏文，现在我要给大家读的是我写给你们的一封信。

以前的我只知道，古希腊的伊索是一个奴隶，他生来就是一个盲人。他没有向命运屈服，而是鼓起勇气，收集了各种故事，最后编写出了著名的《伊索寓言》。我还知道，外国著名作家海伦•凯勒，天生又聋又瞎，但她在老师的鼓励下，努力地学习，成为一名作家，写出了著名的《假如给我三天光明》。在咱们中国，有一位音乐大师阿炳,以卖艺为生,在街头坚持创作,终于写出了著名的《二泉映月》的二胡曲。他以自己独特的二胡演奏方法以及动听的旋律,获得了音乐界的肯定。

而3月10号看了你们的演出之后,我惊奇地发现,你们竟然像他们一样优秀! 虽然看不到这个世界,但你们可以用心去倾听这个世界。听一位小朋友准确而熟练地弹奏曲子时候,我知道了每个人都有自己的闪光点;和你们玩"叠报纸"游戏的过程中,我发现你们比我们还要灵活……

你们的微笑感动了我。

那一瞬间,我明白了:我们的眼睛只是一扇窗,在寒冷的冬夜,即使窗上结满了寒霜,也依然掩盖不住屋子里的温暖与明亮。

在这个五彩缤纷的世界里,你们和我一样站在坚固的大地上同时呼吸着这清新的空气,也一样能感受到风正在轻轻地抚摸着你;如果你静下心来,还可以感到它在悄悄融入你的身体,慢慢流入你的心里。

当你们安然度过宁静的夜晚后,走在花园里,你们能感到清幽的花香。你们可以静静地坐下,伸手抚摸它,便能感受清凉的露水。也许你们突然发现有一缕阳光照射在身上,那是一轮朝阳悄悄地浮出了水平线,它给予你们、我们和整个大地的一切生命以温度。

亲爱的小朋友们,让我轻轻地告诉你,你们和我们一样可以体验着奇妙的大自然,一样可以幸福地享受到爱。你们,我们,一样;不,你们和我们也不一样。

用双手拿针刺字,你们一定比我们敏捷灵活。

用耳听天空出现的晚霞,你们一定比我们感受到的颜色更美丽!

用内心听节目产生的激动和欢乐,你们一定比我们只用双目观看的人们要深刻精细得多!

不是吗? 你们所拥有的也是我们所没有的啊!

谢谢你们,亲爱的盲童小朋友们。你们让我懂得,化平凡为伟大的不是上天,而是自信与坚强的心灵,是执着而乐观的理想,是努力而奋发的干劲!

我开始学着不吝啬微笑了。每一天,我都让自己用微笑去关爱每一个需要我关爱的人。我相信,只要你们肯对别人微笑,那么别人就会用同样的微笑来温暖你们的心灵。如果我们每一个人都微笑,那么我们的生命也会因为微笑而更加有意义。

祝你们一路坚强,一路歌唱,永远微笑,永远快乐!

蓝天之下，有你有我

——记高一·5班为盲童募捐活动

你了解黑暗中摸索的孩子的梦想吗？

你理解失去光明的儿童追求知识的执着吗？

你能想象漫漫黑夜中盲儿们寻找希望的艰难吗？

这是一份《倡议书》的首段，一连三个有力的问号，将我们吸引到中国海洋大学的田径场上。

4月7日，三十九中召开的春季趣味运动会正如火如荼地进行着，而在安排紧凑的游戏竞技之外，主席台东侧的一张6米横幅吸引了众人的眼球。原来，三十九中高一·5班的师生们，借着运动会的东风，正在举行主题为"同在蓝天下，共享阳光和爱"、旨在为盲童奉献爱心的募捐活动。

据了解，3月17日，5班"学雷锋小组"的24位同学在班主任管霞老师的带领下，奔赴青岛盲校，为盲童们进行了一场别开生面的公益演出。那些身患残疾的孩子们，依然能用他们甜美的歌声、可爱的笑脸诠释坚毅和勇气；他们双目失明，依然能洗衣刷碗、料理生活、自主学习。在演出过程中，同学们被他们天真的笑容深深打动，被他们乐观的心态深深感染了。

近距离的接触，让他们了解到，盲童面前的困难不仅仅是失明的双目。生活问题，可以用市政府给予盲校的补助去解决；但是盲儿认知视野的狭窄，则更需要社会爱心人士的关注。深受感动的同学们特别想为盲童们做些力所能及的事情，于是就自发组织了这场募捐活动。

由于前期宣传深入人心，所以当天的募捐活动备受瞩目。很多同学送来了可用作盲纸替代品的旧挂历，更多的同学踊跃捐出自己的零花钱。一张张带着温暖体温的爱心币，被投入了募捐箱；一片片写满美好祝愿的爱心叶，被贴在爱心树上。学校的老师和领导们在了解本次活动后，也热情支持学生们的活动，前往募捐现场捐款。

活动当天，同学们既要参加比赛，又要分批宣传，非常疲惫，但是一想到能为盲童送去急缺的盲书，并向在校学生宣传爱心服务的意义，他们毫无怨言，依然坚持下来。

他们说，能为盲童们献爱心自己累点没什么，有这么多敬爱的老师和亲爱的同学们热情支持他们，他们一定会将汇集全校师生的爱心转送给盲校的孩子们，并在后期为孩子们捐盲文书活动的时候希望有更多的人加入到爱心人行列，一起献爱心。缕缕善意、点滴之爱汇聚在一起,定能汇成爱的涓涓细流,滋润盲儿的心田。

因为,同在一片蓝天下,每个人都有享受阳光和爱的权利!

(青岛传媒网记者　张梦凡　2012年4月10日)

青岛传媒网的报道

蓝天之下,你我同在

◎高一·5班:赵千绮

指导老师:管霞

班委忙碌了一个多月,事情终于在周四下午告一段落。这一个多月以来,班委们无时无刻不在忙。虽然我没有亲身参与,但我已感到做一项公益活动实属不易。

推开那扇陈旧的大铁门,我看到的是一所仿佛和其他学校没有什么不同的校园,只是与我们的学校相比,更充斥着质朴淳厚的自然气息。走进教学楼,迈上一层层台阶,心跳突然加快,我的眼睛刷过简单的色调,耳畔不断回响起轻微的脚步声。我出乎意料地将手轻轻贴在墙壁上,仿佛这也是生命存在的一种形式般,我和它一同呼吸。

走到顶楼的小礼堂里,我看到鲜艳的横幅和屏幕,不知孩子们过来会有什么反应来表现他们的好奇心。数十秒过去了,面对上百个座位,我的脚却像扎了根一样。我想这里和其他地方最大的不同莫过于这里弥漫着教堂里神圣、肃穆的气息。许久,我轻轻坐下,等待着他们的到来。

他们来了,伴着老师引导他们的声音。他们互相搀扶着,脸上带着浅浅却不容忽视的笑容,依次坐了下来。仪式开始以后,我总是忍不住回头,因为我发现,能看到眼前景物的孩子屈指可数,大多孩子的眼睛都没有神采。刘苏文的演讲让我们反思人生,学会珍惜和感恩。孙俊杰的散文让孩子们知道"我很重要"。我看到一些孩子在他讲到一半以后不断抹去眼泪。石文钰和宋述博讲的小故事把孩子们逗笑了。我听到一个天籁般的童声,他看不见,他的声音却透过阴霾,向我们传递着希望。

管老师的讲话很投入,她用话语中的期盼坚定着孩子们前行的脚步,她希冀、怜爱的目光扫过每个孩子稚气未退的脸。

在礼物赠送环节,他们说着"谢谢",有的微笑,有的羞涩;一起合影时,我们的双手搭在他们的肩上,他们展现出如春水般澄澈的微笑。

仪式结束了,不慢也不快地,有两部分孩子和我们一起走;一部分在前,一部分在后,而我们在中间。我小心地挪动着步子,不断把前面的小孩子领到大孩子旁边,把后面的孩子领过来。我们慢慢到了走廊里,开始下楼梯。楼梯的始末处都有凹凸的垫子,可是前面的孩子不断被后面的人群挤着,来不及试探是否到了楼梯口,这真让我揪心,一手一个不断领也不能保证他们安全下楼。于是在走了几趟后,我索性站在那里,调整他们的方向和速度。我记得有一个盲孩子在被我送下楼梯后自己凭着直觉转到下一个楼梯口;虽然拐了一个大弯,可我只想他能安全下楼就好。走到二三层的楼梯口时,一个黑黑胖胖的小男孩拉着我的手,怯生生地说他想要笔,可是他的描述似乎有些模糊,我不知道他要的是铅笔还是圆珠笔。在他说完后,我立马哄他说好啊,下次姐姐来一定给你带。那一秒后,他被人流推向前方,我想他如果回头,只看一眼我便会记住他。我不知道什么时间还会回来,他会不会忘记自己曾经有过的这个小小心愿,但无疑的是,这个他寄予我的小小心愿会给我动力。还有一个小女孩,大概是看见我不断领着别人,觉得有点"不公平",于是在我前方停下,看着我,要我领她走。我只好领着她,我走多少,她也跟着走多少,寸步不肯离。此时,我蓦然发现自己的肩上仿佛又多了一份责任。过了一会儿,我们分道扬镳了。我忘不了他们的微笑。他们不曾见过别人的笑容,亦不知他们的笑容比他人更纯真美好。

我们同在蓝天下呼吸。我们仰望着悠悠的白云,他们怀抱着美好的希望。蓝天之下,你我同在。

三、努力实现"家校合一"

(一)家校联合课堂

家长"变"老师　魅力不减分
——记初二·6班的家长魅力课堂

◎于薇

每个人都喜欢收看电视节目:新闻联播可以帮助人们关注时事新闻;综艺节目可以使人们开怀大笑;天气预报可以提前告知人们阴云晴雨。但在,每一次观看节目的时候,人们心中总会升起疑问:电视节目是如何制作的呢?为了帮助学生走近电视台,近日,初二·6班的匙畅妈妈走进课堂,由家长"变成"了老师,为学生上了一堂关于电视节目的展示课。

匙畅妈妈结合 PPT 从电视台的构成、电视节目的生产过程、摄影的构图技巧等三个方面进行讲述,并且为学生播放了自己在电视台里拍摄的照片以及短视频。

学生都踊跃举手发言,询问关于电视节目制作方面的疑惑。匙畅妈妈还为我们详细讲解了"九宫格构图""对角线构图"等六种构图技巧。

讲到"摄影创造奇迹"时,为了辅助讲解,她为学生展示了一些照片:人们悬在悬崖边上,摇摇欲坠……每个学生都悬着一颗心看着这些令人胆战心惊的图片。随后,匙畅妈妈又为学生一一揭开了"谜底":换一个角度看,原来都只是趴在地上。笑声突然在教室里散开,课堂气氛再次变得活跃起来。

在本节课的最后,匙畅妈妈回忆了自己18年以来在电视台工作的经历,并且告诉学生：一个电视节目看似只几分钟的事，但背后是几十个人几十个小时的付出换来的，唯有不断地坚持、努力、提升，才能做出百姓喜欢的节目。听后，学生畅所欲言，纷纷抒发自己的收获和感受：做任何一件事情都需要有专业的知识武装自己；要和他人合作，有团队意识；学生表示，每一个人都怀揣着梦想，而有梦就要勇敢去追，因为在多彩的花季，我们追梦的旅途才刚刚开始！

雨润青草，诗润心田
——初一·11班传统文化交流家长公益课堂侧记

◎王连峰

根据学校的教学计划安排，青岛市第三十九中初一·11班家长公益课堂活动于12月4日下午在本班教室成功举办。

本次活动的主题是"雨润青草，湿润心田"，由本班家委会发起，在班主任王连峰老师的指导下，邀请了青岛大学师范学院"五月青春草"诗社共同完成。

1. 汉服礼仪展示与教习。

活动在悠扬的琵琶曲中开始，由青大师范学院"五月青春草"诗社的大学生们身着汉服，向同学们展示了汉服的礼仪和礼节。学生被别开生面的开场深深吸引，学习兴趣瞬间被调动起来，赞叹声此起彼伏。

大学生们详细介绍了汉服的种类和样式，并让同学们亲自穿上汉服进行礼仪走秀。同学们既兴奋又激动，积极性特别高。别看是第一次穿汉服，展示起来认认真真、一板一眼，还真像那么回事。

2. 汉文化介绍与学习。

公益课堂的第二个内容是汉文化的介绍。大学生们向同学们详细地讲解了汉文化特别是汉字的起源与演变，以及蕴含的哲学思想。在这个环节同学们对我国汉文化及汉字的起源有了初步的了解，更重要的是了解了汉文化在世界上的影响和地位，唤起了

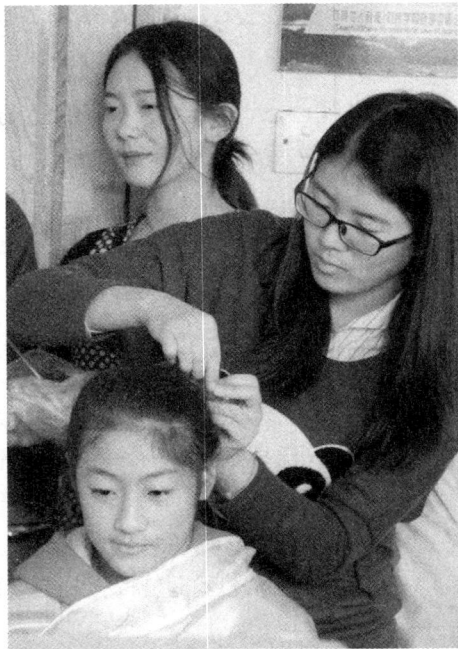

大学生们在为孩子们化妆

同学们对汉文化的学习与传承。互动环节,同学们积极发言,纷纷表达了自己对汉文化及文字的理解和看法,表现出对汉文化的学习兴趣。

3. 诗歌鉴赏与朗诵。

公益课堂的第三个内容是诗歌鉴赏与朗诵。首先是播放了配乐朗诵视频供同学们鉴赏。同学们置身其中,旁无他物,认真倾听。然后,大学生们身着汉服为同学们朗诵了《蒹葭》和《关雎》,同学们更是兴趣倍增。大学生们还向同学们详细地介绍了《诗经》的组成、写法,以及成书的过程。互动环节,同学们踊跃参加,朗诵了大学生们介绍的诗歌;结合诗歌朗诵,同学们还与大学生们交流了生活中的文学趣事,互学共享。

最后,由四名同学身着汉服进行了配乐诗朗诵。本次家长公益课堂在《蒹葭》朗诵中推向了高潮。

本次家长公益课堂足足举行了90分钟,同学们兴致盎然,依依不舍。这次活动之所以能够顺利地进行,特别要感谢班主任王连峰老师的指导、协调以及家委会的组

穿上汉服和同学们在朗读

织联络;活动中,王一晨妈妈、应嘉骏爸爸、沙钰尧妈妈的摄影摄像,李子贤爸爸在孩子休病假情况下还积极参与并执笔总结,QQ群主朱羿萱妈妈、方雅楠妈妈、薛敬严妈妈及各位家长的积极参与并提出宝贵意见。

我有一个忠实的朋友"情绪"
——初二·11班家长公益开讲

◎王连峰

3月28日下午班会课时间,青岛三十九中初二·11班的教室里,笑声不断,气氛十分热闹,到底怎么回事呢?原来是同学们喜欢的家长公益课堂精彩开讲了。

本次公益课堂邀请到的是国家二级心理咨询师凯瑟琳老师,她演讲的主题是"了解情绪,妥善地处理好情绪,以正确的合理方式去发泄情绪"。

首先,凯老师告诉学生,情绪是自己的,喜怒哀惧的存在是有它的价值的。

愤怒可以让我们成长，去改变自己。喜悦给我们自信。悲伤和恐惧都可以给我们保护。

情绪是一种能量，可以通过动起来、说出来、写下来、唱起来、画下来或者借此发奋图强，来接纳情绪、转换情绪。

我是我自己，让我们相信自己，拥抱美好的未来。

学生畅所欲言，把自己处于青春期的苦恼和困惑都讲了出来。比如，在生活中学生会有时控制不住自己的情绪，但是经过了老师的点播学生知道了情绪不应该压抑，应该转化成其他方式将其发泄出来，发泄情绪同时也是一种力量；与人相处时，应该更多地带给别人快乐，做一个正能量的小太阳，发光发热，这样彼此的生活才会更加美好。

这堂精彩的心理辅导课，学生意犹未尽、受益匪浅。

如何培养良好的学习习惯

◎董子豪爸爸

指导教师：于薇

光阴，在人们不经意之时，默默地悄然逝去。伴随着孩子无忧虑的欢笑声，以及日渐成熟的笑脸，我们迎来了崭新的 2012 年。新的学期开始了，新的挑战亦即将拉开了帷幕。随着愉快的假期生活的结束，新一轮紧张的学习生活的开始，让我们再一次拉响了上课的铃声。

回顾董子豪入初中的半年时间里，我们欣喜地看到：随着孩子一天天地长大，他在各个方面也都有了明显的长进。在老师和同学们的信任、鼓励、帮助以及大力支持下，作为班长、数学科代表的他，努力学好各门功课，踊跃参加学校里的各项文体活动，积极配合老师做好班里的管理工作。仅半年的时间里，他就以较好的学习成绩和良好的表现，加入了共产主义青年团，又被评为班级里的优秀学生。他所取得的这些成绩，与老师和同学们的帮助和鼓励分不开，与这个团结友爱、积极向上的班级分不开。

作为家长，我是看着董子豪一天天成长起来的。十几年的陪伴，十几年的熏陶，十几年的努力，看到孩子取得了一点令人欣慰的成绩，我深感培养一个孩子不容易，培养一个优秀的孩子更加不易。

在教育孩子的问题上，虽无经验可谈，但是，我们可以根据自己孩子的情况，因材施教。

第一，董子豪是一个性格内敛、不张扬的孩子，从小我就鼓励他：上课要积极、主动、大胆地回答问题，由此既可以锻炼孩子勇于发言的胆量，培养孩子上课有意识地集中精力听老师讲课的好习惯，又能锻炼了孩子的口语表述能力。

第二，孩子每天的课外作业要尽量地独立完成，不要过于依赖家长，要培养孩子独立思考的好习惯，要让孩子养成熟练使用工具书、有问题查资料的好习惯。

第三，当天的问题当天解决，不能过夜，要么问老师、问同学，要么问家长或查资料。疑难问题积累多了，不仅影响学习进展，同时也削弱了战胜难题的信心。

第四，当天的作业必须当天完成。如果有一次第二天补作业，可能就会感觉没啥大不了的，很快就会有第二次、第三次……长此以往就会影响学习成绩的提高，降低学习积极性。

第五，要做好学前预习，带着不明白的问题听课就会记得更清楚、更牢固。平时要经常复习学过的知识，以此加深印象。

第六，平时要多和孩子交流。有的时候要把孩子当成挚友一样，打开心扉，促膝谈心，只有这样孩子才会毫不设防地实话实说，让我们准确地发现孩子的问题，及时纠正、及时解决。

第七，孩子的天性就是好动、好玩。家长要利用节假日，多带孩子出去玩玩，或者教孩子学一些体育技能。董子豪在小学二、三年级时逐渐学会了打羽毛球、踢毽子、转呼啦圈、跳绳、玩滑板车，打乒乓球、打篮球、踢足球，还学会了骑自行车等。广泛地掌握体育技能，对孩子来说不仅锻炼了身体，而且使孩子的左右脑能得到充分的利用和休息，这对开发孩子的智力是有益处的。锻炼身体和学习应该是相辅相成的。

第八，好多家长把看电视、上网、看书，看作学习的天敌，其实不然，关键是要掌握"度"的问题。看电视、上网、看书可以大大地开阔孩子的视野，给孩子一个思考的空间，让孩子了解大千世界、热爱美好的生活，陶冶情操，提高孩子的整体素质。

第九，家长再忙，也要抽出一定的时间了解孩子的学习情况，让孩子觉得他的学习不是孤立的，有父母的支持和关心，这样他会更有学习的动力。

第十，家长要善于发现孩子的优点，多多鼓励；即使孩子一时考试成绩不理想，也不要轻易动怒训斥。首先要想想自己为孩子的学习付出了多少努力，哪些是当家长做得不够的地方，然后再查找孩子的原因，总结教训再努力。

我认为每个孩子都有他的个体，学习再差的学生，也有他与众不同的长处，这就看你是否能发现他的优点之所在，是否能找到适合他的学习方法和教育方法，循循善诱，因势利导。成功从不偏待每一个努力的人。

（二）家校联合读书交流会

读《卡尔威特的教育》有感

◎初一·11班：王一晨妈妈

指导教师：王连峰

《卡尔威特的教育》这本书讲述的核心问题是，对于孩子来说最重要的不是天赋而是教育，对于儿童的教育必须与儿童的智力同时进行，也就是有些教育专家提出的"智力发育敏感期"。无论学校的校长和教师学识多么渊博，教学能力多么强，对教育孩子怀有多么良好的愿望，如果孩子的家长不能做好孩子的早期教育，甚至与学校教育所做的努力背道而驰，那么，学校教育无论如何也收不到良好的成效。好多家长照着书中方法教育子女，成功地培养出了优秀的孩子。

培养良好的个性

《卡尔威特的教育》这本书提到教育要因人而异、因材施教，培养孩子乐于助人的品质，保持孩子愉快成长氛围，培养孩子活泼开朗的性格。该书的第六章《把孩子培养成用世界最美好词汇形容的人》短短4页，却有很多精彩精辟的论述："我打算把儿子培养成一位少年老成的学者吗？不，我绝对不想。""一位少年老成的学者，一株温室里的花草，一个病兮兮的孩子，一具孩子的尸体，在我眼里是同义词。""如今社会上培养出来的许多只知道关起来做学问的学者，都体弱多病，毫无生气，不懂得社会交往，成了书呆子似的人。他们的外部视野很少跳出他们最近的书本，他们掌握的知识也仅仅局限于所钻研的那门科学。""古人能够做到忧国忧民，对自己祖国的兴衰非常关心；而那些所谓的学者却是把国家的兴衰抛逐脑后，两耳不闻窗外事。"——这些语句，折射出当今教育的一些扭曲。

在快乐中学习，在平等中收获

书中，老卡尔非常赞同爱尔维修曾经说过的话："人刚生下来时都一样，仅仅由于环境,特别是幼小时期所处的环境不同,有的人可能成为天才或英才,有的人则变成了凡夫俗子甚至蠢材。即使是普通的孩子,只要教育得法,也会成为不平凡的人。"老卡尔的教育独具匠心之处在于,能和孩子"平等对话"。在对孩子的教育过程中,他从来没有把孩子当成孩子,而是以成人的方式与孩子交流。老卡尔注重培养小卡尔的生活自理和良好的行为习惯,引发孩子对周围事物的兴趣,培养孩子勤于思考、善于思考的习惯。提高孩子发现问题、解决问题的能力,使孩子认识到学习不是痛苦的差事而是快乐地生活。

这本书中所讲的故事虽然离我们已经很久远,但所蕴含的家教思想对于当前的家庭教育的影响仍非常深刻,我也从中受到不少启示:

(1)父母的教育方式对于孩子成长的影响是巨大的。

(2)系统的家庭教育是学校教育的重要补充部分。

(3)教育需要关注孩子成长过程中的敏感期,抓住最佳培养机会。

(4)平等对话是树立良好人格的关键,快乐学习是学业有成的动力。

我的做法

作为一名初中孩子的妈妈,我觉得在孩子的教育中,如果做到这么几点,对孩子身心发展将大有裨益:

一是坚定自主教育孩子的信念和信心。

我们既不能坚持遗传决定论,也不能把家庭教育功利化和神化,有一点认识需要坚持的,那就是教育和环境对孩子有极大的影响。"家长是孩子的第一任教师""家庭是孩子的第一所学校"就指明了家长、家庭承担的教育责任——不仅是"启蒙",更是孩子从出生到成年乃至更长时间的语言、行为的示范、熏陶,是对孩子成长物质、文化环境的创设和营造,是有意识地持之以恒、讲究科学与艺术的教育。

二是做好家长和孩子角色的时间分配。

书中说,在众多家庭中,有多少家长会为了把孩子培养成栋梁之材,而心甘情愿地去放弃自己的工作机会和社交活动,消除自己的偏见,放弃个人享受,身体力行地去教育自己的孩子呢?中国的父母往往愿意在经济上不计成本地满足孩子。但是,有多少父母很自觉地约束自己的一言一行,自觉调节自己的心理情绪,每时每刻都以一种积极的人生态度站在孩子面前?以一种健康的生活习惯和文明的教养出现在孩子面前?每天都留出宝贵的时间与孩子独处,共同娱乐休闲、谈心交流、学习探索?记得有人说,教育就是陪伴。我们中国的父母忽略的往往正是陪孩子的时间、做孩子的榜样。这些最不需要物质条件,对孩子最重要但最容易被忽略、最不容易坚持的事情,其实是孩子成长最重要的"精神食粮"。

三是正确认识奖赏与激励。

不要用酬金来奖励孩子获取知识,那样的奖赏很容易演变成纯粹的报酬,从而失去它们应有的价值,使孩子变得自负和爱慕虚荣。那么,怎样进行合理的奖赏呢?书中提到:"卡尔仅仅能够得到我们有节制的表扬。诸如'好的,儿子'、'干得好,孩子',或者'你说得对'之类的话。""真正的表扬,它的表达方式应该是温柔的一瞥、手部的轻轻一按、发自内心的几个字、有时甚至是面颊上的轻轻一拍或一个亲吻,但最为重要的是关爱与仁慈。"如今的家庭里,对孩子的奖赏无论是体现于食品、玩具、服装、娱乐等物质上的,还是爷爷奶奶、爸爸妈妈的"甜言蜜语",很多孩子都已陷入了"奖赏过度"造成的"审美疲倦"中,激励效果没达到却往往滋生了孩子的虚荣、自负和娇弱。孩子做家务、完成作业就给几块钱奖励的做法,看来也值得三思。"太好了""太棒了"等"最高级"的形容词,过度、过于频繁的激励,导致激励的"边际效应"急剧递减,孩子会陷入激励性麻木状态。这样看来,无论家长还是老师,对"好孩子是夸出来的"这句话应该有个辨证的理解。

在教育孩子这条路上,每个家庭都有自己的方式方法,随着社会的进步,孩子的家庭教育越来越受到重视。作为家庭教育的"鼻祖",《卡尔维特的教育》这本书仍然会给我们一些启示,帮我们少走一些弯路。

莫忘初心,且行且坚持

◎初一·11班:付小涵家长

指导教师:王连峰

学校组织读书征文活动,正好有朋友推荐我看两本书:《致加西亚的信》和《没有翅膀,所以努力奔跑》。在这里,我也推荐给可爱的孩子们,希望它们能陪伴你们度过一个有意义的寒假。

我阅读了其中的一本《致加西亚的信》,书中主人公罗文中尉是一个名副其实的英雄。关于他的故事概括起来很简单——一位军人接受了一项模糊、看似不可能完成的任务,没有二话地、责无旁贷地、一路披荆斩棘地克服了艰难险阻,完成了它。他历时三个星期,徒步穿过了危机四伏的古巴。想来在这个过程中必定是经历了九死一生诸多困难,经历了多番死里逃生,但他不畏艰险,最终将信送到加西亚手中。

起初,我对罗文的举动大为不解:不知道明确地点,仅凭一个命令就出发是不是过于莽撞了呢?但到后来,我恍然大悟——罗文身上不仅仅有着"以服从命令为天职"的军人操守,更多的是一份心无旁骛、不忘初衷的精神。

在送信的路上,罗文中尉没有因为眼前的美景而放慢脚步,没有因异域的风情而心生留恋,没有因为旅途的劳累而口出怨言,没有因为前途的未知而裹足不前。种种困难都无法羁绊住他前进的脚步,不动旁心,不生异念,自始至终朝着目标迈进,这是一种多么可贵的品质啊!

我想,罗文中尉穿越古巴的漫长旅行不正是我们人生经历的真实写照吗?人生,从来都是说来简单实则困难重重,我们不知道最终的目的地在哪儿。但我想,在一开始,我们每个人都应是怀揣着一个梦想的,但又有多少人在前进的道路上被周围绚丽的风景吸引了目光,从而改变了初衷,与目标渐行渐远了呢?正如书中所说,"面对咆哮的大海,我在想,成功永远不是一次航行"。是的,要到达那成功的彼岸,一定要驶过这波涛汹涌的大海!也许,我们的小船会被波涛吞噬,但"长风破浪会有时,直挂云帆济沧海",只要我们且行且坚持,怀揣着目标与梦想,总会有一次成功的航行!

莫忘初心,且行且坚持——谨以此篇不成熟的读后感送给我亲爱的孩子们!

《凭海临风》读后感

◎初一·11班:方雅楠妈妈

指导教师:王连峰

《凭海临风》是我国著名的电视节目主持人杨澜的第一本散文集,出版于1996年12月。作者用平实、真情的笔墨,向读者讲述了自己人生中的一些经历和感悟:重温了"难忘的荧屏",回顾了"留学的日子",展现了对"蓝色的海洋"的向往,游历了她"记忆中的岛屿",也记下了对爱情和即将成为母亲的"心语"。读书如识人,读一本好书,如识一名好友。读杨澜的书,是一见如故亲切温暖,如同有阳光的午后,与一位相识多年的好友谈心聊天。正如杨澜自己在后记里所写,"思想谈不上深邃,文笔也欠功力",并没有华丽的辞藻和戏剧性的情节,却在字里行间流露出杨澜的个性特质及人格魅力,读后受益匪浅。

杨澜是一个懂得工作的人。我小时候曾和很多人一样,是《正大综艺》的忠实爱好者,在那个资讯有限的年代,这档节目是一股春风,打开了我们的心。当年看杨澜在台上侃侃而谈、信手拈来,曾以为这是每个主持人天生所具有的才能，却从不曾想过这轻松随意后面蕴藏着多少心血。杨澜在书中写，为了做好节目，她上图书馆查资料，自己写串词，花掉大把的时间和精力，台上短短几十分钟，台下却需要好几倍的时间准备资料以及经年累月地进行知识积淀。《正大综艺》如此，其他事亦如此。杨澜一直抱着这种专注、踏实的态度，无论做什么，都要准备充分，把事情做好。即使她成为名主持人后，仍然如同学生一般虚心求教，力求将节目做到全面、准确。这种认真的工作作风，是杨澜成功的秘诀之一。有付出才能有收获，成果的甜蜜是经过酸甜苦辣的过程才能体会的。我们平时总是看到别人成功的光环，却不曾留意旅途的艰辛；我们总是羡慕别人的运气，却不曾反省有多少机会从手中溜过。机会总是偏爱有准备的人，杨澜随时都在做着准备，她的每一个"现在"都在为"下一刻"做着准备。只有从"此刻"做起，才不会错过将来的机会。

　　杨澜是一个懂得选择的人。当年她离开《正大综艺》远赴美国的时候，许多人震惊和不解：为何杨澜会放弃已有的成就，去开始一段新的职业篇章？我也曾为这个问题困惑，读完《凭海临风》便有了答案。杨澜的选择是需要极大的勇气的，但是在勇气的背后，是杨澜对自己人生目标和意义的追寻。杨澜很清楚自己想要什么。正因如此，她才能做出取舍，舍得放下手中已有之物，去追寻更高的目标、内心真实的理想。于是，她披荆斩棘，走出了另一个辉煌。杨澜在书中形容自己是自由的鸟儿，踱步不前不是她的风格，在天际翱翔才是她的路。如果杨澜一直留在《正大综艺》，她也会在这条路上顺利地走下去，成为这个节目的资深主持人，和许多我们熟悉的名字一样，然而，那将会是另一个故事。在新的环境中，杨澜放下过去的一切荣辱胜败，重新开始，所以，她能走得更高更远。

　　杨澜也是一个懂得生活的人。她喜欢与自然亲近，喜欢凭海而立。她的书中有多处描写四处旅行的感悟，黄山、希腊、爱琴海等，似乎她要看遍整个世界。喜欢自然的人，多有着乐观向上的心。杨澜在主持节目时，脸上总是挂着亲切的微笑。她在节目中与观众畅谈交流，发自内心地想要将世界上的美好之物讲述给你听。这种积极的性格品质并非一朝一夕所得,她的家庭、她的生长环境、父母的教育方式都对杨澜影响至深。从小时候起,杨澜的父母便会与她沟通,教会她从正面的角度去看问题。她的父母想必也是乐观之人,耳濡目染,便造就了杨澜的阳光性格。一个人的成长经历,可以决定一个人的性格、影响她一生。杨澜热爱旅游、热爱生活,只有从内心热爱生活,生活才会回报她相应的快乐。平时我们时常听到很多朋友抱怨生活的不公、家事的烦琐、工作的疲累。用灰色的眼光看世界,又怎么能看到五彩缤纷呢?何不学习杨澜,四处走走?当我们在大自然的美景中呼吸,为自然的神奇造化惊叹时,必会心胸开阔,重新领悟人生。

是的,人生旅途的精彩就在于它不可预知的未来。我们所要做的,是能够找到一种在蓝天下、碧浪边,凭海临风,怡然自得的心境,更是一种为了内心的呼唤与一直的梦想而勇往直前并不达目的不罢休的决心与豪情。

凭海临风,勇往直前,我们一起共勉。

让读书成为一种习惯

◎崔璨麟妈妈

指导教师:王连峰

高尔基说过"书是人类进步的阶梯",这是老师从小就教我们的道理。的确,书籍记载传承了人类太多太多的文明历史,读书则是我们学知识、明道理、修身养性、提高自身综合素质的最好途径之一,所以我们一定要养成好读书、读好书的良好习惯。

一本好书会令人受益匪浅。她能使人心胸豁达,充满阳光;她能使人善良纯真,体现内心最真的美;她能使人振奋,有使不完的干劲。比如,读史使人明智,历朝历代的人物,一张张鲜活的面孔,一个个生动的典故,尽情地展现在你的脑海里,吸引着你在历史的春夏秋冬里穿越,感受伟人的韬略,感受小人的卑鄙无耻,感受百姓的善良无争。读诗则令人陶醉,令人赏心悦目,她会让你在豪放、细腻、精美的文字间感受流彩华章之美,会让你全身心地感受绵绵细雨的无声、花落花开的宁静、拂晓第一缕阳光的温暖,让你感动于天地万物之灵性。透过这些优美的诗句,与古人神会,真的会让人陶醉其中。一部人物传记则又让像了解老朋友一样,对书中的人物有了一个彻底的解读与了解,可以从中欣赏人物的魅力,学习他的优点,取他人之长补己之短,从而使自己不断地成长、提高。

一个偶然的机会,我读了王咏刚、周虹著的一本《乔布斯传》。书中的主人公史蒂夫·乔布斯(Steve Jobs),苹果公司的创始人,个人电脑时代的缔造者。他有着无与伦比的个人魅力,精通市场和销售,对工作有着极大的激情和动力。他那独特敏锐的洞察眼光,倔强的个性,潇洒倜傥,风度翩翩,深深地吸引了我。读完整本书,一个帅气的近乎完美的乔布斯深深地印在了我的脑海里。

我从此书中悟出了很多道理。首先,一个人要想成功必须有自己的梦想和坚持。如果没有当时乔布斯的"我要改变世界"的伟大梦想,也就没有今天"苹果"公司;如果没有乔布斯回归"苹果"后的坚持,也就不会有今天这么多的"果粉"。其次,团队的建设十分重要,一个人再优秀,力量也是有限的。苹果的成功,乔布斯功不可没,但没有优秀的团队也白搭。苹果不是一个人在奋斗,而是一群人组成的团队在奋斗,这才有了今天的成就。第三,创新意识是成功的保证。在公司发展的同时,乔布斯总能用他那超前的独特眼光预见未来。他带领着团队总是在不断地研发新产品来替代现在的产品。当这一款产品卖得正火的时候,他不是想着怎么多卖钱,而是又带领着他的团队开始了新一轮的研发。也许钱对他来说只是一个数字,他的梦想是改变世界。第四,对员工要充分信任。皮克斯的一位前员工说:"乔布斯绝不是一个普通的凶悍老板,与真正的暴君不同之处是,他非常信任我们。当我们让他失望时,他确实非常愤怒。我们每个人都不想惹恼他,这不是我们怕他,而是我们怕他失望,让他觉得对我们的信任是不值的。"这就是乔布斯的人格魅力,他对工作、对产品的太过完美的要求,使得他经常对员工大吼大叫;即便是这样,他身边的员工也都能原谅他的暴戾,或者至少是忍受他的脾气。杰伊•艾略特说:"其中的一部分原因是,他是一个懂产品的暴君,他所做的一切,都是为了发布他心目中最好的产品。"这也许就是乔布斯的人格魅力所在吧。

总之,读一本好书会使人增长不少知识,给人增添无穷的力量。我们只有不断地虚心学习,才能不被知识膨胀的时代所抛弃。这正应了古人的那句话:活到老,学到老。我也要做一个活到老、学到老的人,多读书,读好书,并将从中吸取的知识运用到工作中来。

让书打开智慧的大门

◎刘苏文家长

指导教师:管霞

孩子还在上小学一年级的时候,他的班主任就让他们每天锻炼写一句话。有一天老师打电话给我,说你儿子每天都写得很好,像一篇日记,还有字里行间都体现出对你的爱。于是我就仔细看了看他用拼音写的"日记"。是啊,确实挺好,比如:妈妈今天给我做鸡蛋羹很好吃、妈妈今天接着我后去做沙画、妈妈今天给了一个乞丐1元钱等等。作为孩子的家长,我感动之余又感到欣慰,因为这虽然是日记的雏形,但却能较明确地表达出主题。后来孩子渐渐地成长,可以把听来的道理和旁人的对话落实到笔下。我想这是否说明孩子有了极强的记忆力,也就是通常说的"聪明"。于是,我开始思考是否可以略为刻意地为他营造一种学习范围,就当是教育投资或者说是一个小实验。

记得当时我送给他一本《神奇的宇宙世界》,并鼓励他看下去。正如万事开头难的不变定律,书页基本没有翻看的痕迹。想必也没有多少小孩子会放着大千世界不瞧单单去翻看爬满文字的纸张,这就需要一点家长的智慧了。我喜欢把书里的一些孩子会感兴趣的内容背下来并糅杂在平日的一些闲聊里。试想,你正在和别人讨论一些你十分有兴趣却知之甚少的话题并聊得甚欢时,那人却突然卡壳,你在抓狂之余会不会去想法把这个问题查到底。事实告诉我们"是的",所以孩子自己就奔着书去了。

后来,语文中的作文成了考试的半壁江山。我和孩子的父亲都强在工科,指导孩子作文无疑痴人说梦,但好在我们为他找到了更好的老师。那时我会一期不落地买像《读者》一类的美文杂志。当然,孩子接受这些美文也需要一个过程。过程之中,我总是把这种杂志塞满他生活的每个角落,如床头、书橱、沙发甚至卫生间,让书成为孩子自我世界中的元素。久而久之,他就会一遍遍地翻看并运用在写作之中。但从根本意义上说,相比于提升作文成绩,这种顺手一捞就是书的氛围更加值得我欣慰。

当然,孩子也具有很强的选择意识。上初中后,我自作主张地给孩子买了一本厚厚的有关编导方面的书,结果他并没有认真看。这和最初的那本《宇宙大碰撞》不同,既然孩子对一些事情已经有了一些见解,想要插手就不是那么简单了。当时我还想这么贵的书他竟然不看让人难以理解,后来想想给他选择书籍不一定符合他的口味。确实是这样,他姐姐给了他10几本作文辅导书,他连一本都没看,问他原因,他说东拼西凑的,学生腔太重。

有一段时间,孩子对于小说十分着迷。平心而论,有一些网络小说的质量确实不高,尤其一些所谓的快餐文学,更是半点营养没有。我担心这会影响孩子的成长,而事实是我的担心得到了验证。后来我也看过几页孩子比较钟爱的小说,发现有的小说在情节构思上的确有过人之处,语言更是比较活泛,可是主观的东西太多且多少有点意淫的偏向,这对于孩子的成长无疑有极不好的影响。而后在与孩子的沟通中,我发现看小说实则是孩子在学习的压力下一种心理的发泄。

这么看来,想要孩子将它戒掉基本上是不可能的。于是,我建议他下载一些文艺气息比较重的小说来看,为提高写作技巧谋得一些好处。如今孩子已养成看小说的习惯。

现在偶然会看一看孩子的作文,从中不难看出这些年来孩子自行摸索所形成的笔触。每每此时,我都会欣慰地觉得这是孩子在我所经营的氛围里得到的最有价值的东西。直到现在,我还在摸索一种更好地使孩子捧起书本的方法,可苦于当年不再,孩子已经习惯于自身融入成型的读书氛围之中。以上写的,也只是对往事一些回忆,只是希望让孩子离经典书目再近一些,让书真的成为打开孩子智慧之门的钥匙,让孩子可以在求学路上走得更从容淡静。

《骆驼祥子》读后感

◎孙俊杰家长
指导教师:管霞

看完《骆驼祥子》,仍意犹未尽。

20世纪20年代末,北平,战乱,压迫,金钱,欲望,人力车夫……

这所有的词融合在一起就是就是两个字——祥子。像一头骆驼一样的祥子。

一个自农村来到城里的青年农民——祥子,天天省吃俭用,拼命拉着黄包车,没日没夜,只为能攒钱买一辆自己的车。

三年,在祥子的努力中一晃而过。他有了自己的车,他可以不再受车场主的气,他可以想怎么拉就怎么拉了!可是,战乱中的北平危机四伏,怎么能让痛快日子持续久了呢?正在拉车的祥子莫名其妙地就被军阀的乱兵抓了去打杂。这一切的困苦,祥子都能忍受,但最让他痛苦和愤怒的,是他这辈子唯一的寄托——用三年的心血与汗水换来的新车被抢走了。祥子历尽艰辛,逃回了北平,在"仁和车厂",压抑着满腔的悲怆和痛苦,继续拉着老板的车。千辛万苦,当他终于在一个平和善良的人家找到了一份相对稳定的拉包月车的工作后,又因为雇主被特务盯上而被反动政府的侦探以"买命"的名义榨取了他仅有的一点点积蓄,同时也丢了那份安定的工作。

伴随着一记又一记打击接踵而至的,是他依然骄傲的头。他是年轻气盛、高大健壮的祥子啊,怎么能这么轻易地被困难打倒?他不肯屈服。他要用自己的力气、自己的血、自己的汗来挣出自己和妻子虎妞的饭钱!虎妞以低价为祥子买了一辆车,可本以为又回到从前的祥子却又不得不因为虎妞的丧事而再把车卖掉。

祥子是个善良、正直但很要强、肯奋斗的人,他不愿听从高妈的话放高利贷,不想贪图场主刘四爷的 60 辆车,不愿听虎妞的话去做小买卖,因为他认为"有了自己的车就有了一切"。他所梦想的不过是以自己的劳动求得一种独立自主的生活。他不喝酒。不吸烟,没有沾染上一点恶习,可上天对这个可怜的老实人还是没有半点的怜悯。无数的打击、挫折,终于把祥子这个"铁打的"人的"铁打的"精神给碾压得粉身碎骨。他不再那么拼命地拉车,不再烟酒不沾,以前善良正直的祥子不见了,只剩下学会了的吃、喝、嫖、赌,可以为金钱出卖朋友的行尸走肉。

就像作品中写的那样:"苦人的懒是努力而落了空的自然结果,苦人的耍刺儿含有一些公理。"祥子的堕落怎么会只是祥子的错?整个社会中的乌烟瘴气使原本善良正直的祥子变了质。

老舍以自己的所见所闻,真实地描写了一个下层劳动者——人力车夫坎坷悲惨的生活,即使是 80 年之后,新生代的读者也可以从中悟出很多道理。

老舍真真实实地,用他那平白浅易的语言,不带一点修饰地写这个可怜人力车夫,而将当时中国黑暗的旧社会对劳动者的种种剥削及压迫完全地呈现在读者眼前。

书中的祥子纵然善良正直,却一次次被现实打击,在腐化肮脏的社会之下,就像是丝毫不能容下这种还有赤子之心的人的存在,空留下一片绝望和彷徨。

好在,那段黑暗的日子已成过往,生活在新时代的我们,更应当珍惜今天的幸福。

在读书中快乐成长

◎宋文琳家长

指导教师:管霞

莎士比亚说过:"生活里没有书籍,就好像没有阳光;智慧里没有书籍,就好像鸟儿没有翅膀。"我们这个家庭是一个伴着浓浓书香的快乐之家,我们崇尚快乐读书。我们的宗旨是"在读书中感悟人生,在读书中学会思考,在读书中快乐成长"。阅读可以启发孩子们对这个世界有更多的认识和理解,使他们在阅读中不断地培养情商、智商和树立高尚的道德情操,因此阅读是家庭教育中非常有益的方式。而亲子共读,是一种美丽的休闲。孩子的成长其实也是在写一本书,多一点心思,多一点投入,这本书就可以写得更好。

书是人类进步的阶梯,书是我们最真挚的朋友。培养孩子良好的读书习惯,让孩子体会读书的乐趣,和孩子一同读书、一同学习、一同享受书中主人公的喜怒与哀乐，也是我们为人父母的一种乐趣吧。

自从和孩子一起读书，孩子的阅读能力和对词语的运用能力很明显地比以前提高了。然而，书的种类很多，有童话、寓言、名人传记、科学知识介绍、武侠小说、爱情故事……真可谓五花八门，如果家长不注意指导孩子读什么书，孩子带有很大的盲目性，从兴趣出发随便抄起一本书就翻看，那么就不会起到像高尔基所说的，"书籍是人类进步的阶梯"的作用。所以孩子上了高中以后，我们认为孩子已经具备了一定的自我阅读能力，应该给她推荐一些更有深层意义的书。

那么，给孩子什么书呢？要读就读最有营养的、最经典的书。于是，我们选择了鲁迅的作品让孩子阅读。鲁迅先生的作品有很多独到的地方，比较适合这个时期的孩子阅读。首先，鲁迅先生的作品把记叙、描写、抒情和议论有机地融合为一体，充满诗情画意。例如，描写百草园的景致，绘声绘色，令人神往。其次，在对往事深情的回忆时，作者无法忘却现实，时不时插入一些"杂文笔法"（即对现实的议论），显示了鲁迅先生真实而丰富的内心世界。例如，《狗·猫·鼠》一文既有作者对童年时拥有过的一只可爱的小隐鼠的深情回忆，又有对祖母讲述的民间故事生动的记叙，同时揭示了现实中那些像极了"猫"的正人君子的真实面目。第三，鲁迅先生常摄取生活中的小细节，以小见大，写人则写出人物的神韵，写事则写出事件的本质。例如在《无常》中，从无常也有老婆和孩子的事实中，作者既写出了无常富于人情味的特点，又巧妙地讽刺了生活中那些虚伪的知识分子，入木三分。第四，鲁迅先生在批判、讽刺封建旧制度、旧道德时，多用反讽手法，表面上很冷静地叙述事件的始末，其实是反话正说，在叙述中暗含着"言在此而意在彼"的巧妙讽刺。例如在《父亲》中，对庸医的行医过程细细道来，没有正面指责与讽刺，但字里行间处处蕴含着作者激愤的批判和讽刺。第五，鲁迅先生在散文中常用对比手法。例如，《五猖会》通过作者前后心境的对比，表达了对封建社会的反感和批判；《无常》通过无常这个"鬼"和现实中的"人"的对比，深刻地刻画出现实生活中某些"人格"不如"鬼格"的人的丑恶面目；《狗·猫·鼠》中作者对小隐鼠的爱和对猫的强烈憎恨形成了鲜明的对比。

正是鲁迅先生作品的这些特点，所以让孩子多读鲁迅先生的作品才能给孩子打开一个新世界的窗户。"行万里路，读万卷书。"读书就是和智者对话，读书是心灵的旅行。我们在亲子阅读中从被动读书慢慢转变为主动读书，亲子阅读正在成为我们一家人良好的习惯。以后我们会不断改进方式方法，进一步激发孩子们读书、求索和创造的热情，使孩子们与书为友、与书为伴，在读书中健康快乐地成长。

读《弟子规》有感

◎郭畅　李俊青

指导教师：刘洪雨

《弟子规》，我以前没有认真读过，直到有一年读《弟子规》成了孩子的暑假作业，我才开始读。当时买了一本带译文的《弟子规》。有译文便于理解，理解了也就好背了，我每天和孩子背几句。

每天读一点、背几句，慢慢读出了"品味"。我常常情不自禁地感慨，这么好的东西，我以前上学的时候怎么就不学呢？这些东西不是可以作为孩子的日常行为规范吗？在以后的日子里，经常用其中的一些道理作为自己处事的参照。

"事勿忙，忙多错。"做事不要急急忙忙、慌慌张张，因为忙中容易出错；做事情不要急于求成，要稳稳当当、按部就班地进行。孩子做事现在基本上都是按自己的节奏，认认真真地去完成。比如写作业，先写什么，后写什么，都有自己的顺序。早上出门前对着记作业的本再看一遍，布置的任务是否都完成了，不仅限于记的作业，包括家长签字、交书费诸如此类的事情都检查一遍，所以孩子在上学期间几乎没让我往学校送过东西。初中假期语文和英语会布置大量的背诵作业，只要是布置的，假期开始会有个计划，哪天背多少，都会心中有数。有一年临开学前，我发现孩子在抄写古诗词很好奇，就问他不是都背过了吗，孩子说考试是要写的呀，我怕有些字不会写。经常有老师说这个孩子的自控能力好，别人影响不到她，她该干啥就干啥。

"勿畏难，勿轻略。"遇到该办的事情不要畏苦怕难而犹豫退缩，也不可以草草率率、应付了事。上了初中，知识更难了，有时候孩子学不会也会哭。哭的时候就不讨论题了，我会抱抱她，或做点别的事情分散一下注意力，等情绪好了再给她讲题。没有谁一遍就能学会，我们的目的是最终学会，不管讲几遍、想什么办法都可以。数学，孩子一直学得不错，碰到难题会多思考，我们也会经常讨论。试卷的最后一道题，往往会很难，我会根据题的难度，知道她经过思考能做出来的，就给她时间让她思考自己做，经常是过一会儿她就做出来了。她真正体会过做出难题的快乐，同时也收获了自信。英语，在刚上初中时相对较弱，后来我们分析了原因：好多孩子暑假上过辅导班，我们没上过任何辅导班；别的孩子本来就很好，多学一遍肯定更好，但是我们只要是学过的，就不会有漏洞，如果截止到期末不一定谁厉害。果然最后期末考试的成绩不出乎我们所料。在孩子成长的过程中，我觉得不要在乎一次的成绩，保持一颗向上的心更重要。

"出必面，返必告。"外出离家时，须告诉父母要到哪里去，回家后还要当面禀报父母回来了。孩子上小学时有时会约着同学出去玩,出门前我会问一下和谁一起,同时约定回家的时间。孩子说她没有手表,也不会看表。我说,妈妈负责买表,负责教会你看。然后孩子又问,那个时间是进门的时间还是往回走的时间,我说是进门的时间。从那之后,孩子每次都会准时在楼下按响门铃。孩子的时间观念有了,直到现在不管是去兴趣班还是上学,向来守时。

"冠必正,纽必结。"要注重服装仪容的整齐清洁,戴帽子要戴端正,衣服扣子要扣好。孩子从上小学起,只要是学校规定穿校服的日子,她一定穿。不管是校服还是平时的衣服,她从来都是扣好扣子、穿戴整齐,不会敞开衣服,更不可能穿露脚踝露后背等的奇装异服。

"衣贵洁,不贵华。"穿衣服须注重整洁,不必讲究昂贵、名牌、华丽。穿着应考量自己的身份及场合。和其他家长沟通时曾听到一些孩子在幼儿园时就注重名牌,非某某牌子不穿,哪怕是袜子。我们孩子包括过春节也很少要新衣服,只要能穿就不让买新的,更不会去关注是否名牌但是穿着会适合季节及场合。孩子也学会了节俭,书皮从来不会只用一个学期,学期末把书皮拆下来选一选,确实不能用的才扔掉。书包用两三年还很新。相应的,孩子在许多方面都注重节约。有一次国旗下讲话,讲的是水的重要性。孩子回家后告诉我,今天我才知道这么缺水,以后我在学校用的水杯剩下的水都要喝完,再喝家里水杯里的。她说到真的就能做到,

每个优秀的孩子之所以优秀不是无缘无故的,成功更不会是一朝一夕的,需要用好的行为规范来约束自己,修身养性,一步一个脚印地进步。回顾孩子成长的这十几年,发现好的习惯比成绩更重要;有了好的习惯,成绩不一定最好,但一定不会差。

四、重视学生的心理健康

班主任是学生的人生导师,承担着"传道、授业、解惑"的使命。其中,"解惑"不仅是解知识之惑、社会生活之惑,更重要的是解心理之惑、成长之惑。班主任的心理辅导不是"额外"工作,而是分内工作。班主任的幸福来源于调动了学生

内心的积极力量,解决了学生成长中的困惑,提高了学生的自主能力,促进了学生的心理健康和人格的健全发展。

（一）理解学生内心疼痛

打开记忆,情绪释放
——哀伤辅导

◎穆诺

情况介绍:初三男孩小泽(化名),目睹了父亲的自杀现场,马上面临中考,无法投入正常学校生活,甚至无法走进教室,只能放弃学业,每天在班主任办公室帮忙。

第一次咨询　沙盘建立安全感和咨询关系

没有安全感关系的建立,心理危机干预的效果是难以实现的。小泽走进咨询室,面带僵硬的笑容,说自己来主要是想知道:"人为什么要学习?学习真的那么重要吗?"我看到了他的阻抗,决定帮他建立起安全感和信任感,使他变得平静,这样才能使他恢复元气。我回答了他

小泽的第一次沙盘

对于学习的疑问,并表示当一个人生活里遇到特别重大变故的时候,无法投入正常生活是非常正常的现象,要给自己一段时间。我告诉他,我会及时跟老师和他母亲沟通,给他一次轻松、自由的环境。艺术治疗是最好的介入方式,我推荐了沙盘,小泽很快投入进去,做了第一个沙盘《异域》。

小泽的第二次沙盘

沙盘中都是脱离现实生活的异域故事,内容丰富,结

构复杂。从中我能够看到他对现实状态的逃避和疏离；断裂的轨道、搁浅的船只是他目前非常真实的状况，正常生活被打断，救护车等都是他求助的呼喊。在分享环节，我能够看到他的拘谨慢慢被打开。在分享中我尽量地少讲、多倾听、无条件地积极关注。我要做的就是陪伴，让他有回到母亲怀抱的感觉。他虽然没有主动谈父亲自杀的事情，但是我看到了他的接纳和适应，他答应第二天再来。

第二次咨询　主动打开回忆，情绪释放

小泽这次在原有沙盘上又进行了再创作，第二次的沙盘，仍然取名《异域》

但是这次增加了很多人的交流和日常生活情景如就餐、婚礼等，能够在沙盘潜意识区看到他与父亲情感的阻隔和矛盾，因此我打算在合适的时机对他进行一次空椅子疗法。创作的过程中，小泽非常令我意外地主动提及

小泽的第三次沙盘

了自己经历的父亲自杀事件。没有想到他会这么快向我敞开心扉，去回忆创伤性的经历，这很不容易。在表述过程中我不断引导他的情感表达。虽然他会有闯入性记忆，需要伴随个人体验、情感宣泄，不是简单地说故事。但我也充分给他可以不表达的权利，不逼迫他。小泽非常详尽地描述了整个过程。他的思路很清晰，交代事情富有逻辑，但是目光躲闪，还是有很大的情绪困扰。因此，我给予共情，尽量用语言准确表达对小泽内心体验的理解。我还尝试了解了小泽的社会支持系统，发现家庭方面，父亲自杀后母亲遭到全家族追债，四面楚歌，心力交瘁，状态堪忧；唯一亲近的爷爷老年痴呆，无法自理；学校方面，班主任倾情帮助。另外，小泽有点内向封闭，几乎没有什么好朋友，几乎可以说他没有良好的社会支持系统。

我觉得当务之急是约谈他的母亲，给予他母亲心理援助，同时指导她如何去面对接下来的生活。

第三次咨询　与母亲访谈，进行家庭治疗

这位母亲的状态令人难过，麻木，混乱，焦虑，无所适从。作为小泽现如今最亲密的社会支持，她的状态远远不能够给孩子撑起一片天。当务之急是为她母

亲王女士进行情绪疏解和家庭指导。

1. 理性情绪疗法,解决王女士的自责和抱怨情绪障碍。王女士对于丈夫的长期情绪低落没有及时提高警惕,疏忽关心,而陷入深深自责中。根据其描述,依照《抑郁量表》可以大致诊断其丈夫为中度以上抑郁症患者。我用理性情绪疗法介绍了这种疾病的特点和隐蔽性特征,让其释怀,效果不错;同时,我针对其家人追债的愤怒情绪,使用 NLP 情绪疗法做了联系,并让她回家后经常使用。

2. 建议暂时更换家庭居所,让孩子脱离创伤刺激环境。

3. 社会支持指导:现阶段孩子能够维持每天上学,保持规律生活已经难能可贵了,建议不要在现阶段催促孩子学习,让孩子自我疗愈,同时在家中表现出母亲的稳定情绪和面对未来的勇气,给孩子以情感支撑。

第四次咨询 空椅子疗法,与父亲告别

使用空椅子疗法,让小泽去向突然逝世的父亲表达,表达各种情绪,愤怒、悲伤、不舍还有爱。小泽痛哭了好久,这是非常好的一个开始。

第五次咨询 曼陀罗彩绘自由表达,让情感流动

最后一次咨询,我带领小泽做了曼陀罗心情彩绘。之前让他冥想,想想未来的生活。小泽画了他喜欢的历史主题。他说以后要做与历史有关的工作,比如老师或者学者,他会照顾好妈妈。

这次心理辅导取得了积极的效果。

走出手游的世界
——网络依赖辅导

◎穆诺

一般资料

小浩(化名),男,15 岁,最近两个月情绪低落、烦躁,

出现跟父母争夺手机玩网游的情况,不服父母管教,狂躁易怒,并在激情下出手伤人(其父亲腰部受伤)和毁坏家具。

据班主任介绍,小浩父母为人温和,素养较高,极少打骂孩子,属于民主性家庭;父亲工作驻外,一个月回家几天,小浩主要由妈妈监管。小浩成绩属于中上游,性格内向,话少,朋友不多,擅长篮球。自从初二上学期在课外补习班接触到手机游戏,他从每天按规定玩半个小时到后来越陷越深,时间增多并无法自控,不能完成作业,玩手游到午夜,第二天不能正常上学,成绩每况愈下。

他现在一回家就想问母亲要手机打游戏,注意集中于游戏上心情还好,想着

又要上学了心里就比较烦躁;到了学校之后又在想要熬一天才能回家十分懊恼,进入教室就犯困,大脑一片空白。

原因分析

1. 网游因素。

网游已经成为当事人极为重要的休闲、生活方式。网游本身的升级制度、装备制度、代币制度也容易让青少年沉迷其中,再加上当事人的自制力差,游戏霸占的时间越来越多,游戏在当事人心中的位置也越来越重要,为了有更多的游戏时间就会压缩学习时间。

2. 家庭因素。

母亲温柔细致,生活方面照顾得周到,衣食起居、上下学接送都由大人安排好了,当事人只要学习就行了。随着初二学习难度加大,小泽本身生活自理能力和自控力都比较差,母亲和父亲在孩子心中没有权威感,所以管教基本处于无效状态。加上,小泽本人社交不多,缺乏其他业余兴趣,更加容易沉迷手游。

3. 个人因素。

当事人个性内向,感受性高,自我调节能力弱。进入初二以来,高强度的学习让他心情烦闷,又没有排解途径,缺乏有效的调节能力。

心理测验结果显示:EPQ E45. 82, N 73. 51, P 42. 70, L 42. 08;气质类型为抑郁质感受性高,耐受性低;不随意的反应性低;严重内倾情绪兴奋性高而体验深。

分析评估

根据 Young 对网络依赖的界定标准,当事人的问题非常符合网络依赖这一个症状。对现实生活失去兴趣,社会活动减少,存在以上网来逃避现实生活中的问题,即使意识到问题的严重性也难以自拔,严重影响了身心健康。

咨询方案

咨询目标:在校期间,积极参加各类活动,体验校园生活的快乐,增强学习生活适应性,掌握有效的心理调节能力,完善个性,理性认识网游,增加生活的现实感;运用认知行为疗法与人本主义疗法,让其逐渐摆脱对网游的依赖。其他事宜根据当事人的情况,约定每周一次咨询,每次 40 分钟。每次咨询临近结束时,协商产生下一阶段任务目标,布置家庭作业。在本案例中,采用认知行为疗法、焦点解决短期治疗、人本主义疗法等咨询方法。

【咨询过程】

第一次面谈

插入沙盘治疗分析。

第二次面谈

1. 反馈作业情况。

早上起来晨跑,感觉蛮好的,有时会主动打篮球。当事人的执行力还是很不错的。在学校期间参加体育运动,既有利于身心丰富课余生活,又增强了校园生活的乐趣和现实感。

每周两篇心情日记已完成,通过心情日记将情绪外化,提高了对负面情绪的自我调节能力。在认知层面,当事人能够有效进行自我调整,去学校的路途中不再有抱怨情绪,而能够用享受的心态代替原有的心态。

2. 针对网游,采取认知行为疗法。

首先,在认知层面进行顿悟疗法。在白纸上画一个黑点,让当事人观察这张纸上有什么。当事人只专注于这一点,而忽略了黑点以外白的部分时。启发当事人,网游其实只是白纸中二个黑点,而不是生活的全部,在网游之外还有更多更精彩的生活。然后在操作层面,布置家庭作业,写作业时不用电脑,每半天不玩电脑。当事人自认为有 80% 的执行力。

第三、四次面谈

当事人在校作息状态好转,玩手游的欲望还是很难控制、共同协商的家庭作业无法完成(即周一到周五不用电脑和智能手机,周末根据执行情况决定玩电脑不超过 2 小时)。当事人内心一直在努力,但现在只能做到尽量让自己迟点玩;情绪有点消极,但自己会调整。

当事人浸染网游的时间非常长,网游几乎成为当事人唯一的休闲方式,许多基本的生活技能却没有掌握,比如骑自行车;父母一味限制他外出,怕他学坏,于是他成了一个典型的"宅男",没有什么朋友,没有其他的休闲方式。这些更加深了当事人对网络的依赖。针对网络依赖,一定要让当事人明白,要想达到自己期待的效果,必须有长期的心理准备,要增强生活技能,丰富自己的休闲方式,最后才可以实现学习、生活、休闲的平衡。我为其布置了家庭作业

其一,改变学习与网游的顺序,以学习为中心,以网游为奖励学习的手段。开电脑后,60 分钟处理各种事务,90 分钟做作业时间,30 分钟搜题并检查、处理难题,90 分钟网游奖励时间。

其二,半天离开电脑走进生活,掌握新的生活技能,寻找新的休闲方式。可以半天外出,比如学习骑自行车、轮滑、爬山等,步行 20 分钟到图书馆去借阅资

料等。

其三,逐渐增加离开时间,获得有效的休闲方式,实现学习、生活、休闲新的平衡。

第五、六次面谈

这一阶段主要是巩固上述辅导效果,使其掌握更加健康的休闲方式,形成良好的学习、生活习惯。他在返校过程中已经很少受到消极情绪的影响,即便有一点,也能够及时察觉并调整。周末增加了户外活动的时间,外出锻炼身体,或与朋友出去玩,或帮母亲做家务。在家里,逐渐地控制上网的时间,空闲的时候练练字,画一些自己感兴趣的画,重拾儿时的兴趣。

要除掉地里的杂草,最好的办法是什么?那就是种上庄稼。要摆脱网络依赖,最好的办法就是充实生活、有追求。当事人对绘画比较感兴趣,想报考美术专业。我帮助他明确了高中学业目标以及具体规划。当事人对自己的状态做了四个层次的区分:听好课,做好作业,有一个稳定的学习状态;周末在家多看书、画画;进一步压缩游戏的时间,将游戏作为一种调味品而不是主食;实现自己的高中梦和大学梦。

【效果评估】

当事人因每次放假结束返校带来情绪困扰而前来咨询。经过近半年的心理辅导,当事人已经很好地解决了这一困扰他已久的问题,体会到学校生活的快乐和意义。当事人有较强的自知力、反省力和一定的执行力。他渴望改变但清醒地意识到问题的复杂性和长期性,只有掌握更多基础生活技能,丰富自己的生活休闲方式,达到新的平衡,才可以真正摆脱网络依赖。

【咨询反思】

网络依赖干预的传统做法,往往采取厌恶疗法、电击疗法。那些冰冷而又残酷的方法,只是将当事人完全当作一个病人或者一个生物体来对待。人本主义认为人都有追求完美、自我实现的倾向。当小浩向我表示感谢的时候,我是这样回复他的:也应感谢你自己的努力,你拥有一颗自我完善的心。

当事人长期沉迷的 CF 游戏是一款具有战略性的、高水平的射击游戏,他在游戏中娱乐,其实也在游戏中锻炼了思维。由此看来,网游也并非一无是处,也不应当将其视为"洪水猛兽"而拒之门外。所以在咨询中,我对网游也采取较为合理的认识。咨询中,我与当事人一起面对问题,一起协商,一起提出解决方案。我们之间不是指导与被指导的关系,而是合作的关系,我们是同一战壕里的战友。或许正是这种接纳、合作、欣赏的关系,才会让当事人迅速自我成长吧。

其实，我做得到

——当众讲话焦虑辅导

◎穆诺

基本情况

　　小娴（化名），女，13岁，性格文静，成绩优异，平时在课下经常主动与同学、老师交流，在日常交谈时灵活流利、声音轻柔但口齿清晰、声线甜美。作为学习委员，需要经常在教室里下达老师的一些通知。自从初一下学期以来，小娴几乎每次都会请朋友代替她通知同学们。事后问她为何不敢自己亲自传达消息时，她说每当面对一大群人时就不敢说话了，感觉非常害怕；问其为什么会感到害怕时，她回答很害怕自己会出错使大家嘲笑自己。

　　之后通过与小娴进行深入的交流得知，在上学期一次古文背诵检查中，非常擅长语文的她，在家里能熟练背诵全文，并且在上课前还背诵了几遍，但是上课时真的被老师点名起来背诵时背到一半突然就忘词了。听到有一些同学窃窃私语，她认为他们在笑话自己，之后竟然背诵得结结巴巴，还紧张地走调了，引得很多同学大笑。

　　从那以后，每当她在一群人面前说话时，就会感到害怕，害怕别人嘲笑自己；认为自己结巴了或者说不好，别人一定就会嘲笑她，感觉自己是个失败的人。为了避免产生紧张、害怕的情绪，她总会请其他同学或者老师来帮自己通知一些事情。

　　小娴在公众面前讲话出现恐惧现象至今已经有半年多了。她也曾想过主动克服，但每次讲话时还是会很紧张、恐惧，就会结结巴巴，同学们就会笑她，这使得她越来越不敢在公众面前讲话了，尤其是面对超过20人的群体。

行为问题分析

　　小娴在面对超过20人以上的群体讲话时会出现焦虑、恐惧的感觉，其焦虑症状的主要表现为：

　　（1）一上讲台讲话时会出现脸红、心跳加速、手心出汗等现象。

　　（2）讲话时，不敢看同学们的眼睛，一看同学们的眼睛就会感到大脑一片空白。

　　（3）课堂发言时，出现说话结结巴巴的现象，有些内容会重复多遍，而且其中会掺杂很多语气词。

　　通过与小娴的深入交流发现，小娴对于自己在公众面前讲话这件事情有着不合理的认知，特征及具体内容有：

　　（1）以偏概全。如认为自己在公众面前说话结巴，就是个失败的学生。

（2）绝对化。认为自己结巴时，别人交头接耳就是在嘲笑自己。

为此，我主要采用了系统脱敏法及其他辅助方法来矫正小娴的公众讲话恐惧症。

矫正过程

1. 制定矫正目标。

通过与小娴进行多次会谈，共同商讨了本次矫正的最终目标——可以独自在讲台上宣布通知，并且在说话过程中不感觉紧张，在这一过程中语气词的出现不超过 2 次。

除此之外，还请小娴的班主任、各科任老师和同学们给予其鼓励。如在班会课上提醒同学们，当他人在台上讲话时或在课堂上回答问题时，同学们要投去积极的目光；当他人在讲话过程中出现结巴、语无伦次等现象，不可在下面议论或偷笑。当小娴回答问题后，我要求各科老师要给予正向的鼓励与表扬，树立小娴的信心。对此，同学、老师们均表示会积极的配合。与此同时，通过与小娴的班主任协作，在家长会时与小娴的母亲进行交流，为其讲清楚矫正的原理、方法等。小娴的母亲表示会予以配合。

2. 矫正实施过程。

矫正主要采用系统脱敏法，整个矫正过程分为三个阶段：肌肉放松训练的学习（第 1～4 次）；建立焦虑等级（第 5 次）；根据焦虑等级排序的结果逐步体验焦虑的情景（第 6～10 次）。在进行系统脱敏的过程中，还通过合理情绪疗法对小娴的不合理认知进行调整。矫正过程的详细内容如下。

（1）系统脱敏法。

① 学习肌肉放松训练。

系统脱敏法以肌肉放松为前提。在矫正过程的前期，采用了雅各布松的渐进性肌肉松弛法，带领小娴从每一步的肌肉紧张放松学习起，反复练习。本阶段共开展了 4 次，每次约 1 个小时。这一阶段过后，对雅各布松渐进性肌肉松弛法的指导语进行录音，将录音给小娴，让她每晚睡前进行自主练习 1 次，连续进行 1 周。在进行了 5 次肌肉放松训练之后，小娴已经基本上掌握了放松训练的方法，可以自主地对身体的各个部分的肌肉进行放松。

② 建立焦虑等级。

在矫正开始之前，我对小娴的公众讲话恐惧的问题进行了仔细了解，了解其在哪些具体情况下讲话会感到焦虑。在这一阶段中，结合之前访谈获得的信息，采用卡片法来帮助小娴建构焦虑等级，提前给小娴看一些他人设置的焦虑等级的例子,之后给小娴一些卡片,让其根据之前看过的他人焦虑等级例子,在这些卡片上写上描述关于在公众面前讲话而产生的不同程度的焦虑情绪的情景,再让小娴对这些卡片的焦虑情景由低到高进行排序。小娴共写了 6 张卡片,因此将情境焦虑等级定为 6 个等级,具体见下表。这一阶段开展了 1 次矫正,持续时间为 1 小时。

小娴的公众讲话焦虑等级

焦虑等级	刺激情境
1	老师告知需要下发一个通知
2	开始回班或往讲台上走
3	站在讲台上,看到同学们的目光开始注视自己
4	开始说话,有同学在底下说话或者窃笑
5	说到一半,不知道下一句要说什么
6	站在台上,大闹一片空白

③ 系统脱敏训练。

在小娴掌握了放松训练技巧并且制定好焦虑等级之后,按照焦虑等级由低到高开始进行系统脱敏训练。在这一阶段的矫正过程中,首先让小娴跟着安静优雅的轻音乐进入放松、宁静的状态;当其达到比较高的放松程度时引导她想象最低等级的焦虑情景;如果感到特别紧张,会请她停止想象,继续进行放松训练;当其再次达到身体放松宁静的状态时,继续想象之前的刺激情境,直到不再感觉焦虑为止,之后转入第 2 焦虑等级。然后,对最高等级的刺激情境进行脱敏。在每次系统脱敏训练结束后,会让小娴回到家中进行巩固练习。本阶段矫正共在咨询室中进行了 8 次,每次时长约 50 分钟。

(2)调整不合理认知。

针对小娴以偏概全和绝对化的认知特点,在会谈过程当中,我利用系统脱敏训练的一部分时间试图与她进行面询,进而改变其认知。通过面询,在一定程度上引发了小娴的思考,帮助她自主改变认知方式。

(3)分享技巧。

在会谈的过程中,我还会带小娴了解一些缓解上台讲话紧张的小技巧。比如当看到底下同学们的目光都投向自己且与同学们目光接触感到非常紧张时,可以看着教室后面的黑板报,把黑板报当成是自己的听众。

（4）矫正效果。

整个矫正过程我与小娴共进行了 10 次会谈,时间持续约半个月。在整个过程中,小娴都是非常积极配合的。每次会谈结束后,我都会追访小娴再次面对现实情景的焦虑状态。第 6 次系统脱敏训练之后,小娴第二天上课回答问题时和老师让其布置任务时产生的焦虑情绪,已经可以由自己通过深呼吸进行控制。

我是一座孤岛
——外地入学适应不良辅导

◎穆诺

一般资料

小婕(化名),女,13 岁,初一。性格文静敏感,神情总是忧郁。独生女,现与父母同住。家庭关系比较和睦,父母无人格障碍和其他神经症性障碍,家族无精神病史。

小婕一直生活在省内一个县级市,六年级毕业随父母工作变迁举家来到青岛,进入初中。自幼性格较内向,懂事独立。父母都是高级知识分子,对女儿的学习管得很严。入学以来,来访者一直刻苦学习,成绩中游,同学关系一般。

父母工作繁忙,关注学业情况较多。初中入学一段时间后,自感不适应新学校环境,总是闷闷不乐。上课她几乎都低着头,不敢举手,不敢看老师,不敢说话,同学在走廊上玩耍而她坐在教室里或者站在一旁观看。两个月以来,成绩明显下降,还有些焦虑。为改变这种状况,她经常独自来咨询。

精神状态:来访者衣着整齐,举止得体。意识清醒,思维正常,言行一致,但情绪焦虑易紧张。上课注意力难于集中,急躁,没有食欲。近几个星期不吃午饭,脸色暗沉。近两周睡眠质量下降。社会功能学习成绩下降,回避与老师、同学的交往,总是一个人独来独往,社会适应功能状况不佳。

心理测验:来访者做了 SAS 焦虑自评量表,测验结果焦虑水平高于正常水平。

主诉

自从转入现在初中以后,我一直开心不起来,对这里一切都很陌生,很想念老家。我觉得我是班级里的另类,因为特别阴郁,同学们会用异样的眼光看我,好像也不怎么喜欢我,所以我不太和他们讲话。其实,我心里很苦恼,至今一个好朋友都没有,很孤单。另外,让我苦恼的是自从来了这里,我的成绩下降了很多。我不敢让爸爸妈妈知道,否则他们会很失望。原本以为,只要我好好学习,就可以像以前一样获得好成绩,可是我现在的成绩只能排到班级中下等,这个比想象的糟糕很多。

　　我现在对自己越来越没信心了,听课效率也不高,上课容易走神,只要老师让我们发言,我就紧张。最近一段时间,晚上觉也睡不好,白天提不起精神,眼看马上就要期中考试了,我很担心自己的成绩。现在我好烦,压力好大,不知道该怎么办。

班主任、同学反映和心理教师的观察

　　班主任和同学反映来访者内向、害羞,平时话比较少,总是独来独往,不积极参加班级集体活动。和同学之间虽没有什么矛盾但总是很难融入群体之中。平时学习用功,同学在玩的时候,她总是坐在自己座位上看书。有几次老师叫她上课发言,她都沉默不语。

　　心理教师观察来访者亭亭玉立,正处于青春期,性格偏内向,逻辑思维正常,表达清晰,意识清楚,自知力完整。进咨询室时有些紧张,情绪低落,心事重重。在心理咨询师询问后开始叙述,说到最近状况流泪不止。对目前的人际关系与学习不满意,伴有紧张焦虑,有自卑感,希望能尽快摆脱,有强烈的求助欲望。

评估与诊断

　　1. 心理状态的评估与诊断。

　　根据综合分析收集来访者的资料,来访者是正常心理范畴内的心理困惑,可诊断为由转校引起适应不良的一般心理问题,属于可以进行心理咨询的范畴。主要存在的问题是:

　　(1)学习和环境适应不良;

　　(2)具有自卑感,情绪紧张焦虑;

　　(3)存在错误认知观念;

　　(4)学习方法不当。

　　2. 原因分析。

　　自身认知原因:自卑心理,因为本身是外地人,加之自己的内向性格,容易悲观,来到新的环境中认为同学都看不起她。

　　社会环境原因:作为外地学生,陌生城市和学习环境是引起来访者不适应的重要原因。

制定咨询目标

　　本着心理教师与来访者双方共同协商的原则,充分尊重来访者的意见,结合来访者的具体情况制定咨询目标。

具体目标与近期目标:运用合理情绪疗法和贝克的认知行为疗法,一方面,引导来访者找到自己的不合理信念,改变错误认知,克服自卑心理,形成对自我的一个适当的评价;另一方面,减轻来访者的焦虑情绪,消除由心理问题引起的躯体症状,改善其当前人际关系,保证正常的学习和生活。

最终目标和长远目标:完善来访者的个性,形成正确的自我观念,增强其自信心和社会适应能力,建立良好的人际沟通模式促进其心理健康发展,协助来访者自我成长。

咨询过程

第一阶段:咨询关系的建立和诊断阶段(第1～2次咨询)

通过摄入性会谈收集来访者资料,了解来访者的基本情况、精神状态和行为特点以及求助动机,探寻来访者的心理问题及改变意愿。

建立良好的咨询关系,咨询师通过关注、共情、理解等技术与来访者建立良好的咨询关系,形成安全、信任的咨询氛围,使其感到被尊重,被接纳。心理测验采用 SAS 焦虑自评量表,将测验结果反馈给来访者,并结合初步印象给予初步分析。

确定主要问题:由转校引起的适应不良。

与来访者商定咨询目标:根据问题关键点,商定咨询目标,制订咨询方案。

向来访者介绍合理情绪疗法,引导来访者思考自己的问题。

布置咨询作业:为帮助来访者更客观全面地认识自己,让她完成"自我分析表",做好以下调查:现在的我,理想的我,别人眼中的我。

第二阶段:实施心理帮助的咨询阶段(第3～5次咨询)

方法:合理情绪疗法,贝克的认知行为疗法。

(1)分析上次布置的作业。别人眼中的我,现在的我,理想的我。

①在父母看来,来访者是一个乖巧、懂事的孩子。

②在老师看来,她是一个内向文静的学生,学习勤奋,做事认真负责,但不愿意主动与人交流。

③在同学看来,学习用功,比较内向,有点冷漠,不爱说话,希望她以后能多点微笑,主动与同学交往。

④现在的我学习一般,孤独,不开心,没有好朋友。

⑤理想的我生活快乐,拥有朋友,学业成功。

根据作业反馈,在咨询过程中帮助来访者客观分析自我。来访者内心很渴望朋友,希望被同伴接纳、尊重与肯定;由于自身的自卑感和人际交往的缺陷,导致同学关系冷漠。

另外,来访者的自我评价偏低,缺乏自信心,因此,需要从建立自信心、消除自卑感入手。

(2)消除自卑感,建立自信心。

针对错误观念,在班内开展"发现自身优势,增强自信心"为主题的心理课帮助来访者发掘自己更多的优点,找回自信心。

(3)通过交谈,启发与引导,帮助来访者找出具有不合理信念的 ABC,并与其展开辩论,使她放弃原有的不合理信念,代之以合理信念。

① 在老家小学时我成绩很好,在这里也应该很好。

② 上课发言要是我回答错,同学们都会笑我,所以我干脆不回答。

③ 以前在小学,学习成绩是我的骄傲,来新学校之后成绩下降了,现在没有什么能给我信心与动力。

(4)探讨初中学习特点与方法。

帮助来访者分析小学与初中在学科、学习方法、人际关系等方面的变化,鼓励来访者做好角色转变,调整学习态度,养成良好的学习习惯,如:先计划后学习;先预习后听讲;先复习后做作业;先独立思考,后请教别人;先打好基础,后灵活思维。

(5)探讨如何赢得友谊,改善目前人际关系现状。

同学们的反映,同学们对来访者还是很肯定的,要让来访者意识到如果她能先跨出第一步,主动对同学们笑一笑、打一声招呼,也许情况会有变化。其实,生活就像一面镜子,你如何对待别人,别人就会如何对待你。

虽然来访者知道了自己在人际交往方面的缺陷,但不清楚该怎么做才能赢得友谊。通过同学的反馈,来访者明白了努力的方向。因此,给来访者布置如下作业要求,来访者每天完成下述内容并记录完成时的内心感受:每天主动和班里的 10 位同学笑一笑,每天主动帮助同学做一件事情,走路时尽可能和路过的同学打招呼。

一周后,来访者自述完成作业并没有想象得那么难,而且开始融入女生群体中,与同学的关系更加亲近了。来访者感到有种未曾体验过的快乐。

第三阶段结束巩固阶段(第 6 次)

(1)心理教师总结交流咨询过程,帮助来访者了解自己问题的前因后果,巩固合理信念,客观认识自己和自身学习情况。

(2)调动来访者自身的积极性来讨论今后努力的方向,并向她指出,希望她以后用合理情绪疗法不断分析学习生活中出现的不合理信念,发挥其内在潜力来调节自己的认知、情绪和行为。

咨询效果评估和总结

1. 心理教师的评估。

经过四个阶段的咨询,咨询工作进行得比较顺利,具体目标和近期目标基本实现。来访者基本消除了焦虑情绪,自卑心理有了明显缓解,同学之间关系改善,学校适应不良现象基本消失。半月后做了随访,来访者情绪稳定,学习状态与人际关系良好,能主动参加班级活动,学习成绩有所进步。

2. 来访者自我评估。

心情舒畅了许多,学习恢复了积极性,听课效率逐步提高,同学之间的关系明显改善。现在不再像以前那么悲观沮丧。参加了学校文学社活动,既锻炼了文笔,又丰富了自己的学习生活。有时候遇到一些事情,可能会有一些以前的不合理信念浮现,但是现在正在尝试利用合理信念来替代不合理信念,给自己信心与勇气,积极乐观地面对生活。

3. 心理测验结果。

为了客观评价来访者咨询效果,再次进行 SAS 焦虑自评量表的测试,结果显示,粗分为 36,标准分 45,焦虑状况已明显改善,恢复正常水平。

4. 通过案例分析,收获宝贵的经验。

(1)良好的咨询关系是咨询成功的重要条件。心理咨询不同于其他工作,它直接与人的心灵接触,无论使用哪种学派的理论和方法,都不应是冷冰冰的,而应建立在良好的咨询关系基础之上。来访者对心理教师的信任,是咨询成功的重要因素。只有建立了良好的咨询关系,形成安全、信任的咨询氛围,让来访者感到被尊重、被接纳,才有可能使他最大限度地接受心理教师的影响。可以说,良好的咨询关系是促进求助者积极改变现状、发挥潜力的动力,本身就具有心理治疗的作用。

(2)找准主要问题突破口。在来访者的叙述中,刚开始可能毫无头绪、杂乱无章,从表面上看有很多的困惑,让人无从下手。这可能是每个心理咨询工作者起初都会面临的困境,这就需要我们培养自己的观察力、分析力、判断力,具有扎实的心理咨询功底,这样才能深入剖析来访者的问题,找准方向,给予正确的引导。在本次个案中,来访者的主要问题并非是成绩下降或是同学关系不佳,最主要的根源在于外地生的自卑心理、自信心缺乏,因此,必须引导来访者从客观认识自我、挖掘自身优势开始,重建自信,同时结合合理情绪疗法和贝克的认知行为疗法帮助其剔除不合理信念,重建合理认知。

（3）善于总结,不断反思。心理咨询既是助人自助的过程,也是心理教师自我成长的过程。对于刚刚步入心理咨询行业的新手来说,总结和反思尤为重要。每次咨询过后,要记录下当时的体会,反思咨询中的失误与不足之处,并做好下次咨询准备。一次次咨询的感悟都会使人在每一次成长的机遇里不断地剖析自我、反思自我、总结自我,既总结了成功的经验,又找出了失败的原因,真正实现心理教师的成长。

（二）学会进行心灵对话

用"来访者中心疗法"巧妙开展班主任工作

◎穆诺

班主任每天与学生相处,是第一个能发现学生心理问题的人。在这种形势下,班主任完全可以运用心理知识和咨询方面的一些技巧开展学生教育工作,转变思想工作的视角,从学生的行为转向学生的内在,把教育与心理咨询技术有机结合起来,增强教育的吸引力与感染力。

"来访者中心"的意思是咨询师要在咨询过程中以来访者为中心,随时把关注点集中在来访者方面,要根据来访者关心的问题、谈话的内容、思考的方向以及进展的节奏和速度来决定咨询师本人的反应方式。

转变视角——班主任工作的心理前提

1. 把学生作为一个"全面的人"看待。

作为每天和学生在一起的班主任,首先要理解教育对象在喜怒哀乐、所思所想、个性心理等方面的差异,从具体的人及其具体的心理出发来分析问题,尊重学生的个性特点、人格、权利和不同观点,了解学生的实际困难及困扰其生活、学习等方面的实际心理问题;随时把关注点集中在学生方面,而不是以专家自居,试图通过自己的解释、建议和指导控制学生。

2. 良好的关系——产生效能的前提。

罗杰斯强调咨询师在咨询关系中是和谐的、真实的、真诚的、团结的、正直而诚实的,没有保守的偏见,并且能够在其自身体验原则上与来访者相处。咨询师的这种定位对班主任在与学生相处中如何定位自己的角色有很大的借鉴意义。在班主任工作中,给予学生真诚的关怀、鼓励和信任,让学生体会到你的真心,用爱心慢慢剥去学生身上的那层保护膜,这也就是心理咨询中常提到的共情、积极关注和真诚,而这些又被学生觉知到就会极有利于建立良好的师生关系。这种朋友式、伙伴式的师生关系能消除学生的心理障碍,释放其心理重负,同时也是教师进行正常教育及学生接受教育内容的必要前提。

班主任工作中的适度引入

1. 以学生为中心。

罗杰斯的"来访者中心"疗法,强调治疗主要是建立在求助者与咨询师间积极的伙伴关系基础上。咨询师不以权威或专家自居,而是求助者的一个有专业知识的伙伴或朋友。

班主任面对一位工作不负责的班干部,问了这样一个问题:"当初你为什么竞选班委?"

学生沉默不语。

回应1:当初你自己选择竞选班委,身为班委又不能很好履行自己的职责,其他同学会怎么看呢?

分析:这种带有批评和责备的回应只会让学生更加沉默。

回应2:我以前上学时竞选班委就是为了更好锻炼自己,不过有时候总是会和学习等其他方面有些冲突,你能说说你的想法吗?

分析:先从学生角度入手,把学生的需求放在第一位,消除学生的心理防御,然后再指导学生做出对个人与集体都有利的行为;不着急批评学生,以"退"为"进"。在学生有了良性体验的基础上,与其讨论个人与集体的关系,使二者利益达成一致,甚至在二者利益发生矛盾时使学生在良性体验的基础上心甘情愿地为集体做出牺牲。

2. 运用共情,引起共鸣。

共情即是从学生角度出发,而不是以班主任自己的参考框架去理解学生的能力。以共情的方式对学生做出反应,是尝试与学生同一思考而不是代替其思考。

一个学生说:我已经很努力去学数学,可是这次考试竟然没有达到班级平均分,我觉得自己的努力都白费了,我已经无能为力了。

回应1:一次努力不一定立竿见影,或者你努力不够,你应该继续努力,多做题,多点自信。要相信,只要努力就一定会有收获。

分析:这种回应是从班主任而不是学生的角度做出的。班主任教育的义务尽到了,学生的痛苦却没有减轻,就像是隔靴搔痒,对改善学生的不良情绪没有起到太大作用。

回应2:对于自己努力没有得到好成绩,你感到很伤心,甚至我听到后都有一点点气愤的感觉,是吗?

分析:运用共情的技术、让学生感到班主任是理解他的,这样学生很容易在班主任的帮助下排解不良情绪,重振信心。

共情中,重要的是对学生及其情感的接纳。班主任要理解学生,放下主观的态度和认识,设身处地去感受学生的内心体验,了解其所想所为的内在动机,不以自己为参考去评判学生的是非得失。因此,班主任要避免任何使学生听起来像是批评和责备的评论,对学生的不良情绪表示支持和关切,使学生感受到被理解,然后再给予学生面对问题的勇气和力量,帮助学生主动寻找解决问题的良策。

3. 价值中立原则的借鉴——无条件尊重。

价值中立的原则,要求咨询师对来访者的自述内容不加评价,而且对来访者的价值观不做任何评价,即保持完全中立。但是,班主任毕竟不同于心理咨询师,不能过分强调价值中立。因此,在班主任教育学生的过程中,可以尝试把"中立"与"引导"结合起来,倾向于先中立然后再引导。同时,价值中立并不是要班主任放弃自己的价值观和立场,而是强调班主任对学生的爱和无条件接纳与尊重。这种尊重是建立在"人对人"的基础上,以及感到学生是一个有价值的人,不论其条件、感情或行为怎样,是对学生积极关注的一种体现。这样,在与学生交流中就能很快拉近与学生的心理距离,解除学生的防范意识。一个学生违反校规晚上溜出宿舍去网吧通宵玩网络游戏。经过耐心的交流发现是他的父母刚刚离婚,原来他玩游戏只是因为心里痛苦又没办法向他人诉说,因而选择游戏作为发泄。每一个学生的外在行为都可能深藏着伤痕,作为班主任不能总关注学生的外在行为,更应该通过心理线索找到内在的动机。

和谐的关系、无条件尊重和共情有助于创造一种气氛,在其中学生可以表达自己的恐惧,并且与其体验取得密切的联系。

学会倾听,以逸待劳

尼克尔斯说,倾听是一种艺术,通过倾听,我们使用共情穿越我们之间的距离……真诚的倾听意味着悬置记忆、欲望和评价,并且,至少在一小段时间内是为另一个人而存在。

1. 大耳朵,小嘴巴。

传统的班主任教育模式是"我说,你听",常常在时机不成熟的情况下就急于教育学生、提供建议,告诉学生"你可以……你应该……"却不见成效。当学生救助时,他们更需要的是倾听,找到一个宣泄的途径。为此,班主任需要提供"大耳朵,小嘴巴",在倾听过程中以"嗯""是这样吗"等简短的语气鼓励学生继续说下去。

2. 缩小范围,及时反馈。

因为学生表达的大部分信息来自内部的参照系统,它们可能是模糊而混淆的,如"我学习时很易受别人的影响""我总觉得别人在议论我"。"别人"的范围太大了,班主任并不能确定"别人"是谁。为此,可以进一步询问学生:你能说说"别人"都有谁吗?这时学生会去思考他自己提到的"别人"有谁。班主任在与学生的谈话中不能一味让学生跑题地说,在偏题的时候设定一个范围把学生拉回来,得到自己想要的信息,为下面的谈话打下基础。

3. 学会假设、不断验证。

学生在刚开始与班主任的交流中,由于防御心理和不安全感,往往会对他们自己谈话内容有所隐瞒。这时,班主任除了要有耐心外,还需要有敏锐的洞察力。

在与学生的交流时,可以先提一个开放性的问题,如"你能和我谈谈是怎么回事吗",让学生慢慢说下去。在学生解除防卫并充分信任班主任的时候,可以慢慢把自己的疑问一个个谨慎地抛出去,了解学生的真实想法和状态。

4. 比学生慢半拍。

心理咨询中有句经典的话——贴着来访者的情和意。以此类推,班主任对学生的教育要紧紧贴着学生,反应不能比学生慢太多,也不能走到学生的前面太多,最佳的距离是比学生慢半拍,不要急于给学生提供答案。这样,既能紧紧跟着学生,也能让学生自己顿悟,看到自己的问题,找到解决的办法,

例如,学生求助失眠了怎么办、粗心了怎么办时,作为班主任首先要明确学生在什么时候开始意识到这些问题,学生在求助前自己都做出过哪些努力,关键的是学生在什么情况下不会出现此类症状;在确定究竟是什么原因导致学生出现这类问题后,慢慢与学生共同研究对策,找到最好的、最适合于他们的办法,而不是一味地给他们提供建议、提供现成的方法。学生的问题和表现可能一样,但背后却有着各种不同的原因。班主任提供的方法可能具有普遍性,但不一定适合所有的学生。在面对此类学生时,班主任就不能走得太急,应耐心等待学生甚至走在学生的后面,在学生走不动时推一把,协助学生找到解决办法。

控制情绪,变被动为主动——移情与反移情

心理咨询中的移情指的是求助者将自己过去对生活中某些重要人物的情感

或态度，投射到咨询师身上的过程；反移情包括咨询师对求助者的情感和态度，它是咨询师针对移情或麻烦自己的事物做出的真实、本色的反应。

班主任在与学生的相处中产生各种各样的情感、矛盾和冲突在所难免，正面的交锋只会两败俱伤，不仅有损班主任的尊严，更加剧了学生的抵触情绪。例如，有一个学生与班主任作对，就是因为自己一直都很乖、不会反抗，不管对方是老师还是同学，而反抗老师后觉得很舒服，觉得自己也有了自己的原则，不会再为没有满足别人的要求而感到难过。如果从心理咨询角度分析，这个学生对班主任产生了移情，把自己长久以来对别人一直顺从的愤怒投射到了班主任身上。学生表面对班主任的反抗深藏着如此大的潜意识，而这些内在的感受也只有深入学生的内心才能真正捕捉到。可见，在与学生的交流中，班主任不能被学生的负面情绪牵着走，更不能因为学生的抵触而丧失了对自己情绪的控制。此时的班主任更需要以心理咨询师的姿态接受事实，意识到自己的反移情，缓和学生与自己的对立情绪，再耐心展开询问、倾听，找到学生问题的根本，同时充分相信学生有自我发现、自我帮助、自我跨越、自我完善的能力。

青少年学生在他们的成长过程中有两个重要"他人"：一个是父母，另一个就是教师。中学生自我意识强，对外界反应敏感，情感体验丰富，情绪起伏大，独立又依赖家庭……生理与心理的变化带来了成长，也带来了困惑。作为班主任，每天与他们朝夕相处，能第一时间发现他们的问题，也是最能了解他们的人。班主任的一句话往往就能叩开一个学生的心门，如果能在他们最需要的时候给他们及时的心理疏导和点拨，引导他们如何面对这一切，帮助学生处理好成长中的"痛"，这对他们的一生都至关重要。所以，班主任对学生的思想教育完全可以借鉴心理咨询中的有关方法，把心理教育渗透到平时的思想教育之中，在尊重学生的同时引导学生向着教育指引的方向发展。

班主任如何帮助学生合理使用手机

◎穆诺

近来，许多学生来咨询怎样管好自己，不被手机干扰。这让我想起了一个故事：小A在数学课上玩手机，被老师发现了。老师提醒他两次，可是小A还是继续玩着。老师见小A不收敛，愤怒之下没收了小A的手机。下课了，小A将老师拦在教室门口索要手机，矛盾进一步激化……像这类由手机引发的问题，在学校不是少数，可以说每位教师都遇到过。

面对这类问题，有的教师没收手机然后过一段时间再还给学生，但学生依然再犯。有的教师生气、郁闷,但苦无良策,索性放任不管。有的父母恨铁不成钢、咬牙切齿,威胁,恐吓,但收效甚微。而学生自己也很苦恼,难以自拔。那么,如何帮助学生有效地管理手机呢?在此我提出几点建议。

每个人都需要知道的是手机真的很迷人,但手机并不是学生学习、生活的必需品

现在的手机功能强大,疑难解答,休闲娱乐,购物交友……没有做不到的,只有你想不到的。它就是百科全书,是电影院,是商城……面对这样一个方便、快捷、便携的"宝贝",我想没有人不动心、不着迷的,学生当然更是爱不释手。但是,手机并不是学生学习、生活的必需品。小 B 从农村到城市读书,父母为了方便与他联系,给他买了一部手机,然而父母打电话给他,经常是关机或无人接听。这样,手机作为联系的工具是否丧失了它的功能?父母希望通过手机时刻监测孩子的状况,然而电话的另一头却没有任何回应,这不得不让我们思考,手机真的是孩子学习、生活的必需品吗?小 C 说,我很想拥有一部智能手机,因为其他同学都有而我没有。小 D 说,看见同学用手机玩游戏,我也好想有个手机玩个痛快。可见,孩子想拥有手机并不是为了学习、生活,更多的是为了满足内心的需要。

学生要成为手机的主人,而不是手机的奴隶

外部的力量始终无法跟内部的力量抗衡,只要相信自己,就一定能成功。所以对于手机管理,自我控制才能真正解决问题。学生要成为手机的"主人",而不是手机的"奴隶"。

1. 确定手机使用目的、时间,加强自我控制。

小 E 说,我一回到家就想拿手机玩游戏,每次玩都玩很久,等想起要写作业时已经很晚了。父母说再这样就没收手机,可我还是控制不了自己。像小 E 这样的学生不在少数,究其根源就在于自我控制力差。

因此,学生要在每次玩手机前要确定玩手机的目的和时间,自己有一个时间设置,一旦时间到了就要立刻结束。另外,还可以用定时开关机或闹钟等功能提醒自己,协助管理手机。

2. 避免一切不必要的干扰,发挥手机的积极作用。

小 F 说,每次写作业的时候老是想看手机,特别是有信息闪动时,更控制不了内心的冲动,结果 10 分钟就可以完成的作业做了 1 个小时。小 G 说,我每次都用手机搜答案,不愿动脑思考。以前我的成绩在班上数第二,现在已经是倒数第十了,我好后悔啊!

其实,学生自己也意识到手机对他们的影响,可是苦于没有办法解决,无法抵御诱惑。因此,学生可以在做作业时尽量将自己和手机分开,如果能在两个不同房间更好,这样能降低看手机的冲动、减少手机信息的干扰。

我对本校学生进行了调查,结果显示大多数学生用手机听歌、玩游戏、看视频、聊天、看小说等,而用手机查资料、在线学习的只占极少数。这就需要我们引导学生科学合理地使用手机,用手机辅助学习,发挥手机的积极作用,如下载听力软件提升听力水平、查找课外拓展资料开阔视野、参与在线学习平台等。

3. 培养一项兴趣爱好,在无聊时用它来代替手机。

许多人之所以爱手机是因为无事可做、无聊寂寞,而手机正好给人一个消磨时间、获得快乐的机会。所以,学生可以培养自己一项兴趣爱好如阅读、绘画、舞蹈等,当百无聊赖之时就可以看书、作画、跳舞等,这样不仅能代替手机对其进行有效管理,还能增长知识、陶冶情操、提升气质……何乐而不为呢?

班主任要成为学生手机管理的执行者和引导者,重点关注"瘾君子"

H老师说:"上周,我们班上一名学生在上课时玩手机,我让他交出来,他就是不肯,惹得我火冒三丈,只能以玩手机、不服从班级管理处罚一通。然而,这个现象在我们班却是屡禁不止,不知道怎么办才好?"班主任与学生接触得最多,也最了解学生,对于手机问题应善于加以引导并坚持原则。

1. 严格执行学校规定"禁止学生在课堂上玩手机",先定规矩,以制度管理学生。

开学第一天就要明确学校规定,禁止学生在课堂上玩手机。一经发现,没收手机,全班批评并通知家长。让学生明确行为规范,一旦在教学中发现学生有上述违规现象就按规矩办。班主任必须严格执行,否则学生就会再犯。

2. 对学生进行思想教育,利用班会课深入探讨手机问题。

班会课是对学生进行思想教育的重要课堂。班主任可以在班会课中设计活动,深入探讨手机问题。例如,播放视频让学生分析视频中孩子受手机的影响有哪些,组织学生讨论手机给自己带来的烦恼,让有这方面问题的学生现身说法。这些活动有利于加强学生对手机的认识,在互动中吸收他人的经验,共同成长。

3. 对于个别成瘾学生建议其寻求心理援助。

"手机综合征"已不是什么新鲜名词,也确实有许多学生因为玩手机而影响了学习、生活。有一个学生的爸爸说:孩子以前学习很好的,回到家就写作业,为了鼓励孩子,我们给他买了手机,可自从买了手机,回家他就只知道玩游戏,成绩一直下降,我们都不知道怎么办才好。对于成瘾学生,一般的思想教育是起不到多大作用的,而需要专业的心理咨询师对其进行心理干预。所以,班主任要了解学生情况,建议手机依赖性强的学生到心理咨询室寻求心理援助。

家长要做孩子手机管理的榜样和监督者,积极开展家庭互动活动,建立良好的亲子关系

孩子对手机的迷恋最初来源于父母,许多父母用手机玩游戏、看电视,这无疑给孩子树立了个坏榜样,因此作为父母应注意以下几个方面问题。

1. 给孩子做一个好榜样,不做"低头一族"。

在家庭生活中,父母尽量少玩手机,用其他娱乐活动代替玩手机,如阅读、练字、运动等;就算玩手机,也尽量做一些能发挥手机积极作用的事情,如查资料、联系朋友、在线学习等,让自己在使用手机方面给孩子树立一个好榜样,让孩子知道手机不仅仅是用来玩的,它还有很多用途。

2. 做孩子手机管理的监督者。

孩子的自控力差,所以需要父母的监督。面对孩子的手机使用问题,与其责备孩子,不如心平气和地与孩子交流,表达对孩子手机使用情况的担忧,然后共同协商一个可行的手机管理方案并签订协议,由父母监督孩子使用手机。例如,可订如下协议。

手机管理协议

为了有效管理手机、(姓名)决定每天使用手机的时间为_____小时(_____时_____分至_____时_____分),爸爸妈妈负责监督我,如果超过时间取消第二天玩手机的资格。

父母:_____

_____年_____月_____日

孩子:_____

_____年_____月_____日

3. 开展家庭互动活动,营造和谐的家庭氛围,建立良好的亲子关系。

作为父母应多设计一些家庭互动活动,让家庭成员都参与进来,如跳棋、纸牌、家庭运动项目、旅游等。这样的互动,有利于家庭和谐、增进感情,更能促进孩子的健康成长。

总之,手机问题是一个复杂的问题。对于孩子而言,自我控制至关重要,但必要的家长、教师监督,引导孩子科学合理地使用手机也是必不可少的,这样才能帮助孩子有效地管理手机。

这样提问，你也可以做孩子的心理教练！

◎穆诺

心理小练习

请你思考以下问题并认真填写（手写答案会更有效果）。

（1）你目前需要实现一个重要的目标是什么？

（2）实现了这个目标，带给你的价值有哪些？（至少3个）

（3）实现了这个目标，你目前拥有的资源有哪些？（至少3条，5～7条更好）

（4）如果有一位你信得过的智者或者导师，他可能给你一个或两个具体的建议是什么？

（5）实现这个目标，你的内心需要跨越的是什么？

（6）经过这些思考，要实现这个目标，你可以采取的一小步行动是什么？（24～48小时之内）

（7）有谁会看到你一小步行动后的转变？这个转变是什么？

完成这几个问题，也许你已经慢慢看清了下一步该走向何方以及怎么走。找到问题解决的动力和出口。这可不是随意堆砌的几个问题，而是依据后现代咨询理论生成的小训练呦！

焦点解决短期治疗（SFBT）是后现代心理治疗的重要取向之一。"以简洁之美构建解决之道"是SFBT最具魅力的特点，把治疗的焦点集中于问题的解决策略，并积极追求治疗过程的简练性，从探求问题根源转变为如何构建解决之道。

作为班主任，或者心理辅导教师，当孩子面临困境无所适从时，你可以尝试这样问问题，也许会有不一样的沟通效果。这样，你也可以成为资深的鼓励专家，让孩子从困境中抬起头来，迈出勇敢的脚步。

刻度尺问句

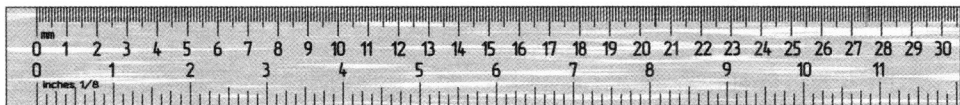

（1）用途：可以引导孩子规划理想远景，并化成具体可掌握的小步骤，在肯定和了解学生到目前为止的状况与努力的同时，还可以提供给学生一种前进的动力，思考下一步的具体行动。

（2）举例：

① 如果让你从10—>1打分，10分最满意，1分则相反，你对现状的评价是

多少分？（今天你的位置在哪里？）

② 是什么让你打出现在这个分数而不是更低？你做了哪些不同的事情？

③ 如果再前进 1 分时，你会跟现在有什么不同？

④ 你觉得需要什么才能够再进 1 分？

因应问句

（1）用途：激发孩子看到自己已经在发挥的潜力和个人能量之所在，以及走出目前困境的方法。

（2）举例：

① 我很好奇，这么困难的情况下是什么力量支撑你一直坚持下来的？

② 你采取了什么步骤，让事情没有变得更糟？

③ 在这么困难的情况下，你怎么能够做到不抛弃、不放弃？

关系问句

（1）用途：看看重要他人（家人、老师、室友、邻居、朋友）的观点参与到问题解决的架构中，丰富、修改和落实孩子的目标或解决方法。

（2）举例：

① 你的好朋友看到你这种情况会说点什么？

② 如果你最信任的老师在这里，他／她会提到你的什么表现，让他／她以你为荣？

③ 当你的同学改变了，你会有何不同？

④ 20 年后的你，看到现在的你，会对你说点什么？

例外问句

（1）用途：带领孩子去看到问题不发生、问题比较不严重的部分，开发过去成功的解决方式，使孩子有意识地注意到自己过去是如何成功的，让孩子看到问题解决的可能性。

（2）举例：

① 什么时候你没有想到这个创伤经验？那时你有什么不同？那时你在做什么？你是如何做到的？

② 你做了什么，使得问题没有变得更糟？

水晶球问句　录像带问句

（1）用途：引导孩子假想问题已经解决的愿景，鼓舞孩子拥有希望，并有未来的愿景中找到从现在可发展到未来的可能路径，以及现在就可以开始做的步骤。

（2）举例：

① 水晶球问句：如果在你面前有个水晶球可以看到未来，想象一下，当你的问题解决了，你会看到你的生活有什么不一样？

② 录像带问句：几个月后，当你的问题已经解决时，我和你一起来看一卷录像带，这圈录像带是记录你从现在到问题已经解决时的一切过程，你想，我们会看到你做了什么让事情有逐步的转变？

通过后现代的对话技术，直接针对问题给出解决方法，这对于跟孩子沟通不畅或者无效的班主任来说，是一个快速掌握辅导方法，也是进入孩子内心世界的一个捷径。

（想要深入了解本理论的班主任和老师，可以阅读我国台湾许维素老师的著作《焦点解决短期心理治疗的应用》）

班主任如何像咨询师一样倾听与表达

◎穆诺

在办公室里，老师坐在办公桌前，面前站着低着头、一句话也不说的学生。老师对着学生说"你都这么大了，怎么我跟你说的话你总是听不进去呢？不要每次都要别人提醒你，你能不能懂点事啊？自己回去好好想想！"学生撇撇嘴，应付着说："知道了。"

静静倾听学生内心的声音

显然，这样的沟通是无效的，因为教师并没有从内心出发去尊重和体谅学生，也没有掌握沟通时该有的讲话艺术。

当学生犯错误时，很多教师都习惯于像这样一味地说教与批评，却常常不能使问题从根本上得到解决。教师需要与学生进行深度沟通，尤其先要倾听学生内心的声音。只有当学生感觉到教师不是在对他们说的话、做的事进行评价，而是真正倾听他们的内心感受时，他们才会信任教师，才会敞开心扉与教师沟通。

有一位学生来办公室找班主任老师，说昨天的作业不应该得零分。这位老师正在备课，看到她就停下手头的任务，让她坐到自己身边，专心与她探讨作业得零分的原因，并倾听她认为作业不该得零分的理由和她的内心感受。面对老师真诚的态度和鼓励的眼光，这位学生开始娓娓道来……

　　这位学生正是感受到了教师对她的关注与尊重,才愿意把自己的内心感受和想法说出来。如果教师对学生说"你得了零分还有道理了,居然来找我谈判",这种态度无疑会让学生感到委屈和愤怒,沟通效果可想而知。

　　在与学生沟通时,教师不仅要发自内心地倾听学生的感受,也需要掌握一些有效的倾听技巧。一方面是言语上的倾听技巧,包括要注意对对方的关键言语进行复述,避免打断说话者,不要多说话,自觉转换听者与说者的角色等。

一位学生来找老师谈心

　　生:老师,我讨厌上学,因为大家都欺负我,我很不开心。

　　师:大家都欺负你?(重复对方的关键言语)

　　生:对啊,我跟小红借块橡皮,她都不肯借给我。

　　师:你觉得很没面子吧,还有吗?

　　生:还有啊,我跟明明一起值日,我扫地比较快,他就非说我偷懒没有扫。

　　师:嗯,他说你偷懒,让你很生气吧?(关注对方的内心感受)

　　生:是啊。还有我的作文贴在展览板上,小强就说我是抄的。其实,我没有抄。

　　师:那怎么办呢?全班同学都欺负你。

　　生:嗯……其实也不是全班同学都欺负我,还是有很多同学对我很好的。

　　师:嗯,所以这么看来,你是不是不用那么生气和难过了?(转换听者与说者的角色)

　　上述案例中,教师很好地利用了言语上的倾听技巧,通过重复对方的关键言语可以更清楚地了解事情的始末,通过关注学生的内心感受来共情和理解,通过及时转换听者与说者的角色来促使学生更深入地思考。

　　另一方面是非言语的倾听技巧,包括保持目光接触(接触的时间不宜太长),展现赞许性的点头和恰当的面部表情,避免分心的举动或手势等。

　　有个男生平常学习散漫,跟别的同学不和,是个"问题学生"。有一天他吃午饭时头疼,班主任发现他发烧了,便带他去看校医,喂他吃药。下午他感觉好多了,忙对老师表达感谢,说从来都没有人对他这么好过。班主任趁此机会与他聊天,了解他的基本情况:原来他父母离异,爸爸工作忙,没时间关心他,每次他犯错就严厉地训斥,不给他任何解释的机会。他觉得爸爸一点都不疼他,于是便把在家里无法宣泄的情绪带到学校来了,不喜欢读书,还经常跟同学打架。班主任用温暖的目光看着他,微笑着劝导他,帮助他学会站在爸爸的角度去想,多体谅爸爸的辛苦。最后老师拍着他的肩膀,带着信任的眼神对他说,希望他可以找机会跟爸爸好好谈一次心,解除他们之间的误会。之后的一段时间,他真的在认真学习、为人处事上都有了很大的进步,跟爸爸的关系也有了好转。

教师的倾听让学生内心温暖,有了倾诉的欲望,排解了压抑的情绪,由此促进了师生关系的发展。教师在聆听时用温暖的目光和信任的眼神鼓励学生,用友善的微笑让学生觉得自己被理解和接纳,拍拍学生的肩膀让他感受到鼓励,这些细微的技巧会对良好的沟通起到很大作用。

用"我"向语言表达感受

◎穆诺

有效的沟通绝不是想说什么就说什么,而是存在着一定的原则和方法。我们先来看看下面这个例子。

一位学生今天上学迟到了,班主任决定找她谈话。

师:你今天早上迟到了半个小时。(责备的语气)

生:老师,我昨天……

师:我在说今天的迟到问题,不要扯不相干的事。回去写检查,明天交给我!

这一交流过程存在什么问题呢?教师在没有了解到学生的真实想法和事件的原因与经过的情况下,就以自己的主观想法做出了判断。如果换成以下的沟通方式,效果会有什么不同呢?

师:你今天早上迟到了半个小时,这是怎么回事?

生:老师,我昨天晚上看书看得太晚了,今天早晨睡得特别死,连闹钟响了都没听见,所以迟到了。

师:哦,原来是这样。不过,上课迟到不但耽误了自己听课,也在一定程度上影响同学们专心学习,这些你知道吗?

生:我知道了,我下次一定改正。

师:那好,你回去认真想一想,写一份检查交给我,这样你就能对今天的事情有一个深刻的印象。以后注意不要再迟到了。

通过上面的对话,教师不但知道了学生迟到的原因,而且向她说明了迟到的后果以及为什么要写检查,从而帮助学生改掉迟到的毛病,这才是良好而有效的沟通。

有时,教师可以根据情况表达出自己的内心感受,让学生通过了解教师的感受而反思自己的行为,这也不失为一种良好的方法。

上课时间,某学生悄悄地说话,还传纸条。教师发现了这个问题,该生抗议说:"我做什么了?"教师没有直接指明他的错误,而是把他带到制定好的班级规则表前面。这时该生还在嘴硬，说自己什么都没做。教师温和地看着他，回应说："当我上课被打断的时候，我感到非常沮丧和疲惫。"

根据心理学家托马斯·戈登的研究，这位老师的做法体现了一种重要的沟通技能——"我"向语言（I-Message）。在处理学生的问题行为时，"我"向语言包括三个部分的内容：① 言语针对的是学生的行为而非他们的人格；② 言语描述的是行为的结果；③ 言语表达的是行为引起的感受。教师不是责备"你"，而是从教师自己的角度强调学生的不当行为客观而具体地引起了哪些问题，为什么该行为引起了这个问题，该行为对教师的伤害及教师自己心中的感受。教师这样做时要注意语气上不带责备和批评。

陈老师接了一个全校最乱的班级。刚到班级时，迎接他的果然是一阵混乱，课本满天飞，桌椅乱七八糟，学生聊天的聊天、玩牌的玩牌，看到老师进来并没有太大的反应，继续我行我素。这时候，陈老师调节了一下自己的情绪，微笑着对学生说道："我们班的同学很活泼，讨论气氛也很活跃啊，这点很不错，要继续保持呀。"学生听到这句话后，先是一愣，然后安静下来，回到自己的座位上。他们没有想到这位老师竟然没有对他们的行为发火和痛骂。等大家都安静下来，陈老师又说道："书都被扔到地上了，我看了很失望，也很难过。课本是不应该被扔在地上的，我们要学会爱惜书本。"然后他沉默了。过了一会儿，学生自觉地把书捡起来，并向老师承认了错误。

该老师委婉地说出自己对学生犯下的错误表示出失望和难过，避免用怒骂的话语对学生产生直接性的伤害，从自我的角度跟学生交流此时此刻的内心真实感受，让学生感到自己是被尊重的。接下来的沉默起到了一种提醒的作用，让学生有时间去思考和改正自己的缺点。

"我"向语言强调的就是这样的方式，这种方式对处理师生关系有很大帮助。例如，有学生在课堂上说话，教师可以这样说："如果大家都在课上说话，我会感到很不安和担心，因为完成今天的学习任务会很困难，大家也学不到知识。"这样，学生就可以理解教师所表达的言语信息的前因后果，明白教师针对的是学生当前的行为及结果，而不会顺带其他事情。

沟通是心与心的交流。当教师掌握了沟通技巧，有效运用倾听和表达构建起与学生交流的桥梁时，互动就是良性的、有效的。

幸福班主任的成长

一、有一种幸福叫作读书

读书是一种幸福。古人云:"书卷多情似故人,晨昏忧乐每相亲。眼前直下三千字,胸次全无一点尘。"读书人是幸福人,因为他除了拥有现实的世界之外,还拥有另一个更为浩瀚也更为丰富的世界。现实的世界是人人都有的,而后一个世界却为读书人所独有。梅子涵曾说过:"一个希望优秀的人,是应该亲近文学的。"一个人一旦与书本结缘,注定就会与幸福结缘,一步一步迈向人世间最美好的境界,不为"黄金屋",不为"颜如玉",只为"腹有诗书气自华",只为做一个幸福的人儿。

教师是知识的传播者,自己首先该是"读者",除了"教材"和"教参"两本书,我们的天地是多么广阔,"读史使人明智,读诗使人灵秀,数学使人周密,物理使人深刻,伦理使人庄重,逻辑与修辞使人善辩……"在知识的海洋里不断充盈,正如苏霍姆林斯基所说,"教师获得教育素养的主要途径就是读书、读书、再读书"。

阅读的好处无须赘述,书香生活的营造无疑让孩子成长得更好。作为教育者,最好的教育莫过于感染,最好的管理莫过于示范。让学生读书,首先教师要读书,正如梅贻琦先生所言,"学校犹水也,师生犹鱼也,其行动犹游泳也,大鱼前导,小鱼尾随,是从游也,从游既久,其濡染观摩之效,自不求而至,不为而成"。当琅琅读书声回荡校园,当卷卷文字抚于指尖,我们,便收获了那稳稳的幸福。

《给教师的建议》读后感

◎王连峰

"一切的写作,都是写自己;一切的阅读,都是读自己。"《给教师的建议》带给我的,是高山仰止的惊叹,是为我指点迷津、排解烦恼后的豁然开朗。这本书如一盏明灯,字里行间都涌动着作者对教育事业的热爱、忠诚与执着。这些都感染着我、激励着我,为我指引了方向,更引起了我对走过的路的深深思索。

从踏上讲台那天起,到如今已经六年了。六年的时间中,有探索与发现的兴奋,有付出却没有效果的困惑,有与学生互相理解的欣慰,更有时时感觉思维的"枯竭"和抱怨教育无奈的浮躁心理的泛滥。诸多的感受、诸多的思索,却如一团乱麻,总也理不出个头绪,或只是零零碎碎的片段不成系统。而《给老师的建议》这本书,给了我更多的启示,让我把以前的思索重新梳理了一下,感触良多。

"为有源头活水来。"有了活水,才能消除浮躁、懈怠与疲惫,带来更多的善意、真诚以及生命的灵气。那么,教师的活水从何处得来?苏霍姆林斯基,这位具有30多年教育实践经验的教育家,给了我们更多的建议。

1. 爱学生,是教育的基础,也是教育源源不断的动力。

苏霍姆林斯基说:"热爱儿童,还不是在任何学校里,从任何的书本中所能学到的。这种能力是在人参加社会生活,与别人发生相互关系的过程中发展起来的。"只有你自己依恋孩子们,离开他们就感到无法生活,只有在跟他们的接触中你才能找到幸福和欢乐的时候,孩子们才会依恋你。从中我深刻感受到,作为一个教育者,首要做到的一点就是热爱学生。如果没有了对学生的热爱,那么工作就只能是例行公事,干涩而没有人情味和生机。没有爱,就没有深入的交流,就不能感动自己,也更不能感动学生,更谈不上会在教与学的碰撞中产生智慧的火花,从中体会到教学的快乐。

2. 教师要提高自己的教育素养,就是要读书、读书、再读书。

苏霍姆林斯基在书中写道:"每天不间断地读书,跟书籍结下终生的友谊。"潺潺小溪,每日不断注入思想的大河。读书不是为了应付明天的课,而是出自内心的需要和对知识的渴求。如果你想有更多的空闲时间,不至于把备课变成单调乏味地死抠教科书,那你就要读学术著作。他告诫我们要把读书当作第一精神需要,当作饥饿者的食物。要有读书的兴趣,要喜欢博览群书,要能在书本面前坐下来,深入地思考。确实,我们教师教给学生的那点基础知识,只是沧海一粟,教师要想提高自己的教育水平,在教学时游刃有余,这就需要持之以恒地读书,不断扩充我们的知识储备,使自己的知识海洋变得越来越宽广。

学生会给我们鲜活、生动的灵感。

3. 用他山之石,焕发玉之新颜。

"三人行,必有我师焉。"怎样从"三人"中学习他们的经验?苏霍姆林斯基在这条建议里为新教师提出了几点经验,这些经验同样值得我这个工作了20年的"老"教师借鉴。怎么确定该向哪位老教师学习?苏霍姆林斯基的方法实在出乎我的意料,却又在情理之中,那就是"看学生的练习本"。原来"学生的练习本"是"全部教育工作的一面镜子"。幸好平时我改作业还算认真,但以后更得加倍认真了。明确了学习对象后,就要走进他们的课堂去听课。因为一个班能取得良好的教学效果,一定和教师的课堂教学有关。从课堂上可以了解到学生的学习状态,从学生的表现思考教师是如何引导的,再和自己的课堂教学进行对比,想想他取得成功取决于哪些因素。这里我们要注意的是,切不可照搬别人的经验,不能把名师的经验当作"放之四海"的标准,我们要学的应该是优秀教师的教育理念。这样,你就不会为自己明明按照名师课堂实录上课却达不到人家的课堂效果而惶惑了。在学习别人的经验的同时,我们就会越加认识到自己的不足,这种认识必将推动我们自我教育、自我完善。到那时,你也许就会形成自己的教育思想了。其实,不光是老教师的经验值得学习,年轻教师一样有许多东西值得学习。

4. 许多课(甚至是多年教龄的老师的课)的重大缺点之一,就是不善于明确地提出课的目的。

漫无目的的课白白地浪费了时间,增加了学生的疲劳,使他们养成了一种松松垮垮的习惯,形成一种不良的道德品质——懒惰。

关于一节课的教学目的是否达到,教师必然树立一个观点,即全面的观点。比如,在数学课上,其主要目的在于:让每一个学生都学会从事独立的脑力劳动,并能取得成功。要注意,在这里,苏霍姆林斯基特别强调"要让每一位学生"都能达到他智力所能达到的要求,而不是个别的"好"学生。

很多教师都感到,同一节课,无论教过几届学生,无论在课前如何积极地准备一节课,在课上总有你想不到的"意外"发生。因为我们面对的是不同的学生。若想让一节课鲜活生动,那么针对学生的情况而确定课的目的就尤为重要。还记得全国特级教师陈仲梁先生曾说过,最好的教育就是适合学生水平的教育。

书中给我们提供了百条"建议",这些建议都值得我们静下心来细细品味,从中得到启迪和教育,让自己的思想与灵性飞舞,使自己的教育品质得以有效提升。

读李镇西老师《做最好的班主任》有感

◎王连峰

最近读了李镇西老师的《做最好的班主任》一书。这是李老师近 30 年班主任工作经验和教育智慧的精华,书中全方位地诠释了如何做最好的班主任。

李镇西老师说,班主任只有拥有"三心",才能成为"三家"。这里的"三心"是指童心、爱心、责任心,"三家"是指专家、思想家、心理学家。这句话既点醒了我,也指明了我在专业发展方面的努力方向。

三心

1. 拥有一颗童心。

做最好的班主任,应该和学生保持共同的爱好,用儿童的眼睛去观察,用儿童的耳朵去倾听,用儿童的兴趣去探寻,用儿童的情感去热爱。拥着一颗童心,才能拉近与学生的距离,走进学生内心,真正了解学生心里所渴望的,解决他们的所需所想,教育才会更加有效。

2. 拥有一颗爱心。

做最好的班主任,师生之间要有互相依恋感。苏霍姆林斯基说过,最好的老师,教育修养中起决定性作用的一种品质那就是对孩子的依恋之情。出于对孩子的爱,每个教师都能找到自己现阶段应该做好哪些事情。我们不是常说,对孩子的爱可以使一个教师聪明起来吗?爱愈深,激发的创造能力愈强。我们要拥有一颗爱心,做最聪明、最好的老师。

3. 拥有一颗责任心。

做最好的班主任,要关注孩子的成长,努力培养现代公民。今日的学生,就是将来的公民。我们肩上的担子着实不轻啊。是爱的力量创造了这个世界的美好,需要将来的公民带着爱、带着责任心走向社会。为此,我们应该通过多渠道加强学生的德育教育,发挥课堂德育作用,强化德育实践。在实践中,学生的体验深刻,收到的德育功效愈强。所以我们不要认为德育活动可有可无,很随意地对待,而应有计划地安排德育内容,一步步加深学生的思想道德认识。

三家

1. 最好的班主任,要努力做一个专家,有着专业造诣,课堂教学很棒。

我们应该常常问问自己,我拿什么来吸引我的学生?做最好的教师应努力让自己的课堂焕发魅力,那魅力源于知识本身的科学性,那魅力源于教师的人格品质。学生反映,最受学生欢迎的老师是知识渊博的、幽默的老师。所以我们教师应该和书为伴,不断提升自己,勤写教育教学日记,每一次备课都把自己当作学生来看待,多想想教师讲的是不是学生想的、学生想的教师有没有想到。

2. 最好的班主任,应努力做一个思想家,做一个反思型的教师。

班主任应在反思中不断地发现问题,不断地解决问题,不断地提高自己的教育教学能力。教师不是单纯的教书匠,不能单单局限于书本,着眼于知识的传输。做一个研究型的教师,应勤反思,多撰写教育教学论文心得,进行课题研究,更好地促进自身教学能力的提高。

3. 做最好的班主任,应努力做一个心理学家,用心灵赢得心灵。

真正有效的教育应该是针对学生个性的教育,这必然要求教师具备发现、发挥、发展学生独特个性的技巧和艺术。教育是心心相印的互动,教师应真正关注学生的心理,让学生向你敞开心扉。

要想当好班主任,在拥有"三心"的同时还要成为"三家"。因此,要成为一个"走心"的班主任,我们就要让自己具有儿童般的情感、兴趣、思维和儿童般的纯真。

用李老师的话说,如果你拥有"三心"、是"三家",你便会成为最好的班主任。

书看完了,李老师对班主任工作的那份执着,对爱的那份坚持让人感动。他把教育事业当成自己的事业,把带给学生一生的幸福当成一生的追求。他对学生付出的是满腔的爱心。在读李老师的书的过程中,我还有一个深刻的感受,那就是李老师对于苏霍姆林斯基的教育名言简直是如数家珍,对陶行知等老一辈教育家的教育理论那也是随手拈来。我想,李老师之所以能在自己的文章中这样自如地引经据典、娓娓道来,正是他长期阅读、积累的结果。

我要学李老师,寻找做班主任的幸福感,科学民主地管理班级,努力走进学生的心灵。希望有一天,我也可以说:班主任,让我的生活如此精彩!

读魏书生《班主任工作漫谈》有感

◎王琳

本学期读了魏书生老师的《班主任工作漫谈》。他说:"许多事情是没办法选择的,但你可以选择态度。做班主任不能选择学生,什么学生进来,你都得接受,但只要我们尽心尽力,问心无愧,积极面对学生的实际状况,总有一天,学生会提高、会进步的。"书中"尊人者,人尊之""能受委屈的人才是强者""坚持道德长跑——写日记""每天点燃一盏思想的明灯"……这些内容也给了我很多启示,教书先育人,育人先做人。他的教改,他的思想,他的班级管理,他的一切,都是真真切切地从学生怎样做人开始的,教会了学生怎样做人,很多问题也就迎刃而解了。

感受最深的是民主科学的管理思想

魏老师经常说这样一句话:"凡是学生能干的事,班干部不要干;凡是班干部能干的事,班长不要干;凡是班长能干的事,班主任不干。"魏老师的这句话,体现了他民主、科学的管理思想。他认为,民主管理提高了学生对管理的认识,最大限度地调动了学生参与管理的积极性,解决了学生服从管理、投入管理的问题。

在做出每一项决定时,魏老师总是要和学生"商量商量",最后要大家举手表决后才予以实施。这"商量"就是发扬教育民主,就是要每位学生都积极参与到学习决策、班级管理决策中来。民主的"商量",是魏老师教育激励的重要表现。其实,我个人认为这种教育激励体现了民主更多的是让班级每个学生参与班级管理,做班级管理的主人,我想,即使你是个外行也会开动你的大脑努力地去思考,去想办法。学生更是这样,他们需要我们的认可,需要我们的尊重,需要我们把他们放在心上,所以班级的事情应尽量让学生去完成。而这一点是我在做班主任工作时比较欠缺的。我常常努力把很多事情做好做完,自己很累,班级也没管理好。在科学的、民主的管理下,会呈现有人管卫生、有人管做操、有人管字词默写的局面,有多少事情就有多少学生来管,各管一项,负责到底。这样,就形成了由班主任、班级干部、学生组成的三级管理网络,人人参与管理,同时便于人人接受管理。书中所描绘的大扫除 15 分钟完成、20 分钟内全班调动完座位、班规班法的制定等具体实例都给我留下了深刻印象,也启发我不断思考、不断琢磨处理各种班务的方法。

对待"后进生"的问题

魏老师在书中说,做老师的不要轻易发火,更不能讽刺、挖苦学生。说不定"后进生"将来比你眼中的"优秀生"还有出息。苏霍姆林斯基也曾感叹:"从我手里经过的学生成千上万,奇怪的是,留给我印象最深的并不是无可挑剔的模范生,而是别具特点、与众不同的孩子。"教育的这种反差告诉我们,对"后进生"这样一个"与众不同"的特殊群体,教育者必须正确认识他们、研究他们,将师爱洒向他们。作为班主任,对于这些特殊学生,首先是亲近他们、尊重他们,在学习上耐心引导,生活中热心关怀,经常同他们交谈,了解思想状况,抓住时机,尽量做到多表扬、多鼓励,多给他们改错的机会,树立他们的自信心,使他们在快乐中成长、在快乐中学习。对每一位学生要做到公平、公正,严格要求,不歧视,不挖苦,耐心教育、耐心指导。为了使学生能在校得到健康的成长,学校把每班学生与所在班级的班主任和任课老师捆绑管理,学生表现的好坏,与班主任和任课老师有直接关系。教师只有用心去教育学生,去关爱自己的学生,才能保证学生的心理向健康方向发展,才能向教育的最终目标发展。

在魏书生老师的世界里,教育也是享受。他深厚的文化素养和深邃的哲学气质,让人仰慕。从中,我也学到了一些值得借鉴的做法。当然,在感慨的同时,有些地方让我与实际的情况联系起来产生了不少困惑和思考,但给我更多的是心灵的净化和启迪。

读《教育的真谛》心得体会

◎王琳

　　教育的真谛是什么?我带着这个问题,想从名师和专家的教育论著中找到答案。从《教育的真谛》一文中,我找到了答案:爱就是教育的真谛。

　　陶行知先生认为,教育的核心是爱学生。热爱学生是师德中最为重要的一点。"捧着一颗心来,不带半根草去。"的确,作为一名教师,如果不能做到爱学生,那么和工厂里加工零件的工人有什么区别呢?但是,怎么样做才是真正地爱学生呢?是拼命地给他灌注知识,使他考个好分数?是在他犯错时死命地批评,使他下次不敢再犯错?陶行知的一个案例给了我很好的启示。说的是陶行知在山区教学的时候,有个孩子去偷了农民地里的番薯,其他学生把这个事情报告给了陶行知。陶行知把学生叫进了办公室……老师们,试想一下,如果你是老师,你会怎么处理?我也问了我自己,我的答案是,做错了事情肯定得先批评,态度尽量婉和一点,看学生的态度而定:如果学生认错了,那么叫他保证下次不再犯就可以了;如果学生态度不好,那可要严厉批评了。陶行知先生的做法是先向学生道歉了。看到这里,我很惊讶!道歉的原因竟然是说:"我把你们招到学校里来,竟然让你们饿肚子,使得你要去挖番薯充饥,我对不起你啊!向你道歉!"那是怎样的胸怀啊?他从头到尾都没有出现一个"偷",他把教育工作做到了学生的心里,学生再也没有去偷番薯了。这才是真正的思想教育啊!学生心服、口服!这才是全心全意、真心真意、一心一意地爱学生,为学生着想啊!

　　陶行知说:"千教万教,教人求真;千学万学,学做真人。"教育的根本目的是为了让我们的教育培养出"真人"。陶行知围绕做人之"真",提出了一系列具体的观点。从总的方面来说,就是"求真知说真话,追求真理做真人",而具体地说,"真"又体现在——做有人格的人:真知,不求假知;要说真话,不说假话;要做真君子,不做假君子做创造之人。陶行知教育学生言行的标准,应该是我们当今整个社会的共同追求。如今在我们的社会上,为了自己能得到眼前的利益,有多少人昧着良心说假话、做亏心事、欺上瞒下。我想,我们每一个人若都能做到陶老先生要求的这些,那我们的社会一定是一个和谐、进步的社会。

　　师爱,是教师之灵魂。这种爱要求的是一种崇高的爱,即"一日为师,终身为父"。俗话说:"爱自己的孩子是人,爱别人的孩子是神。"教师就是那一个"爱别人孩子"的神。一个没有爱心的教师,也就不能称得上是一位合格的教育工作者。但是,这种爱又不能完全等同于父母的爱:我们不能把孩子抱在怀里,而是要把学生装在心里,对他们倾注着全部的心血,关注着学生的身心健康;生病时嘘寒问暖,困惑时答疑解惑,颓丧时鼓舞激励,迷茫时指点方向……

我们要用自己的爱心去唤醒学生,教会学生去爱父母、爱老师、爱同学、爱社会;我们要用我们的言行感召学生,影响学生去爱学习、爱劳动、爱助人、爱创新。这样,我们的价值就能得以最大限度地体现,我们也就可以无悔自己的选择了。

由此反思自己,有时自己工作很忙的时候,有学生来告状的时候,通常是对被告者一顿狠批,也不问清前因后顾。有时学生成绩考得不理想的时候,会一个电话打给家长。现在回想起来,那时的我一点都没有站在学生的立场上想问题啊!如果换位思考一下,我是学生,老师也不问原因,就把我狠批一顿,我能心服吗?就算是我的错,也该给我一个解释的机会啊!如果我考试成绩不好,老师告家长,回家肯定是一顿骂或打,对于这样的老师,我能喜欢吗?学习陶行知的教育思想之后,我就能这样去想一想了,不再鲁莽行事。这提醒我以后做事情之前要多为学生着想一点,有时换位思考一下,这样可能就不会那么生气了。面对现实,我试着真心实意地去帮学生一把,不管这一把有没有用。

"捧着一颗心来,不带半根草去。"陶行知先生以这种赤子之心致力于中国教育事业的发展,奉献其终生。选择了教育,就选择了奉献。教师的工作是单调的、辛苦的,更是默默无闻的。既然选择了,我们就应该无任何怨言,就应该肩负起这份责任,用一种大爱精神将内心深处的善传递下去。我们要做一个有思想的人,用自己的思想去唤醒另一种思想。正如马克思所说,"教育绝非单纯的文化传递,教育之为教育,正是在于它是一种人格心灵的唤醒"。

作为新时代的教师,更需要学习陶行知的师爱精神,以自己独特的人格魅力感染学生,努力将每一名学生培养成优秀的人才和有创新精神与创造能力的一代新人。

读《安的种子》有感

◎管霞

绘 市

同事曾经推荐了一本看起来不甚起眼的书《安的种子》。

本来,我是不屑看绘本的,而读完这本薄薄的《安的种子》,我的心却久久不能平静。它颇有深意,颇有禅意。这是一本儿童绘本,然而我却感觉它是写给大人的,写给当代中国家长的。

只是不知道我们是否真的能读懂其中的深意和禅意。

故事很简单。

冬天,寺院的老师父分给三个小和尚本、静、安每人一颗古老的莲花种子:"这是几千年前的莲花种子,非常珍贵,你们去把它种出来吧。"

拿到种子后……

我要第一个种出来!本想。

怎样才能种出来呢?静想。

我有一颗种子了。安想。

那是凛冽的冬天,而本,第一个把种子种下去了;静忙着查资料,为种子准备最珍贵的花盆。可想而知,本的种子没有生长;静的种子发芽了,但是夭折了。在同伴已经起跑的时候,安每天安静地做着该做的事情:打扫、煮斋饭、去集市买东西……

春天来了。在池塘的一角,安将放了一冬的种子种下去。不久,种子发芽了。在温暖的阳光下,古老的千年莲花轻轻地盛开了。

安与静

安的种子,也像我们自己的种子啊。假若孩子的生命就是那颗珍贵的种子,它已经紧握在我们家长的手中,就要看我们有没有足够的智慧和耐心培育它发芽开花,带来人生的喜悦与丰饶了。

只不过,太多的时候,我们都太像静和本了。"我要第一个种出来。""怎样才能种出来呢?"家长们思考的都是如何不让孩子输在起跑线上,教育孩子做什么事就要做到最好,教育孩子怎样在竞争中取胜、怎样可以多背几个单词、怎样可以从小全面发展。在家长忙着给孩子报各种班、忙着打听哪所学校好、忙着买学区房、忙着"教育"孩子的时候,恰恰忽略了生命的本质和规律。

记得上学前,有一次我陪自家的孩子上钢琴课,琴行老师和孩子们一起聊天,让小朋友们讲故事。很多孩子只能够说出几句话,然而令我大吃一惊的是,我家孩子平日不言不语地却能完整地复述出《豌豆公主》《拇指姑娘》的大部分内容。有个妈妈看到自己孩子的差距,很担心孩子上小学不适应,着急地问我该怎么办。我说:"就是每天陪她读书啦!"那个妈妈回答说:"读不下去,每次看完书他都无法复述,我急啊。"

是啊,急啊。我也一样。只不过我们着急的地方不同罢了。

在"别人家的孩子"同时学七八种特长的时候,因为自己孩子没有特长着急;在老师频频表扬"别人家孩子"的时候,因为在一次次长长的短信中没有发现自家孩子的名字而着急;在孩子没有按照自己的要求,在规定的时间完成相应的作业的时候着急;各种上火、催促、鞭策,恨不得替她完成……

这不就是书里的本和静吗?

在同伴忙着开始种莲花、忙着查阅各种书籍、忙着抢先把莲花种下的时候,安只是每天静静地做该做的事情,等到春天种下种子,等到夏天莲花静静地盛开。看起来,安对于种莲花的目标好像什么努力都没有做,这是现代父母的大忌。大家总认为学点什么总比什么都不会要强;大家都认为,为了孩子一定要"做点什么"。然而,只有安,只有安,他是在等待一个时机。

他在等待春天的到来。

他只不过是顺应了自然的规律。

顺应天性

做父母的,每一天接送孩子,给孩子讲故事,陪伴孩子下楼滑冰、散步,每一个亲吻、拥抱,似乎看不到什么用处和效果。然而,大自然的规律就是这样,那个被陪伴过、充分地淋漓尽致地玩过童年的孩子,时候到了,生命自然会绽放的。

作为父母,你是否相信自己孩子的生命比千年莲花的种子还要珍贵?

你是否愿意为了她的绽放而安静地顺应自然的规律?

陪伴儿女成长,顺应孩子天性,是做父母的修行。

2015年高考语文作文题,选自林清玄的《无风絮自飞》:乡间有谚语,"丝瓜藤,肉豆须,分不清",意思是丝瓜的藤蔓与肉豆的藤须一旦纠缠在一起,是很难分开的。有个小孩想分辨两者的不同,结果把自家庭院里丝瓜、肉豆的那些纠结错综的茎叶都扯断了。父亲看了好笑,就说:"种它们是挑来吃的,不是用来分辨的呀!你只要照顾它们长大,摘下瓜和豆来吃就好了"

看到这个作文题,我庆幸自己看过《安的种子》。是啊,何必纠缠于错落的茎叶呢,静静地照顾它们就够了。

我的女儿现在已经10岁了。从牙牙学语起,我每天为她读书、陪她读书,享受每一天的幸福的亲子读书时光;就算是偶尔出差在外,我们都打电话约好了同时读书、共同分享读书的快乐。现在,她已经有了上千册的读书量,不时有文章在报纸上发表,在晨会为学校的同学们推荐读书,成了级部里有名的小"书虫"……

我们从不强迫她学什么特长。舞蹈、钢琴都是她钟爱的,不是为了考级,而是为了陶冶情操。最喜欢的,是看她嘴里唱着谱子,手指在钢琴黑白键上纷飞翩舞的自我沉浸……

女儿有些胖,我希望她能去锻炼身体。她自己订计划,每周骑自行车。在操场上,她一面抹着汗珠,一面扮鬼脸:"妈妈,胖嘟嘟的是不是也很可爱?"我粲然一笑,望着她骑自行车的圆鼓鼓身躯远去,为这份自然的自信而欣慰不已。

台湾作家林清玄说过这样一段话:"在人生里,每一个人都有其独特非凡的素质,有的香盛,有的色浓,很少很少能兼具美丽而芳香的,因此我们不必欣羡别人某些天生的素质,而要发现自我独特的风格。"

是啊,每一个孩子都是特立独行的唯一"那一个",我们怎么能要求他们像机器人一样一致呢?

我们得到过"千年莲花的种子",然后,我们日夜都在马不停蹄地追逐、希望得到多一些"珍贵"的东西呢。静下心来想一想,不知道我们有多久没去散散步了?!有多久没有抬头看看月朗星稀了?!在浮华和喧嚣中,我们有多久没有停下来听听天籁之音了?!匆匆忙碌着的人们,且看安的那份平和的心境,宛如一潭清澈平静的湖水,多么难得!

种出璀璨的莲花是一场极致的盛事。等待是一种修行,也是一种教养。享受生活的过程,享受那些平凡的琐事,享受每一个安然的等待,何尝不是好的家教?

父母也曾经是孩子,孩子终究会成长为父母。享受每一个安然的等待,何尝不是生命的智慧?

在某个盛夏的清晨,祝愿你也看到千年莲花的盛开。

帮助孩子培养作文兴趣

◎管霞

最近总是有朋友问我,如何来教自己的孩子学语文,我都会告诉她,肖复兴的《我教儿子学作文》应该是一本不错的"参考书",它不仅告诉我们怎样教育孩子,还能给我们很多关于人生的思考。

肖复兴曾经做过小学教师、中学教师、大学教师,做过文学名刊的编辑,他以自己的经验来指导自己的儿子学习作文。按照他的话来说,"我想从儿子肖铁身上做一下实验"。事实证明,他的实验成功了。该书初写是1995年,当时肖铁读初三;十年过去,现在第二版出版,肖铁已经在读博士。该书的亲验性是其他任何作文指导书难以比拟的。

如何培养写作文的兴趣,如何找到写作文的突破口和一些行之有效的具体方法,再如何帮助孩子一字一句地改好作文,是一个家长和一个老师最需要教给孩子的东西。

童年时期的阅读是人生中最为美好的状态。写作是这种阅读的延伸。

作者的这些观点,也许只是作文的一些"常识",但能实践这些常识并且坚持下来则是不容易的。谈作文和写作的书,真正能让人"悦"读的不多。《我教儿子学作文》是一本可以悦读的书,我强烈推荐。

该书的主要内容是介绍肖复兴指导儿子肖铁写作的具体方法。他从儿子年幼时开始培养其写作兴趣,随着儿子年龄的变化,指导也在不断深入。每一种指导方法,都结合儿子的一篇作文来谈。许多方法,初看起来并不陌生,但细微之后能体会到其高超的指导水平。文中令我感触最深的有以下两点。

感受比观察更重要

"我自己习作时一直重视对生活的感受。只有真实而细致的感受,才会写出真情,写出细腻而动人的情境。这是比观察比照人家习作范文学习都要重要的。可以说,这是衡量一个人是否具有写作能力的一条重要标准。因此,我常对肖铁说:'把你对这事的感受说说给我听,先不忙写!'那么,什么叫感受?这不是玄而又玄的抽象概念,而是你对人和事在具体的一刹那从心底涌出的感触和情感。历来文贵乎于情,能打动人的是真情实感。"肖复兴的一番话使我这个语文老师也豁然开朗。忽略学生的感受,学生只写自己看到的事物以及过程,文章就显得单调,甚至千篇一律。只有写出当时具体、真实的感受,才能写得真切,而且会和别人不一样。肖复兴拿大家写作指导中普遍重视的观察与习作范文和感受作比较,来突出感受在写作中极其重要的作用。

肖复兴对感受的定义为,对人和事在具体的一刹那从心底涌出的感触和情感。它易随着时间的流逝而淡忘。让学生及时记录、积累生活中的点滴感受,必然能带动学生观察及运用语言的能力的提高。

不要失去情趣

"肖铁写了一篇作文,记述一堂自然课。老师让同学们带来不同的水果、蔬菜进行实物教学,讲解根、茎、果实。课上得活泼而生动。他写得也还不错。最后一段,他写下课后大家把带来的水果吃了,弄得满屋子是香味,一直到上下节课时还飘着水果味。但是,他把这一段删掉了。他认为这段是写下课的事,不是自然课的事了,是不是多余了?

他答得不能说不对,如果从自然课来讲,的确是课后的事,但毕竟与课联系在一起的,况且水果味一直飘散到下一节课,这样看似多余的一段不是更有情趣吗?我又以齐白石的画为例,樱桃大多都画在盘子里,只有几颗画在外面盘子。这像不像主人盛樱桃是不留神掉下来几颗?你是不是觉得更真实,亲切?

我又指着三幅同题为牵牛花的画:'你看这幅牵牛花的蔓上趴着一只蚂蚱,这幅牵牛花的叶下跳着两只蟋蟀,这幅呢,牵牛花盘绕的树干上爬着一只螳螂,花上面飞着一只蜻蜓。你说说看,既然是画牵牛花嘛,齐白石还非画这么多小虫子干吗?而且每幅画上的小虫子都不一样?'

他眨眨眼睛说:'当然有了这些小虫子,牵牛花更生动了,像有蟋蟀在叶底下这幅,显得花一动不动,特别安静!有蜻蜓飞这幅,花好像随风轻轻在动,像活了一样……'

'你设想一下,如果不画这些小虫子,或者你用手把这些小虫子捂住,只剩下牵牛花,会是一种什么效果?齐白石的画好,就好在他的画有浓厚的生活气息。如果只讲究完整或突出中心,失去了生活本身的天然情趣,画就失去了味道。你说对吗?'"

读到这里,我想,自己在平时批改作文时有没有删去一些具有生活本身的天然情趣的段落呢?可能有。我常常有一种感觉,我们对学生写作的指导有时更多地束缚了学生的手脚;尤其写人的文章,中心更多的是表现人物的某种优秀品质,写的人物特点并不鲜明,甚至有些雷同;还有议论文,大部分学生缺乏自己的思考,只是简单的例子加总结。这样的文章是八股文。失去了学生自身拥有的天然纯真的情趣。我不喜欢这样的八股文,但评改作文试卷时无形的评价标准似乎更垂青于"八股",当然,也受教师自身写作水平的限制,不由自主、生拉硬拽教给学生写"八股"。

我喜欢看学生的读书笔记,在那里,我才能感受到他们是一群年轻的、活泼又有朝气的孩子。但是,为什么一到课堂作文,他们就突然"变老"了呢?也许培养他们对写作的爱好,去掉束缚他们的写作枷锁,我们的作文才能真正走入学生生活。

推荐大家阅读这本真正的好书。

亲情不朽
——读《父与子》

◎管霞

德国漫画大师埃·奥·卜劳恩给我们留下的这本漫画书,影响了一代代人。记得自己小时候就经常看到《父与子》的漫画,那些让人忍俊不禁的画面,至今想来依旧温情脉脉。而女儿姜紫凝,对于《父与子》的喜爱已经到了痴迷的地步。

我们一家人总会在一段时间之后情不自禁地再拿出来看一看,然后一起哈哈大笑一阵。

女儿与《父与子》的缘分是从 4 岁那年开始的。我们在老家东营小住,她在邻居大姐姐家看到《父与子》,一下子就喜欢并爱上这本被称为"不朽的杰作,永远的畅销书"的经典漫画。在东营住的一段时间里,我们母女俩经常把头凑在一起,共同读其中的故事,然后一起将故事拓展和演绎,然后一起笑得没有人形。

《父与子》的妙处,实在无法用三言两语来介绍,更无力用一个词语或一个标题来概括。《父与子》实在是经典中的经典,它属于永恒,也只能用"永远"来聊表。大人喜欢,孩子更喜欢。它的幽默、它的温情、它的纯真、它的父子情深在 70 年后的今天,依然散发着不衰的艺术魅力,震撼着人们的心灵,征服着全世界的读者。

女儿 5 岁那年的儿童节,我送她《父与子》的连环漫画全集,并告诉她,世界上有许多爸爸,风格不同,但是这个爸爸特别幽默、特别可爱,是一个"教训儿子之前要先帮他补好裤子"的爸爸,是个特别经典的"爸爸"。

女儿问我,什么叫经典?我郑重地说,经典就是经得起几十年、几百年乃至几千年的时间磨砺,依然是经久不衰、称之为典范的作品。女儿似懂非懂地点了点头。

这之后,女儿常常送给她的好朋友礼物,礼物之中,送的最多的就是《父与子》。女儿说,《父与子》是经典,在书里能找到家的温馨与快乐。

这本书里有一个风趣的,幽默的,舐犊情深的爸爸。比如,父亲尽极尽想象地设法逗儿子开心:儿子周末贪睡,怎么叫也叫不醒。为不耽误约定的郊游,父亲突发奇想,请人帮忙将熟睡中儿子连同睡床一起抬到汽车上,等儿子醒来,惊奇地发现自己身边的树木、花草以及围在他床边的牛羊等动物,而父亲偷偷躲在一角得意地欣赏自己导演的作品。

父亲爱儿子,可以爱到无以复加;父亲可以任意挥霍他的爱,可以借用一切机会和手段展示儿子,但父亲绝不允许别人对他儿子有一点点伤害。在《忍无可忍》中,父亲和儿子并排坐在公园的长凳上,父亲看报纸,儿子玩气球。一个夹着雪茄的地痞无端寻衅滋事,先是往父亲脸上喷吐烟雾,父亲不加理会;痞子又摘下父亲的帽子,让烟头把帽子烧出个窟窿,父亲忍了;但当痞子用烟头点爆了儿子手中的气球儿子哭了的时候,父亲就怒从胆边生,一个上勾拳,痞子就满地找牙了……《差透了的家庭作业》则画的是:儿子为作业愁眉不展;爸爸心疼,左手把儿子抱在腿上,右手替儿子写作业;作业糟透了,老师很恼火,儿子告知是爸爸替做的;老师在学生的带领下来到学生家里;老师进门后二话不说,将爸爸摁在凳子上,举起巴掌对着屁股狠狠下手……

父亲有时耍赖,下棋输给儿子了,会拿儿子屁股出气;但父亲也常被儿子戏弄而吃点苦头,这时父亲的脸上是无奈的心甘和得意……这本书讲的都只是生活中的小事,但让我们看到了感天动地的父子情。这不禁让我想起了我的爸爸。

小时候,我和妹妹总是喜欢一边一个拽着老爸的手,跟他出去遛弯、散步,跟他去逮蝈蝈、折柳条、掐鲜花,撒娇地让他买糖果……在我们的眼里面,幽默的老爸无所不能。他每次回家的时候,就会给我讲好多好玩的事情,可能很小的一件事,就被老爸诙谐的语言讲成了笑话,有时还会用唱歌的方式给我们讲,总逗得我们哈哈大笑。栩栩如生的故事情节,令我终生记忆。

父子情,父女情,拳拳之心,隽永难忘。

我的爸爸已经退休了,但是每次从东营回青岛,老爸都会亲自把我们送到站台,等我们上了车他还不走。在站台外,他看着我们的车远去,直至我们看不到他了。

父爱如山,如山般沉稳。

《父与子》首幅作品问世时,卜劳恩的儿子仅三岁,当时一家德国杂志曾刊登卜劳恩伏在地上给儿子当马骑的照片。

卜劳恩憎恨纳粹法西斯,用漫画做武器,对其进行极尽尖刻的嘲笑和讽刺,几度被限制和终止创作及发表作品。1944年3月,卜劳恩被指控"反国家言论罪"遭纳粹逮铺。在开庭前的4月6日,这一艺术巨匠、一代幽默大师自杀于牢房,时年41岁零19天。那一年,他所深爱的儿子仅有13岁。你很难想象,一个全身都是父爱的人,竟能撇下自己的心爱选择自杀。他的心中一定还有比生命更珍贵的东西,那就是朋友和家人的安全,这是更博大、更弥久深远的爱!

逝者已矣!一代代儿子成长为一代代父亲,一代代父亲又像漫画中的故事一样,让儿子在融融的父爱中成长。父爱,就像定格的漫画故事,永远地、无声地流淌在儿子们的血液里,流淌在人类生命的传承里。

亲情不朽!

《摔跤吧,爸爸》观后感

◎王连峰

周末,我们陪女儿前往电影院观看了一部电影院新上映电影《摔跤吧,爸爸》。看完这部电影,我深有感触。电影取材于印度著名摔跤手马哈维亚·辛格·珀尔的真实故事。不得不说,这是一部走进了我内心深处的电影。整部电影在叙述的过程中给我们带来了种种不同的思考,女权、父爱、励志、榜样、传奇、体育竞技、精神追求……但我更愿意用一个词来概括它:梦想。整部影片就是讲述父亲、女儿们在实现梦想过程中所经历的酸、甜、苦、辣。

《摔跤吧,爸爸》这部电影,剧情很简单,却不一般。爸爸年轻时是一个全国摔跤冠军,梦想成为国争光,站到世界冠军的领奖台上,无奈因生活所迫只能放弃梦想。可是一腔壮志未酬,心中有太多的不甘,于是他将梦想寄托在儿子身上。可是,他天生一副丈人相,连生4个闺女,令他绝望不已。直到邻居领着被揍的儿子上门告状,父亲才意识到基因的力量。于是两个如花似玉的女儿,被强制剪成短发,练体能,活生生地从女神变成了女汉子,要努力变成世界级的摔跤手。在男权社会的印度女孩子练习摔跤,引来了全村人的讥讽和嘲笑,吉塔姐妹俩也受到了同学们的冷嘲热讽。她们排除所有的困难,最终达成了爸爸的梦想。

片子从爸爸、女儿、妈妈的心理变化对剧情进行了阐述。

爸爸的心理变化

一开始是想能有个儿子来完成自己的梦想,因为在旧观念里只有儿子才能替自己拿到金牌;好在他并没有重男轻女。接下来,突然有一天发现自己女儿并不比男儿弱,甚至更强,所以他说道:"无论是男孩拿到,还是女孩拿到,金牌就是金牌!"于是,他跟妻子要了一年的时间。这一年时间,他在激发孩子的潜质,同样也在跟传统作抗争。他跟妻子讲——"我不要男人选她们,我要她们选男人。"我相信如果一年后两个孩子不能坚持,对摔跤的也没有热情,我是不会继续去逼迫的!在女儿参加同伴婚礼时,爸爸出手打了"哥哥",然后失望地走出人群时,他那时候心理是在挣扎的:是不是该放弃了?

后来女儿上了体育学院,送女儿去的路上他是开心的,因为女儿会接受更好的教育。但是到学校后,发现教练并没有那么好。在他试图去跟教练交流时,却遭到教练的看不起和当面拿女儿发威,他开始担心和害怕了,所以有了后面跟女儿的冲突。女儿在比赛中遇到瓶颈时,他鼓励、他找方法,观看映像给女儿找破绽、找战术。在校方面前,他替女儿认错,为女儿流泪说:"她们只做错了一件事,就是她们的父亲实在太疯狂。"到最后,女儿拿到金牌时,他才说出"你是我的骄傲"!很多人觉得残忍,为什么那么多年才说出这句话,但我们的父亲不正是这样吗?不善言辞,父爱如山。

阿米尔·汗把一个父亲的成长演绎得淋漓尽致。在生活中,不只是孩子在成长,父母也在跟着成长。

女儿的心理变化

女儿开始对父亲的训练十分排斥，因为爸爸的训练被嘲笑、被排斥，所以她们要抵抗。之后在参加同伴婚礼时，从同伴那里听到"他为你们遮风挡雨，抵抗全世界，默默地忍受你们闹脾气，为什么？为了让你们俩有未来…有自己的人生"，两个孩子终于明白了爸爸的用心，但是并没有爱上摔跤，只是觉得爸爸是对的。在女儿参加第一次比赛时，观众从开始的嘲笑到后来的佩服，让女儿体会到了被尊重和接受的喜悦，心里真正接受了摔跤！在她们进入体育学院时，一切都是新鲜的，思想观念、朋友圈都跟之前截然不同，同时教练的教育也开始影响了她们，所以有了跟爸爸的冲突。到最后，经历了很多比赛，她们开始找不到自我时，回归了爸爸的怀抱，从爸爸那里找到了自己想要走的路。女儿的成长代表着我们的成长，从开始接受父母的教育，到反抗父母、看不惯父母，到后来成熟了，才明白父母所做的一切都是在为我们好。

妈妈的心理变化

当听到爸爸提出让女儿进行摔跤训练时，妈妈忧心忡忡，把各个方面问题都给爸爸提出来，但当每个问题在爸爸面前都不是问题时，最后她妥协了。她坚决反对鸡肉进厨房，让女儿与他们分开吃到后面可以围在一起吃。她在慢慢接受这样的现实，她也希望自己的女儿不被传统所束缚！

从《摔跤吧，爸爸》中，我不仅看到了对传统的反抗，同时也看到了父母和孩子的共同成长。我们每个人走的路都不一样，但所经历的各种时期心理的成长大概都是一致的。父母在我们身上同样也寄予了各种的期望，我们反抗过、排斥过，同时也在成长着。

电影告诉我们：没有一个孩子不喜欢玩耍，没有一个孩子喜欢天天坐在琴凳上练琴，如果没有家长的严格要求哪来的成功。所谓的天赋和神童，那只是传说而已，再大的天赋，再神奇的神童，如果没有后天的努力，也不可能取得最后的成功。因此，要永远记住"没有人可以随随便便成功"。

影片快结束时，父女对话的场景揭示了影片的主旨。在决赛的前一晚，父亲对吉塔说，只有你取得了胜利获得了冠军，你才将作为榜样被人们永远记住，你才能通过自己改变印度所有本来注定要与锅碗瓢盆、相夫教子过一生的女孩儿的命运！这一番话，再一次触动了我内心最柔软的地方，让我热泪盈眶！一个人应用爱心、努力和热情去浇灌希望和梦想。当结尾振奋人心且欢快的音乐响起时，我还沉浸在那个真实励志的故事中不忍离场。

回家躺在床上，我没法不进行反思：

（1）成功没有捷径,快乐来自于经历拼搏而成功的喜悦。事实告诉我们,谁也不会随随便便成功。简单易得的快乐和诱惑会麻醉我们的神经,结果只会是让我们把过多的时间用于简单快乐,而不是用于厚积薄发去体会"雨后彩虹"的美丽,去体会"一览众山小"的快意。

（2）凡事都要讲方法,同时方法是有层次高低的、是有不同境界。为什么国家教练不如爸爸?因为,教练执迷不悟于"术",爸爸教的是"道"。"道"是理念,是方向,是发自心底的强大力量。在势均力敌的情况下,策略起决定作用。在敌强我弱的情况下,吉塔问爸爸采取什么策略,爸爸的答案是"让人们记住你"。于是,奇迹发生了!所以,如果有带你领略道行的贵人,珍惜吧!

（3）国家的强大靠什么?很显然,靠的不是影片里的官僚和"猪"教练,也不是那些歧视女性的村民。那么,国家的意义是什么?影片的最后告诉了我们,国家的意义是高于生老病死的价值荣光。

再次回顾电影中的片段

教练说:"不要输得太难看"。爸爸说:"你不会输!"教练说:"至少要拿块奖牌。"爸爸说:"你注定是冠军!"教练说:"你已经领先了,注意防守。"爸爸说:"忘掉领先,保持进攻!"教练说:"有些人,注定不是打国际比赛的料。"爸爸说:"你输掉的,是本该你赢的比赛。"教练说:"现在你至少可以有一块银牌了。"爸爸说:"赢下金牌,你将成为印度的榜样,永载史册!"……事实证明,激励永远比指责更有效。作为爸爸、作为教师的我又将何去何从?我要不忘初心,不辱使命,继续给孩子和学生以梦想和信念,继续前行!

专业的门外汉
——读钱理群《语文教育门外谈》有感

◎管霞

近日,读了钱理群编的《语文教育门外谈》一书,感受颇深,也在精神上得到了一次洗礼,对今后如何更好地进行语文教学,开始了更深刻的思考。

有这样一段话读来让人感慨万分,大意是有知识而无智慧,有目标而无信仰,有规范而无道德,有欲望而无理想,这样的教育可称为畸形教育。

钱理群在讲学的时候曾经和他的学生说,其他的老师给予了学生"科学的眼睛",而他则将给学生以"文学的眼睛",用这两双眼睛看世界,世界才是完美的。然而,最近在网上看到有些大学教授关于大学语文可选修的议论,心中愤然,语文可选修，而英语却是必修，岂有此理！

这使我想起了钱教授的学生孔庆东在《拯救语文》中说的"悲惨的中学生朋友，我的弟弟妹妹，你们学了12年语文，居然写不好一张字条；你们学过数百篇的课文，居然听不懂一首歌谣；你们呕心沥血背诵的'中心思想''段落大意''写作特点''标准答案'，只不过是为了应付几个小时的高考。假如你考上了中文系，大学老师第一天就会告诉你：'把你从前所学的，全部扔掉'"！

语文课应该给学生情感美的滋养，应该给学生艺术美的熏陶。语文是我们民族文化的载体，是我们立国立人的依靠。从远古的圣贤，到我们共和国的领导，都把语文问题看得十分重要。幸好，举国上下已经意识到当今语文的积弊，四面八方飞来燕山雪片般的呼号。这些声音难免有一点夸张和激愤，那是因为他们要拯救的，是世上最沉重、最豪华的"泰坦尼克号"。拯救语文，就是拯救中华文明，就是拯救炎黄子孙圣洁的心灵和智慧的大脑。

看了以上内容，我陷入了深深的思考。过去在语文课本里，尽管内容五彩纷呈，但真正能激起学生内心兴趣的恐怕为数不多。不可否认，在语文教学中，老师成了庄严的说教者和指导者，学生并没有在真正意义上成为主体，他们扮演着被灌输、被管教、被批评和被指导的角色，他们的个性特点被湮没了，这种教学方式脱离了学生的自我需要，脱离了他们内心的真实感受，脱离了他们的情感体验，他们渐渐地丧失了用语言表达真实情感的能力，有人形象地称之为"培养未来的'奴隶'和'奴才'"。

语文不仅是工具性学科，同时它还是人文性的科学。谈到语文教育之精神，钱礼群教授说道："中学语文教育落实到人文教育上时，就是给人建立一种精神底子。一个人的精神是要有一定的底子的，我个人认为这种精神底子应当是浪漫主义和理想主义的，即给人的生命的亮色……有了这么一点亮色，当他遇到沉重黑暗的东西时才不至于走向绝对和虚无。就像《红灯记》里的李玉和说的那样'有了这碗垫底的酒，什么都能对付'。"

语文教育的精神是培养学生一种永恒的信念，一种人生观和价值观的信念。有了这种信念，很多困惑便可迎刃而解。从这点上讲，语文学科扮演着重要的教育角色，然而，"奴隶"或"奴才"式的教学很难激起学生内心真正的热情，很容易让他们的学习因处于一种被动的状态而丧失了学习的兴趣。

因此，我们教师在处理教材的时候，要充分考虑到学生的年龄特点，考虑到他们的情感因素，不能将他们的思维纳入一个早已设定好的没有个人意志的模式中。我在不断感慨学生正处于青少年这个做梦的季节，不要让成人世界里的现实击碎青年时期的梦想。梦想是可贵的，是富有生命力的。别林斯基说过："年轻的时候应该追求做虚幻的东西,不能过早地把人培养成太现实的人,要敢于做梦。在成熟以后,美梦破灭,在破灭中升华,这样就可以达到永恒的精神和谐。"

没有了青春的亮丽色彩,没有了青春飞扬的个性,这样的教学方式是不足以引起学生的兴趣的。语文老师,任重而道远。

美的历程,发现的过程
——《美的历程》读后感

◎管霞

《美的历程》不是我阅读的第一部美学著作。因为曾读过朱光潜和宗白华的作品,再加上此书厚得令人望而生畏,所以一直没有拜读。

今年寒假前,看到学校推荐的书目里有熟悉的学者李泽厚先生的这本书,而其他都是国外人士的书,所以我就义无反顾地选择了这本大部头。书还没有看完,可是他却教给我审美的最重要两个字:发现。现在梳理一下思路,和大家一起分享我的"发现"。

文质兼美的《美的历程》

我们常说,书要有卖点。小说要在情节上绞尽脑汁,散文要在语言上狠下功夫,社科类图书还得看作者的人气。可是要评价一本书的好坏,绝不仅仅看它的销售量,或者是不是有"卖点",我觉得很大程度上要看此书能否经得住时间的考验——所谓经典,就是经过历史选择出来的"最有价值的",最能表现本行业的精髓的作品。

《美的历程》是 20 世纪 80 年代出版的书,到现在仍是大学里的中文、哲学方面的必修专业书,虽然一些文段读来比较深奥、艰涩,但一旦读进去,你就欲罢不能了——从内容到语言的精美,让人读来爱不释手。

《美的历程》全书共分十章,每一章评述一个重要时期的艺术风格或某一艺术门类的发展。但它并不是一般意义上的艺术史著作,而是以美学观把审美、艺术与整个历史进程有机地联系起来,从原始社会到明清文艺,从远古图腾的龙飞凤舞到殷周青铜狞厉的美,从先秦理论精神到楚汉的浪漫主义——从宏观到微观,从文字到作品,无一不揭示出各种社会因素对于审美和艺术的作用和影响,从而使读者得到清清楚楚的美学观念,对中国数千年的艺术、文化有了概括的美学把握。

虽然我没有全部看完,但是读到魏晋风度的主题,欣赏着莫高窟的壁画、雕塑,自然能感受到陶渊明的淡然空灵、"竹林七贤"的风流儒雅;读到唐朝的青春主题,欣赏着王维的山水意境,雄浑壮阔、逸兴遄飞的盛唐气象便扑面而来。

随着读书的进展,我越来越惊叹于祖先创造的"美"的文化,越发使我对祖先创造的文化感到无比的敬仰与崇敬;而作者赏心悦目的文字,让我品味到了语言的新鲜和清丽,让我读到了历史艺术的美之瑰丽。

比如说到"无言之美",作者说:"假如世界是完美的,人类所过的生活是神仙的生活,就是猪的生活,呆板单调至极。——这个世界之所以美满,就在有缺陷,就在有希望的机会,有想象的田地。换句话说,世界有缺陷,可能性才大。这种可能而未能的状况就是无言之美。"作者以诙谐的笔墨,蘸着饱满的感情,用一个假设句式,就使对一个枯燥概念的解释变得妙趣横生。

再有,书中写道魏晋时期的佛像雕塑时,说:"似乎肉体越摧残,心灵越丰满;身体越瘦削,精神越高妙;现实越悲惨,神像越美丽;人世越愚蠢、低劣,神的微笑便越睿智、高超……"隽永而富含哲理的句子让人看过之后,过目不忘,回味悠长。

"言之无文,行而不远。"《美的历程》就是这样一部文质兼美,能让读者身心都得到愉悦的经典美学著作。

语文老师首先是个审美者

李泽厚先生说,"一切哲学系统也都是艺术作品。——真理在离开实用而成为情趣中心时,就已经是美感的对象,——所以科学的活动也是一种艺术的活动。"在他的论述中,真、善、美是一体的,他引导读者由艺术走入人生,又将人生纳入艺术之中。所以我想,在他的理论中,语文和艺术也是融为一体的。

因为,语文教材是一座美的宫殿。

汉语是有独特魅力的艺术。一个个汉字就是一幅幅画面,一撇一捺之间,笔画端正、美观;汉字的音节有阴、阳、上、去四种声调,悦耳动听;各种形式的成语,更是祖先留给我们的最为璀璨的美的宝库;古诗文源远流长,唐诗宋词文质兼美,或骈或散,亦庄亦谐;精选的文本更有着震撼心灵的人格美,《陈情表》诉说着至爱亲情,《在马克思墓前的讲话》诠释着高山流水,《最后的常春藤叶》则通过娓娓动听的倾诉赞美了老画匠贝尔曼崇高的精神品格——所以,语文教师是美的使者。

语文教师如果缺少审美能力,备课就不能发掘课文的美,讲课就传达不出美,就不能以美启真、以美怡情、以美育人,而必然会严重损伤语文课特有的美的价值。

因此，语文教师必须是个审美者。

首先，传递情感美、精神美。

李泽厚说："审美情感是人特有的本性。"语文教师只有具备了丰富的审美情感，才能欣赏到文章中春的妩媚、夏的艳丽、秋的悲壮、冬的瑰丽，看到美的力量，认识美的本质。

情是文之根，语文教师抓准了情之根，就能将其转变成学生之意，从而引导他们体味到寻幽览胜的乐趣。无论是"味如稻粱"还是"甘若醴酪"，都应该让学生在语文课堂的时空中得到美的陶冶、美的净化，充分感受到美的味道。赞可夫在《和教师的谈话中说："教师本身先要具备这种品质——能够领会和体验生活中和艺术中的美，才能在学生身上培养出这种品质。如果照着教学法指示办事，做得冷冰冰、干巴巴的，缺乏激昂的热情，那是未必会有什么效果的。"

其次，上课给学生美的直观感受——体态美。

体态要自然大方，尤其是表情一定要适当。表情美并不是等于一味地微笑，而是要用丰富的表情去诉说一个个或悲壮或幽怨或清新或欢快的美的故事。教《我有一个梦想》表情自然慷慨悲愤，教《再别康桥》表情自然惆怅伤感，教《荷塘月色》表情自然就是信息欢悦、如行云流水。教师的表情应随着教学过程的展开而自然变化。表情不只挂在脸上，更重要的是刻在心上。

结合课文的讲析，语文老师要恰当地配以手势。比如，讲《再别康桥》"轻轻地招手，作别西天的云彩""油油的在水底招摇"这些句子好在哪里的时候，我让学生一块用手势模拟一下"招手""招摇""拂""飘"的情状，学生既兴奋又乐意投入，其理解的深度要比教师大讲特讲好得多；讲《我不是个好儿子》中母亲"三个指头一捏，往孩子嘴里一塞，再一抹"中动词用得生动贴切时，怎么个贴切法，不妨让学生用手势做一下，在师生模拟、体味的过程中，课堂会渐入佳境。

最后，做语文教师，无疑应是语言应用的典范，语言必须美起来。

语文老师生动优美的课堂语言是吸引学生的有力手段。"一个能够动听的、明晰的教学的教师，他的声音该像油一样浸入学生的心里，把知识一道带进去。"（于漪）

老师应该着力抓好导入语和高潮渲染语的精心设计。情动而辞发，披文以入情，针对教学重点的重锤敲打，能掀起学生情感的波澜，激发他们审美的意趣。当然，还应当关注课堂随机的"插入语"和"即时点评语"。记得上《故都的秋》让学生讨论京味时，学生举的例子多是长城、故宫、香山等等名胜古迹。我灵机一动说："难道到青岛感受岛城魅力一定要去栈桥和崂山吗？台东街上拎着两斤蛤蜊、买一袋子啤酒的人身上没有青岛味吗？请把眼光投入更广阔的天地。"学生会心一笑，课堂深入发展，很快把握住了讨论的实质。

所以，在语文课上，语文教师具备了多重审美鉴赏力，语文教学就多了审美情趣，既可动之以情，又可审之以真善美、贬之以假恶丑，将学生从狭窄的课堂带到丰富、绚丽的美的圣地，去感知千姿百态的美，从而使学生感到学习语文是一种美的享受。

罗丹说过，对于我们的眼睛，不是缺少美，而是缺少发现。

读《美的历程》这本书，让我有了一项项关于美的发现：美的课堂、美的教学、美的老师；再看看周围，我又有了新发现：

在我们三十九中，走在具有浓郁的墨韵书香气息的校园里，走在响起《弟子规》琅琅读书声的长廊中，这不是在潜移默化中发挥中国古典文艺的美感，诠释着大师们对艺术的谆谆追求吗？

看着校园里的名言警句，欣赏着校园里的世界名画，这不也是将培养时代风采与当代艺术紧密相连，教会我们从历史的角度审视艺术的普遍性吗？

所有这一切，不正是进行着的一项"美的历程"吗？

让爱永远传递
——读《猜猜我有多爱你》有感

◎王文婷

爱的分量有多重？没有人能测量，只有用心去体会。

爱的宽度有多大？没有人能估量，只有用心去感受。

爱的期限有多长？没有人能预期，只有用心去体验。

爱，这一个字，包含了太多，唯有用心去慢慢斟酌。

说起《猜猜我有多爱你》这一绘本，我已不知翻来覆去读了多少遍，精美的图画，触人心弦的文字，每一次翻看都有不同的感悟。对"爱"这个说起来容易但又包含了许多含义的字，在这一绘本中给了我们最好的诠释。也许，这不是用语言可以描述的一种感情，但它的确存在，真实地存在于我们的心中。小兔子或许不知何为爱，但它愿意把这种感受用自己认为最大、最远的距离和范围描述出来，殊不知，大兔子的爱更胜于它，简单而平凡，这就是爱。

谈起爱，仔细想想，我们的周围是否也是充满了浓浓的爱意？睡觉时，父母轻轻地掖一掖被角；忙碌时，母亲悄悄送来一杯热水；失意时，父亲有力地拥抱……这就是爱，简单而无声的爱。抑或是，在你遇到困难时周围同事、朋友的一声真挚的鼓励和问候，在你迷茫时周围家人、同学的一声善意的提醒和指引，在你成功时周围人与你一起欢呼、庆贺，这也是他们给予你的爱，平凡但真情的有声之爱。

有时爱又是不平凡的，它超越了人类的极限，跨越了国界。我们曾看过多少个真实的事例，在危难的时刻，母亲以自己的身体保护住了幼小的孩子，而她的力量和速度更是一般人无法想象到的，这就是爱的力量所赐予的含义。

不是我们周围缺少爱，而是缺少发现爱的一双眼睛和一颗真正感受爱的心。正如《猜猜我有多爱你》里的小兔子一样，在小兔子那颗小小的心里装载着的爱也是满满的，占据着它的整颗心。爱能够创造一切，不分大小与轻重，在乎的就是一颗感受的心。爱是不会老的，它留着的是永恒的火焰与不灭的光辉，世界的存在，就以它为养料。希望我们都能够把自己得到的大爱继续传递下去，让更多的人感受到暖暖的爱。

愿每个人都能"老吾老以及人之老，幼吾幼以及人之幼"，也享受来自亲人的爱、他人的友善。

护住我们文化的精华

◎管霞

现代名演员比古代名人名气大，读网络小说的比读经典的多——这就是教师面临的课外阅读的尴尬。平心而论，学生要么是沉重的学习负担，使得他们缺乏充足的时间精力阅读"大部头"经典名著；要么是追踪读流行，热衷读休闲，或者专心读习作，阅读基本上处于随意、无序、低效的状态。所以如何利用有限的课堂教学时间和资源，引导学生们领略长篇名著的精妙之处，激发学生课外阅读的欲望成为每个中学语文教师的当务之急。

首先，当然是传递给学生"板凳要坐十年冷，文章不写半句空"的精神。

从教十年，我经常反省那些当年得意、现在想来非常幼稚的举动。比如，课堂上问同学们"这个你了解吗？那个你看过吗？"，得到否定答案后，我就开始得意地大讲特讲，直到下课还不一定讲完。然后，在学生佩服、钦羡的眼光中，甩手扬长而去。课下想来，学生在那一节课上得到了什么呢？除了钦佩老师的学识之外，还会有什么收获呢？也可能激发了少数学生的兴趣开始了课外阅读，但是怎样引导他们坚持下去、是否带动影响更多的学生参与阅读等等问题我考虑得则更少。所以从自身的缺陷考虑，做语文老师首先得不浮躁，有钻劲儿，要有长达三年甚至更长时间的指导阅读计划，这样才能影响一批有韧性、有恒心的"誓把名著看穿"的学生。

解决了态度问题，下一步就是"洗脑运动"——经典和时尚的大比拼、大讨论。

记得我用过很多招数来展开大讨论，得出"成功不是表面的幸运而是苦难中的点点积累"的结论。总之，事事讲、时时新，到最后的讨论环节，一定是我在黑板上写下罗曼•罗兰的一句话："与其花许多时间和精力去凿许多浅井，不如花同样的时间和精力去凿一口深井。"然后我告诉学生，读通俗的浅层次的休闲书，等于在凿一口没有水的浅井，永远也喝不到甘甜的清泉；想要武装自己的头脑，必须把课余精力和时间花在读高质量、高档次的经典书籍上。高质量的书，读起来肯定要艰难些、枯燥些，但滋味往往是越啃越浓、越嚼越香。这样，学生也就明白了真正高深的、复杂的知识往往是无法在消遣中获得的，思想的积累以及气质的积淀绝不是一朝一夕能形成的。

第三步，短篇先行。只向往名著也不够，还得由浅入深、循序渐进。

学生课外阅读的随意和无序，其中一个重要原因是不知道有什么书可读、应该读什么，或者读来读去就是那几本父辈和祖辈们读过的书。如果让他们开书单，恐怕也能马上说出来《红楼梦》《三国演义》《钢铁是怎样炼成的》，或者是莎士比亚、巴尔扎克、托尔斯泰等等一连串名人。这些书当然可以作为课外读物，可它们太厚、太重，而且和现实有很大的距离，学生们懒得读，或只读内容简要。那些反映现实社会、表现当今世界的书的推荐介绍，责无旁贷落在教师身上。我在讲小说之前，总是告诉学生先学会鉴赏中短篇小说，然后再试着阅读长篇；我首先引导学生从熟悉的小说《荷花淀》《孔乙己》《套中人》中了解小说三要素，然后推荐一系列短篇让学生读，比如让学生读日本"微型小说鼻祖"星新一的科幻小说学习"构思巧妙"，比如读《老人与海》学习"塑造人物形象的方法"，比如读《边城》学习"环境描写的作用"，再比如《命若琴弦》的"情节起伏"，《围城》的"生动的语言"等等。列书单的同时我还列任务，相应地就可以把学生的课堂学习延伸到课外；而且，这种延伸始终是在引导着学生、吸引着学生。

第四步，充分利用资源。课本上的每篇经典小说几乎都有教学录像。为了节约时间，也为了让学生更好地把握情节，我就让他们一边欣赏录像，一边思考问题："电视剧和原著那一个更能体现人物的性格特点？如果让你改编剧本，你会这样吗？"这样，就逼得一些学生认认真真看原著，从细枝末节中寻找问题答案。比如,看完《林教头风雪山神庙》,学生热烈讨论了剧本改编情况,得出的结论是电视剧因为要达到"情节紧凑、场面好看"的要求,而筛掉了"李小二"这个穿针引线的人物,非常遗憾地少了原著那种"一波未平一波又起"的跌宕起伏的情节效果,也没有了巧合和悬念的紧张刺激。而"林冲雪中亮相,舞洒红缨枪"的一段极具视觉舞美效果,抢眼而且令人印象深刻,这样用环境烘托人物,非常符合原著的精神。当然,还有学生质疑,原著中林冲杀死陆谦只用了三枪,可是电视剧竟然用了5分钟,这也太不符合"林冲乃东京八十万禁军教头"的身份了。我还没来得及回答,就有学生站起来强调电视剧是大众的娱乐形式,观看对象是老百姓,他们更喜欢看精彩的武打场面,否则三下五除二陆谦就死了,那武打教练不是白请了?更何况改编后的林冲、陆谦的对话又一次丰富了他性格中的"善良"成分,更表现了他"被逼"的无奈。学生的反应很热烈,讨论投入,各抒己见。听着学生有理有据的发言,我不禁暗暗叫好:行了,情节不必啰唆了,人物性格也亮出来了,环境描写的作用也不用讲了,而且最重要的是他们一致认可"了解人物就得读名著原版"的结论,这太好了。学生真正走进了名著,我也就轻松了。后面的《宝玉挨打》我也如法炮制,虽然学生普遍觉得1987年版的《红楼梦》化妆不完美、人物语言有造作之嫌,但一致肯定其"忠于原著",不仅真真切切感受到曹雪芹塑造的人物独具魅力,还被"一源万派"的写作手法所折服,更体会到"为人不读红楼梦,阅尽诗书也枉然"的含义了。

最后,长篇阅读一定要有发人深思的拓展。

无论是从提高思维的缜密度、深刻性出发,还是从加深对社会的体察入手,长篇名著都有其他文学形式无可替代的作用。所以教师首先将选入教材中的名著选段讲精、讲深,使学生产生兴趣,愿意读;然后,一定要补充一些课外材料,包括相关情节、人物命运发展、名家评论以及作者的其他作品等,借此扩展学生的知识宽度,加深学生的知识深度。比如,讲完《林教头风雪山神庙》,我布置的课下作业是阅读《水浒传》中鲁智深、武松、杨志等人物的"落草"的相关情节,比较他们性格的不同,了解《水浒传》中反映的官逼民反的社会现实。当然,这个作业是弹性的,没有做硬性要求,主要目的是让学生读读《水浒传》,领会其魅力。再如对《宝玉挨打》分析结束后,我给学生做了一个关于"红楼梦的主题"的小型拓展,我的评价是:《红楼梦》是一本"艺术价值很高的言情小说",是古代小说中最令人感动的小说。我让学生想想看,还有什么小说能让我们感动。是《儒林外史》,还是《西游记》?可能《三国演义》里的诸葛亮的死能让人唏嘘不已,但感动程度远远赶不上《红楼梦》。《红楼梦》的意义不仅仅在于对宝玉这个"封建时代的叛逆"的理解,因为读完之后留在我们脑中的绝不是咬牙切齿的愤恨。小说的意义在于,曹雪芹写了一个悲剧,却不仅仅是一个人的悲剧、一个家族的悲剧,而是时代的悲剧、全人类的悲剧。贾宝玉这个"生活在热闹环境里的孤独人",无人理解的"囚徒",与世界格格不入。当爱情没有,自身难保,最后的精神家园——大观园也颓圮荒废的时候,他一生的追求都成了幻想,他只好放逐了自己。我最后的总结是《红楼梦》就是根据曹雪芹人生经验写成的"申恨"小说。当然,这只是我粗陋的一家之言,目的主要是激发学生探究的兴趣,而且也明确地让学生知道,小说的解读是多元化的。海明威的小说是"冰山的7/8沉在海中,1/8留在海上面",曹雪芹的《红楼梦》更是具有残缺的美,小说的魅力就在于发现之旅。

以上是我在指导阅读方面的一些粗浅方法,纰漏不少,羞于示人。恳请各位专家、老师不吝赐教。

有所思
——记即墨 28 中短期访学心得

◎王文婷

学习是一缕晨风,吹醒惺忪与朦胧;学习是一抹骄阳,沉淀思想与心灵;学习是一道晚霞,映衬美好与希望。4 月的一天我们一行有幸能够到即墨 28 中进行参观学习,一天的访学虽时间短暂,却让我满载而归。

朝

早晨到达即墨 28 中,一进门就被学校门口的雷锋雕像吸引,雷锋乐于助人的奉献精神是学校一直秉承的理念。三座教学楼的"钥匙开锁"的设计理念更是给我留下了深刻的印象。是啊,每个孩子都是一把独一无二的锁,需要通过学习的金钥匙来润化,打开通往理想的大门,而我们需要做的就是与学生一起选择一把合适的钥匙,打开这道门。

随着悦耳的铃声,我们跟随"雷锋班"一起来到广场,观看"雷锋班给雷锋塑像佩戴红领巾"仪式。随着嘹亮口号,伴随整齐的步伐,望着鲜艳的红领巾,我想,学生们给雷锋佩戴的不仅仅是红领巾,而是从这个仪式中学习一种精神、获得一种力量。

子曰:"三人行,必有我师焉;择其善者而从之,其不善者而改之。"即墨 28 中一直倡导"和谐互助"的高效课堂,"师傅"与"学友"相互协作,全校每个学生都是进行了相互的"结对子",这不仅大大提升了学生的学习兴趣,同时还让处于学习迷惘期的孩子有了一个可以一对一解疑的"小师傅","寓教于乐",让孩子们可以在快乐中学习。

午

下午八年级的语文课——《春酒》,更是通过老师的讲解让我们感受到了作者和执教教师对家乡、对亲人的无限思念和怀恋。张娟老师声情并茂地从"检查作业""研读共品""互助释疑""拓展延伸""总结提高"五个方面对这篇长文进行了透彻的解析,课堂上"师友协助"学习的方式更是调动了每一位学生的积极性,给了每一位学生展示自我的机会。

夕

"教学有法,但无定法,贵在得法"。每个孩子都是一个独立的个体,他们有着不同生长环境、不同的家庭教育氛围,还有着不同的能力基础,教学方法有很多,但是适合他自己的才是最好的。崔帅老师跟大家一起分享了他从教以来与学生之间发生的一个个真实故事,这对于我们这些刚踏上工作岗位不久的新教师来说,有很大的帮助。

伴着美丽的朝霞,我们踏上了回程路。把头轻轻倚靠在窗边,眼前浮现出参观学习的一幕幕,确实收获了许多。我想,虽然这次的访学结束了,可这却是一个新的开端。我要将自己的所学、所思运用到今后的教育工作中,让霞光映衬到每个孩子的脸上,让我们的教育盛开出灿烂的花朵。

二、班主任成长培训

(一)如何做好班级管理

班主任是班级工作的组织者、管理者和领导者。一个好班主任就能带出一个好班集体。因此,班主任应当加强班级管理工作的探索与实践,努力使自己成为一名懂管理的班主任。

　　一名懂管理的班主任,在班级管理中,应当立足实际,勇于开拓,创造性地开展工作,形成鲜明的班级管理特色;应当勇于创新,致力于优良班风、学风建设,努力构建健康向上、文明和谐的班集体。

　　一名懂管理的班主任,应当积极组织学生参加各种公益劳动和社会实践活动,为学生创设锻炼才能的机会;应当积极开展一系列卓有成效的班级主题活动,让学生走得更远,飞得更高。

青岛三十九中 2012 级海洋班班规

　　为了更好地规范班级成员的行为,形成一个健康向上、团结互助的集体氛围,特制定如下班规。

思想和仪表

　　(1)尊敬师长,团结同学,一切听从老师安排,如违反有关规章应谦虚接受批评,并做出书面检查。

　　(2)言谈举止要文明,发言有分寸,尊重和维护他人的正当权益。不骂人、不打架、不给其他同学取绰号。

　　(3)依照学校规定穿着,注意仪表的整洁大方;朴素节约,不攀比、显摆身外之物。女同学不戴首饰进教室,男同学不留长发。

　　(4)学校里不允许做与学习无关的事情。学生不允许看与学习无关的杂志。

　　(5)爱护公共环境和公共财物,不乱抛垃圾,不乱涂乱画。

　　(6)学生文明行为"十必须""十不准":

① 必须衣着整洁,不准奇装异服。

② 必须举止文明,不准打架骂人。

③ 必须遵纪守时,不准迟到早退。

④ 必须刻苦学习,不准考试作弊。

⑤ 必须生活俭朴,不准吸烟喝酒。

⑥ 必须尊敬师长,不准傲慢无理。

⑦ 必须孝敬父母,不准顶撞骄横。

⑧ 必须团结同学,不准歧视欺侮。

⑨ 必须热爱劳动,不准好逸恶劳。

⑩ 必须关心集体,不准损坏公物。

纪　律

（1）按时就座等候上课，自觉遵守课堂纪律，认真听讲，不做小动作。

（2）自习课上不做与学习无关的事情，不讲话，不在教室中来回走动；如有损坏公物者，应予以赔偿。

（3）课间时间不要在教室里大声喧哗或在教室走廊上相互追逐、推搡。

（4）不在教室内进行其他影响他人正常活动的行为。

（5）放学后进行正当的活动，在家坚持学习，可阅读健康有益的课外书籍和观看科学性的电视节目。不去网吧和舞厅及其他娱乐场所。

出　勤

（1）按照学校作息表。要求全体同学不迟到、不早退，如有特殊情况必须要向班主任请假。

（2）学校里的任何活动，要求全体同学及时参加，不迟到，不早退，无故不得缺席。

（3）每天按时到校，如在学校遇到有事或生病，向班主任请假，经批准后方可离校；需要留在家里时，由家长请假，经班主任同意后才可以不来校。

卫　生

（1）轮到卫生者早上 7∶10 之前到校，由组长负责，认真打扫卫生，并把清洁工具摆放整齐。

（2）值日小组必须保证教室内外一周整洁，由组长负责，如发现地上有废纸应及时捡掉，卫生器具必须保持整齐。

（3）卫生打扫不干净或不打扫，值日小组再额外增加打扫 1 天。

（4）破坏卫生者，本人代替发现者值日，并罚破坏者打扫卫生 1 天。

（5）打扫卫生不按时到岗的，组长批评教育没有效果的，卫生委员可罚其单独打扫教室一天。

学　习

（1）遵守课堂纪律，依照教师的安排进行课堂活动，做好应做笔记，并按时完成作业。

（2）上课积极回答问题、不要打断老师的上课。同学之间应相互帮助，共同进步。

（3）作业要及时收交，不准抄袭。由各组长负责，把作业不交的同学的名单及时上报任科老师和班长。

（4）课后要求每一位同学都学会提问，向老师或同学虚心请教。

程 序

（1）通过与修改：班规应由五分之四以上同学于班会讨论通过方可有效执行，修改由个人提议，然后由四分之三以上同学于班会讨论通过。

（2）执行：班规由班干部具体执行；权利与义务：按班规的规定正确、公平、严格执行，接受全体同学的监督。

（3）班干部弹劾：班级成员有权利对班干部提出建议和意见，对于不负责的班干部可于班会提议更换，但须全班半数以上同学通过。

青岛三十九中 2012 级海洋班班级量化考核机制

附录：本条例最终解释权归班委会和班主任所有。

考核机制

全班共 39 人，分 6 人一个小组．共 6 个小组，（第六组 9 人）每组一名小组长负责管理，一名考核员负责考核相关项目。每周五晚自习开始前 20 分钟，各负责班委将各自该周记录结果发至各组考核员处。每组自行讨论十分钟后，每组每周选出一名成员上台脱稿发言（在循环一次前同一人不得重复发言），总结本组本周情况并做出改进计划。最后，各组考核员将本组各成员的得分情况汇总至档案管理员处，存档备案。（具体成员名单另附）

奖励机制

1. 每周优胜小组在班会上表扬，并在后黑板展示小组风采。

2. 每月平均分最高的小组组员每人可获得惊喜礼品一份。

具体考核评分细则

1. 考勤员：

（1）课、早读、晚自习迟到 5 分钟以内，扣 2 分。

（2）未参加自习、旷课、课或自习迟到 5 分钟以上、早退，扣 4 分。

2. 纪律委员：

（1）课堂扰乱纪律，睡觉被老师点名，扣 3 分。

（2）早自习、晚自习开始后，无故走动和交谈，扣 2 分。

（3）课间打闹，每人次，扣 2 分。

3. 体育委员：

（1）两操集会无故缺席者，扣 5 分。

（2）做操不认真或影响队伍整齐经提醒再犯，扣 2 分。

4. 卫生委员：

（1）平时卫生：

① 清洁区打扫不干净，该区负责人和组长各扣 1 分。

② 教室值日清扫不力，值日生每人扣 1 分。

（2）大扫除：

未完成分配任务，负责人和组长各扣 2 分。

（3）卫生保持：

座位附近区域应保持干净，发现每人扣 2 分。

5. 各科课代表：

（1）书面作业：

① 每科每次未交扣 2 分。

② 抄袭被发现者扣 5 分。

6. 班长：

（1）班务工作失误，被年级组扣分，相关班干部扣 2 分。

（2）个人原因导致班级被扣分，个人双倍扣分。

（3）黑板报及时达标完成，每人次加 2 分。

7. 生活委员：

好人好事向班委会提请后酌情加 1～3 分，经级部、学校表扬加 5 分。

8. 组织委员：

（1）积极参加社团活动（如文章登报等）加 2 分。

（2）积极参加社会实践活动及公益活动加 2 分。

程 序

1. 通过与修改：考核机制应由五分之四以上同学于班会讨论通过方可有效执行，修改由个人提议，然后由四分之三以上同学于班会讨论通过；

2. 执行：考核机制由相关班干部具体执行；权利与义务：按考核机制的规定正确、公平、严格执行，接受全体同学的监督。

青岛三十九中 2012 级海洋班班委守则

附录：本条例最终解释权归班委会和班主任所有。

1. 班长：班级实行班长负责制，在班主任不在时代表班主任。负责宏观调控班级所有事务，及时收集、反映学生生活中存在的问题，及时与班主任保持工作联系，上情下达，下情上传，维护班风、学风建设，并协助其余班委进行工作。

2. 团支部书记：负责团委的工作和团费的收缴。组织协调团支部的各项活动。

3. 学习委员：学习委员应协助班主任主动做好围绕学习开展的各项工作，协助教师搞好教学工作的开展，带领各科科代表做好工作，建立一个富有浓厚学习风气的班级。大考之后，在班会上及时总结，带领同学们查缺补漏。

4. 生活委员：做好班级里的事情，同学有需要帮助的地方，特别是日常的方面；班费的收入支出一定要记清楚，如果有误，积极主动承担责任。

5. 卫生委员：负责平日及大扫除的卫生工作，主要是检查、督促、把关工作，发现问题及时组织同学清扫。

6. 体育委员：负责两操一课组织领队工作，负责与组织委员一同协调组织学校组织的体育比赛如运动会、各类球赛等。

7. 文艺委员：负责与组织委员一同组织好歌咏比赛及元旦晚会等活动。

8. 纪律委员：负责管理好班级纪律，如有同学违纪及时提醒纠正，保证自习课的安静。

9. 宣传委员：负责布置好班级后黑板，并协助其余班委及老师做好各项活动的宣传工作。

10. 组织委员：负责组织协调班级各项活动，并与活动后及时给出报告。

11. 课代表：各科代表负责完成各科教师布置的任务，要做到腿勤、手勤。

高三·3班导师制工作阶段性总结

◎管霞

自从加入这个年级，我们就在班里开展了导师制的"双向选择、导师督导"活动。我们的目的就是发挥我们小班化的优势，发挥我们的名师优势，加强对学生的思想引领和心理疏导，帮助学生科学的树立长、短期奋斗目标。进入高三以来，我们针对历次考试成绩，制订了更详尽的导师制计划，每个老师那儿有4～5名同学，每周都有互动交流，每周都有导师反馈，充分发挥了导师在学习、思想、生活等各方面的指导作用，使我们的教师和学生之间建立起明确的、相对固定的新型师生关系，全面促进了学生们全面而个性化的发展。现在就导师制的工作做一个阶段性总结。

注重计划性

文科的考点细实、知识广泛，而复习又需要全面、系统，在横向上要照顾整个级部的复习和考试；在纵向上，我们班还要落实每一个考点，所以我们班的导师制计划训练到位、渗透各科之间的联系。

首先我根据历次成绩、学情分析,特意挑选、分配给各科老师4～5名学生。每个老师的导师计划都有不同,但是针对性极强。比如,数学是我们班的弱科,分给曹老师的两位同学都是数学思维较弱、对问题的解决较难做到触类旁通,所以曹老师都是单独找他们辅导;英语郝老师不但从学习上鼓励学生多读好问,还从生活上关心导师制的小崔同学;政治高老师要求每周1、3、5定期向导师汇报思想、学习等状况;历史马老师要求每周至少两次与教师交流作业错题心得,主观题更是要求每周至少做两道并与老师进行分析交流;地理武老师要求张凯明等同学通过图图转换的形式,理解自然地理原理和规律,抓落实,抓基础。

我的语文学科是5人,加上四班的3名同学,分两批每周辅导2次。针对他们学习能力弱的情况,重点复习课本文言文教材,精选10篇,强化重点篇目中的实词、虚词、古今异义词和特殊的文言句式。现在文言文基本复习完毕,开始复习现代文阅读。通过典型试题练习,讲解,外加查缺补漏。

每月有计划,每周有计划,还要根据学情调整每天的计划,让学生上语文课始终绷着一根弦,不放松,最大限度地实现导师制的"高效小课堂"。

青岛三十九中(海大附中)导师工作表

班级:高三三班　　　　　　　　　　　　　　时间:2015年11月6日

科目	学生	学情分析	下步工作措施	预计达到目标
语文	×××	学生请文成绩很弱,基础知识不够扎实。阅读容易钻牛角尖。作文常常跑题。	每周二、三在自习室(17:00～17:30)补习语文。平时加强阅读训练。天天做基础题训练。	预计月考语文成绩提升5～10分。争取在期末考试中上到100分。
	×××	学生语文成绩还不错,但是诗歌鉴赏、文言文阅读都特别弱。	每周二、三在自习室(17:00～17:30)补习语文。平时加强阅读训练。天天督促顶正。	预计月考语文成绩提升5～10分。争取在期末考试中上到110分。
	×××	学生是海洋班的学生。语言表达能力较差。	每周二、三在自习室(17:00～17:30)补习。	预计月考语文成绩提升5～10分。争取在期末考试中上到班级中游。

建立学情档案表,让学生有的放矢,让导师竭尽所能

导师带得学生虽然少,但是单独辅导时间还是不多,要让学生自己做题,学生容易找不到合适的方向。所以我们班设计了"考点自我诊断表",让学生针对历次考试发现问题、诊断问题,到导师那儿"挂号"求诊,依次得到最有效的治疗。

青岛三十九中高三·3班(学科)考点自我诊断表

第　　　小组　　　　　　　　　　　　　　　　　　　　　　　姓名

考点 \ 考次		第1次	第2次	第3次	第4次	具体安排(备注辅导日期)			
						第1周	第2周	第3周	第4周
考点1	得分率								
	考点描述								
	提升措施								
考点2	得分率								
	考点描述								
	提升措施								

那语文来说,王××的问题在作文审题,而傅××关键问题在诗歌散文、饶××的关键问题是议论文写作和病句,而三个人的共同问题是审题和归纳能力比较弱,所以,我先给他们讲的是审题问题,包括散文的题干审题和作文题目的审题。这样,学生做到就诊有的放矢,导师也就更竭尽所能地做最有效的辅导。

青岛三十九中高三·3班导师工作表汇总

班级	学生	学情分析	学生	学情分析	目标
语文(5人)	×××	基础弱,重在作文审题	×××	选择题落实	
	×××	诗歌散文的答题模式	×××	阅读与作文	
	×××	议论文写作,病句			

因为复习的时间紧,学生特别容易产生焦虑心态,不自信。所以在课堂上,老师们经常和他们沟通,动之以情,晓之以理,以积极自信的情感感染他们,不断鼓励他们,使他们一直保持强烈的进取心和求知热情,努力克服高三特有的紧张心理和压力。

课下,导师们也和学生们聊天,选取以前高三学子成功的典型事例,给学生讲,在鲜活的事例中为学生树立榜样,提升学生的思想境界。来辅导语文的很多孩子都特别愿意和我说心里话,愿意和我做朋友,更愿意和我分享学习的快乐。

天道酬勤,老师们积极落实导师制的实施,采取定人、定时、定标的方法,面向全体学生,所以在月考中取得了显著的成效。例如费 ×× 的数学成绩考到了102,总分进入级部前十名;刘 ×× 的语文考了 115,从未有过的高分等等,让孩子们增加了自信心,更加明确学习目的,更加清晰高效的进行学科学习了。

有付出一定有收获,每周两次辅导,坚持每一次作文都面批面改,这辅导工程的确浩大,我也非常累。但是,看到学生进步的时候,我的心里满溢着幸福。累点又算什么呢?

高三,继续加油。

浅谈初中班主任对"问题生"的管理艺术

◎ 于薇

摘　要

初中生随着年龄的增长,其自我意识也在不断地觉醒。在自我意识的主导下一些学生不断地挑战老师的权威,由此成为班主任老师眼中的"问题生"。本文通过深入的分析"问题生"产生的原因,并在此基础上提出了初中班主任对"问题生"的管理艺术,以其能够为初中班主任教育"问题生"做出有益的探讨。

关键词

初中班主任;班级管理;问题生;艺术

经常听到初中班主任这样的抱怨"这孩子太让人头疼了"。很多初中生班主任对于"问题生"已经习以为常,甚至对"问题生"放任自流,不再进行管教,由此导致"问题生"真的出了"大问题"。事实上,"问题生"是教育领域普遍存在的一个客观现象,任何一个班级总会有那么几个不听话、爱惹事的学生,对于这些孩子的批评与教育往往占用了班主任的大部分工作时间,班主任对此是抱怨不断,同时又觉得不可理解,总觉得在自己的批评教育下"问题生"应该能够改正,但是事实恰恰相反,这部分学生在班主任的管教下反而更加逆反。当出现此种情况是,班主任就应该反思自己的教育行为是否有问题。对于"问题生"的管理,不仅仅需要班主任具有良好的责任心,同时更需要班主任掌握一定的管理艺术,才能实现对"问题生"的有效管理。

"问题生"产生的原因

世界上没有无缘无故的爱,也没有无缘无故的恨,任何事情的发生总是能找到一些原因。"问题生"的产生同样如此,没有哪一个学生生来就是"问题生",其之所以会变成老师眼中的"问题生",往往都是有一定原因的。根据笔者对教学中遇到的"问题生"的了解,问题生的产生主要有以下几个方面的原因。

1. 家庭方面的原因。

家庭是对中学生心智影响最大的一个环境因素,父母对于孩子的教育理念将会直接的反映到学生的行为上。很多家长对孩子期望和要求都比较单一,即仅仅关注孩子的学习成绩,而对于其他方面则无暇理会。在这种教育理念的影响下,初中生的心智很可能会受到负面影响,从而产生一系列的问题。当然除了教育理念,家庭的氛围的不和谐也会导致学生出现不良的行为。例如,很多"问题生"的家庭都不和谐,要么是父母离异,要么就是父母有不良嗜好,从而使学生心理受到严重的负面影响而产生阴影。

2. 社会方面的因素。

一个不容否认的事实就是当前社会上一些不良风气,这对于心智尚未成熟的初中生的负面影响甚巨。在不良社会风气的影响下,一些学生走向了歧途,整日在校园里打架斗殴,成为老师眼中不折不扣的"坏学生"。在网络已经普及的背景下,网络已经成为不良社会风气在初中生中间蔓延的最大推力。有些初中生整日沉迷于网络世界。这个世界良莠不齐,有暴力,有色情,而初中生自身的分辨能力不强,模仿能力很强,很容易就会染上各种不良习气。

3. 学校方面的原因。

在"应试教育"的背景下,学校过于注重智育方面的教育,而忽视了德育。在德育缺失的情况下,评价一个学生好坏的标准就是成绩,成绩好则一切都好,老师另眼看待,荣誉奖励纷至沓来,而学习不好则成了老师眼中的笨孩子。在一个班级里面不可避免地会有成绩不好的学生,在"成绩至上"观念的打击下,这些学生就会破罐破摔,进而成为"问题生"。

4. 学生自身原因。

除了上述的外部因素以外，学生本身的个性特征也会影响到学生的发展。观察"问题生"，他们存在一些个共性特征，尤其是以下几个心理特征值得关注，即双重性格、自卑、意志力不强、缺乏进取心等，这些心理特点是"问题生"产生的内部原因。

问题生管理艺术

对于"问题生"的管理需要班主任掌握一定的管理艺术，这样才能取得较好的教育效果。在对"问题生"产生的原因进行正确把握的基础上，本文认为"问题生"管理需要掌握以下几种管理艺术：

1. 赏识教育。

三人行，必有我师。伟大的教育家、思想家孔子在数千年前就认识到每一个人都有自己的特长，"问题生"也不例外。每一个老师眼中的"坏学生"身上都有闪光点，关键在于班主任是否能够去发现、是否愿意去发现。如果班主任总是带着一幅有色眼镜，那么在晕轮效应的驱使下，必然不会看到"问题生"地长处，自认也不会管理好"问题生"。要想提升对"问题生"管理效果，必须不断地去发现"问题生"的长处并及时表扬，从而给学生以自信，这样"问题生"才能在正向的激励下不断地向着好的方向发展。

2. 学会尊重。

班主任与"问题生"的地位是平等的。在管理"问题生"的时候，班主任不要总是一副高高在上的姿态，以道德者自居来对"问题生"进行不留情面的批评。如果总是采用这样的不对等的教育模式，"问题生"只会越来越差，而不会越来越好。班主任应满足"问题生"渴望被尊重的心理需求，双方平等地进行问题讨论，而不是说教式地要求学生必须怎么做，这样取得的教育效果会更好。

3. 真诚沟通。

沟通是班主任与"问题生"之间道德桥梁以及纽带。通过沟通，双方能够加深互相的了解，进而有利于问题的解决。初中班主任应掌握一定的沟通艺术来促使"问题生"打开心扉，进而帮助他们进行分析，指明其应做出的选择。真诚是有效沟通的一把钥匙。对真诚的要求，就是在沟通中能够进行换位思考。班主任应在"问题生"的立场上去思考问题，而不是从自己的角度出发来强迫学生做出某些行为。与此同时，真诚沟通还少不了班主任的倾听。班主任应学会倾听，通过充当一个听众来倾听"问题生"的心声，进而采取有针对性的教育措施。

"问题生"是一种普遍存在的现象，对此班主任应有一个明确的认识，同时在具体的班级管理工作中应秉承"没有教不好的学生,只有教不会的老师"这样一种教育理念,针对每一个所谓"问题生",灵活地采用多种管理办法来促进"问题生"向"好学生"的转化。相信只要班主任怀揣一颗热爱学生的心,掌握一定的班级管理艺术,一定能解决好"问题生"这一不是问题的问题,从而确保每一个学生,无论是否"有问题",都能有一个健康而全面的发展。

参考文献

[1] 陈梁森. 问题学生——班主任工作的痛点 [J]. 管理观察,2010(4).

[2] 刘瑛. 问题生转化艺术例谈 [J]. 考试周刊,2009(27).

[3] 余柏英,姜红仁. 浅谈班主任在问题生教育中的角色换位 [J]. 中国林业教育,2002(6).

[4] 索远亮,赵亚丽. 班主任如何做好问题生的转化工作 [J]. 黑河教育,2008(4).

[5] 王倩. 管理问题生也要讲求艺术 [J]. 教学周刊,2011(9).

一个初踏讲台的教师的反思
——怎样公平地对待每一个学生

◎王连峰

预备铃响之后,我拿着书本走进教室,看到满黑板上还留着上节课的内容,眉毛便拧在了一起,大声质问:"今天谁值日?"班上鸦雀无声。见没人答应,我更加火了,生气地又问了一遍。这时,坐在最后的付××同学跑上来,迅速擦了起来(这是一个学习较差的学生,老师们都不太喜欢的同学)。他认真用力在擦着黑板的每一个角落,弄得教室内尘土飞扬。就在他擦黑板的同时,我说:"同学们,都瞧见了吧,这就是由一个人的不负责任造成的后果。"这时,同学中不知是谁小声嘟囔了一声:"今天不是他值日。"于是,一个成绩优异的学生慢腾腾地站了起来,用几乎听不到的声音说:"老师,今天……是……是我……值日。"我愕然了,满脸羞愧地干咳一声,说:"你先坐下,注意,不能再有下回。"此时,付××同学擦完黑板,默默地回去了。课后,我无意中听到学生的私语:"我要是×××同学就好了,不做值日,老师都不会责罚他。上次,我忘了擦黑板,就被罚了。""谁叫你的成绩不好?""老师就是偏心……"我呆住了,也陷入了深深的沉思中。

从这件事中,我体会颇深,也为今后能更好地开展教书育人工作奠下了基础。下面就谈谈我从此事中得到的一些个人体会。

平等对待优生和"差生"

当前,从校内到校外,从教师到家长,一提到"差生",似乎叫人担忧。社会上的人听说是"差生",就摇头;家长知道自己的孩子是"差生",心里面就有说不出的难过;班主任听说是"差生",就不愿接受。不少教师认为只有学习好的学生才是人才,对他们总是高看一眼,平时的态度和评价也是较为积极的;而对那些学习不好的学生则打心眼里看不上,认为他们根本不是念书的材料,将来也不会有出息,因此对他们的评价也是消极的。这是认识上的偏见。我自己在这件事中,也因带了有色眼镜对待"优生"和"差生",才导致引起学生的私语的,也影响了自己的教师形象。作为教育者,既要培养尖端人才,又要面向全体学生,一视同仁,平等对待,这才是正确的教育。

应尽量发掘差生的闪光点

和"中等生"或"优生"一样,"后进生"并不是一无是处的,如果经常深入班级,细心观察就不难发现,每个"后进生"的身上都有自己的优点。因为学生是发展中的人,有较大的可塑性和矫正的可能性,班主任要努力寻找并及时发现"后进生"身上的闪光点。如案例中的"差生",他的闪光点很明显:热爱老师,关心集体,爱护同学,有责任感。如果今后我能充分利用他的闪光点,给以重任,深信他一定能发挥所长,为班集体做出贡献,也定能"转差为优"的;我们需要的是"红花盛开,也要绿叶郁葱"的教育效果。

应尊重爱护差生

美国作家爱默生说:"教育成功的秘诀在于尊重学生。"尊重是爱的具体表现形式,是建立师生感情的基础。在学习中,学生的情感得到了尊重,他们潜在的能力就能得到充分的释放。尤其是对"差生"的尊重更是对他们的一种最大的激励,是给他们的一种向上的动力。教师的尊重和爱护会使学生感到温暖。只要我们教育者多给他们一份爱,每个人都来关心"差生"、爱护"差生",促"差生"向积极方向转化是完全做得到的。案例中,我就没有做到尊重学生的一片苦心,及时给予表扬,让其他学生误认为"差生无论做什么有益于集体的事,都是不会得到老师的赞赏。",从而更加自放自弃了。这是我需要补救的工作。

应加强老师的自身修养

韩愈曰:"师者,所以传道、授业、解惑也。"实践证明,一个成功的班主任,要依靠自己的高尚品德和智慧,依靠自己的感召力、吸引力,从德、智、体、美等方面对学生进行培养、训练、陶冶、感染、示范,将他们凝聚在一起,以达到教育之目的。这就要求我们教师要不断地加强自身修养：① 为人师表。首先必须忠诚教育事业，热爱本职工作，具备崇高的思想品德、坚定的信念。要像蜡烛一样，把自己的全部光和热献给光明；要像粉笔一样，为播种文明献出自己洁白朴素的一生。② 热爱学生。这是班主任教育必须具备的教育素养之一，是教育素养中起决定性作用的一种品质。原苏联教育家加里宁曾经指出："教师所专门接触的是人才，而且是最年轻和最富于敏感的人才。"学生是未来的建设者、创造者。因此，我们不仅要爱那些思品天赋较好的学生，也要对那些缺少天赋而自卑的学生以理解和尊重，对那些"有毛病"的学生以爱护和严格要求，热情地期待他们的转变。总之，为人师表就要诲人不倦、知识渊博、处事公道、仪态大方、奖惩得当、有领导艺术，这样，学生才信任，教师才有威信。

小议班干部的培养

◎王连峰

班级学生干部是班主任的助手，是班集体的核心力量。班级工作能否顺利开展，良好的班风、学风能否形成，在很大程度上取决于学生干部的工作能力。在多年的班主任工作中，我深深地体会到，要建立一个"团结守纪、勤奋向上"的班集体，就必须培养一批能抓善管的班干部。那么，班主任如何培养班干部参与班级管理呢？多年来，我采取的是"选、教、扶、放"四步做法。

第一步：选。要培养好班干部，选苗是关键。我认为，一个合格的班干部最起码要具备以下条件：① 思想好，作风正；② 讲原则，敢说能做；③ 学习用功，成绩优良；④ 善于与人交往，群众关系好。每接到一个新班，我要做的第一件事就是反复查阅学生档案资料，跟原班主任了解学生情况，物色班干部对象。心中有一定底子之后，我再在班中开个动员会，激发学生热爱班级、积极参与班级管理的热情；鼓励全体学生都来出谋献计，写好演讲稿参加班干竞选演讲，再通过集体投票并结合自己所掌握的情况，委任各种职务。实践证明，这个做法是可行的。通过竞选产生的班干有荣誉感、成就感，有凝聚力，责任心强，深受同学们的欢迎。

第二步：教，即把管理方法教给学生。班委产生之后，在第一次班委会上我与班委一起研究、制订班级管理方案：班务实行班委分工负责制，学习、纪律、生活、文体都有专人负责。班委会每周举行一次例会，让各委员对自己分管的工作作总结，提出存在问题，再一起研究对策，订出下周工作计划。如此，班干部有了具体可行的管理方法，操作起来易于掌握，也易于出效果。

第三步：扶，即做好班干部的参谋、顾问，支持、帮助他们开展工作。班级管理也是一门学问，班干在参与班级管理中难免会遇到很多难题。作为班主任，在班干部遇到麻烦时应及时给予帮助，必要时进行"技术指导"。如在做同学思想工作中，某些班干部因方法不当、受到同学的反感心里很烦恼。我得知后及时地安慰了他们，消除他们的顾虑，并告诉他们做同学思想工作要注意方式和方法。说话要诚恳，处处体现出对同学的关心、爱护，这样才能赢得同学的喜欢；鼓励他们继续努力，争取把工作做好，让同学们满意。2004年8月份，我接任初二·11班班主任。刚接班不久，班长同其他班委向我反映了班级卫生、纪律难管理的情况。在班委会上，我与他们一起研究对策，制定了班级公约，使班级卫生、纪律各方面都有了明确要求，并由卫生委员、纪律委员专门负责，班长统一管理，责任落实到人。由于管理得法，收到了良好的效果。时间不到半年，11班的整体风貌出现了较大的积极的变化，并由此得到各任课老师和学校领导的表扬与肯定。如此一来，班干部对工作更有信心了。班干部从实践中积累了经验，增长了才干，逐步提高了自己的管理能力。

第四步：放，即放手让学生对班级全面管理。班主任要信任学生，充分发挥学生的主体作用，多给他们提供锻炼的机会。为了让学生演主角，学校布置什么任务的时候，我一般只讲目的要求和注意事项，然后放手让学生去做，自己在一旁当"顾问"。如今年的"元旦诗会"，学校要求每班各自制定相应的文艺节目。我把任务交给班委，从布置到落实、参演，一切由班委安排，最后的"元旦诗会"完成得非常成功。这充分显示了自主管理的巨大潜力。我这个当"顾问"的看到学生操作得这么好，心里自然也感到很欣慰。

事实证明，管理好了一个班级的班干部，也就管理好了一个班级。因为"火车跑得快，全靠车头带"。通过班干部的培养，既锻炼了班干部的能力，同时提高了班主任的工作效率、解放了班主任。可见，班干部的培养，确实是班级管理的一大强有力的武器。

初中生班级管理中学生自主意识的培养策略

◎徐洪运

摘　要

学生是个完整的人，每个学生都有自身的独特性；学生是一个发展的人，学生是有发展潜力的人。教师树立正确的学生观，在教育教学的整个过程中处处体现学生主体性，使学生成为学习和发展的主体，就要以学生为中心、以学生发展为本位,通过尊重、信任、引导和激励等影响作用,激发学生的激情,激活学生的潜力。教师要为每个学生都提供表现自己个性和才能的机会与环境,达到使学生树立正确的思想观念,学会学习,学会做事,学会做人,能进行自主管理,为未来生活奠定坚实基础的目的。

关键词

初中生;班级管理;学生;自主意识;培养;策略

初中生是由儿童期向少年期过渡的时期,这一时期导致了他们在生理、心理上的变化,处于一个独立性和依赖性、自主性和幼稚性错综复杂的时期。他们在小学的班集体中,基本上只是一个集体生活的参与者。如何做对初中班级进行行之有效的管理,关键在于要培养初中生的自主意识。班级管理中学生的自主意识,即变被动为主动,让学生对自身的主体地位、主体能力和主体价值产生一种自觉意识,是作为主体的学生自主性和能动性的观念表现。当这种观念支配他们的行动时,就使行为有了自觉性。因此,教师要善于引发学生的自主意识,教给他们正确的思维方法,提高学生的品德和心理素质,使他们不断追求新的目标,对工作和学习保持向上的热情。

在实践中我们做了如下一些探索。

共同确定奋斗目标,制订计划,培养学生的主体意识

班集体具有促进学生个人社会化、个性全面而自由发展、管理和教育学生的功能。要充分发挥这些功能,必须依赖于创建班级的最佳状态,即创建优秀班集体。制定目标是班级管理的前提条件,因此,要确认学生在班级中的主体地位、权利和义务,加强自主意识和民主意识的教育,引导学生参与班级管理目标的制定。在学期开始,首先组织班委讨论本学期学校的工作计划,根据班级的实际情况,具体、实际、有针对性地确定奋斗目标。学生作为班级管理的主体,应在班主任指导下自主地依据目标制订班级工作计划,然后在班会上组织全体学生讨论修改。班规必须涵盖学生生活的各个方面,不宜过多或太严,否则就不好操作,最终导致管理的不落实。在计划实施过程中,学生一方面要接受班主任及任课教师的督导,另一方面还要接受全班学生的互相监督。如此长期坚持,学生就会形成自我意识,更自觉、主动地参与班级的管理,收到自己管理自己的效果。

完善管理制度,建立学生自主管理机制,培养自立能力

离开了学生主体性的发展,教育就失去了依托和生命力。学生的自我管理更体现了学生的自主意识发挥,有利于培养学生的自主能力。在班级的管理中

让学生自主管理,班主任要把握好自己参与的度,既不能放任自流,也不能包办一切。在充分发挥班主任的主导作用时,要给学生留有思考和想象的余地,使学生主动、独立地发展。在班级的自主管理过程中,必须建立起较为完善的管理机制,而完善自主管理机制,首先必须健全班级各项规章制度,使学生的管理有章可循、有法可依。自主管理不是主动生成的,从以教师为中心的管理到自我管理模式的形成是从他律到自律的过程,需要精心策划培养:

（1）充分利用学生的表现欲望和工作热情,采取有效手段激发学生潜能,谋求班级发展。

（2）提供机会,让每个人都能为班级做一点贡献,人人参加班级管理工作。

（3）实行值日生、值周生、班干部轮换制度。

（4）利用非正式群体的力量。

（5）发挥班干部"火车头"作用。

学生的自主管理难免会出现各种各样的问题,班主任应定期或不定期地进行检查,并在工作上给学生指点和帮助,使班级的管理工作不偏离正确轨道。在班级管理中要让学生自己去主动地安排工作、选择方法,敢于面对困难,勇于承担责任和义务;同时,要让更多的学生在集体中承担责任、服务于集体。这不仅能增强学生们集体意识和班级的凝聚力,而且能使学生获得班级管理主人的积极体验,从而激发他们主动参与班级管理的积极性,并从管理者的角色中学会管理他人。

激发自我教育欲望,促进学习能力的提高

苏联著名教育家苏霍姆林斯基在《少年的教育与自我教育》一书中说:"只有能够激发学生去自我教育,才是真正的教育。"自我教育能激发和发展人的自主性,使人能主动地去追求自我完善,所以在班级管理活动中要注意激发学生产生自我教育的需要,主动在班级管理中锻炼、提高和完善自我并由此提高自主学习的能力。正确的自我管理、自我教育的意识是学生能够在班级中自我管理、自我教育的前提条件,正确的主体意识是不会自发形成的。所以,在班级管理中对学生的自我教育班主任不能当旁观者,应该做具体细致的工作。教师应当优化课堂教学过程,在加强基础知识和基本技能教学的同时,关注学生情感、态度与价值观的培养;关注学生学习兴趣的激发、创新思维的培养、知识网络的构建、学习方法的指导和学习能力的提高;灵活运用各种教学方法,落实学生在学习中的主体地位,促进学生的主动发展。教师要积极实践新课程改革,认真实施教育部颁布的新课程计划,灵活多样地开展活动课培养学生的自我发展能力;此外,还

要建立相应的考核制度和激励机制,引导学生开展研究性学习。教师要当好参谋,当好助手,协助学生提高自学能力、创新能力、自我发展能力。

开展班级活动、提高学生实践能力

班级活动是班集体形成、巩固和发展的基础。活动是集体的生命。活动本身有着极强的目的性,它是实现目标的重要途径,也是发挥学生才智、特长的舞台。在活动中全班学生充分交往、互相了解、建立友谊,为形成集体奠定感情基础,才能健全班级组织机构及其功能,激发学生的责任感与集体精神,增强学生自己与他人、集体、学校之间的联系,从而促进学生自主意识的发展。

充分调动学生参与活动的积极性

学生参加活动的积极性主要体现在独立性、能动性和创造性三个方面。因此,班主任在活动性教育过程中要培养、调动和发挥学生参与活动的独立性、能动性和创造性,让每一个学生自始至终都成为活动的积极参与者,这样才能真正发挥活动性教育应有的作用。行为科学的激励理论认为,人在从事某项工作或进行某一活动时,都有一种参与意识,都希望自己拥有一定的发言权和自主权,而不是一台供人操纵的机器。因此,班主任要有意识地为学生创设参与机会,尽可能多地增设岗位,让每一名学生各尽所长,尽可能多地参与班级管理,在实际组织管理中得到锻炼,养成良好的参与习惯,挖掘自身的潜在能力,结合学习和生活的实际,提高自我教育的能力;既要确定学生在活动中的主任地位,但也不能忽视班主任的主导作用。学生缺乏足够的知识经验和辨别、控制能力,如果缺乏教师的实际指导,他们就有可能使活动无法进行下去,或导致活动偏离预定的方向。

让每个学生都能充当适合的活动角色

教育心理学认为,当个人在集体中恰如其分地成功扮演某种角色时,可以同时产生两方面的良好心理功能:一个是社会功能,一个是个体功能。因此,班主任要在最大限度地调动并发挥全体学生积极性的基础上,让他们从各自不同的角度为实现集体总目标做出贡献。这里关键在于引导并帮助每一个学生在集体中找到一个既符合期望又让他们自己感到满意的位置,当好满意的角色。要做到这一点,班主任应注重引导学生在班集体中独立自主地参与丰富多彩的活动性教育。实践表明,只有当学生在活动性教育中充当了适合的角色,并亲自体验、识别、评价,才能找到自己的位置,明确自己努力的方向和实践的方法,才能真正成为活动的主人。

实现人际关系的协调、优化

人际关系是人与人之间通过交往与相互作用形成的直接的心理关系。班级中的人际关系从内在本质来分,主要有责任依从关系和情谊性关系两大类。理想的人际关系应是责任依从关系和情谊关系高度的和谐统一。使两者协调统一,建立平等、有爱、团结、互助、相互责任的新型人际关系,既是班级管理的重要目标,又是形成坚强集体的重要手段。

总之,班级管理活动是一种特殊的社会活动,是在"人—人"系统中通过班主任和学生的相互作用而进行的,"起点是人,归宿也就是人"。实践研究表明,未来的班级管理策略成功与否,主要取决于班级中学生主体作用的发挥情况。只有充分调动学生的自主意识,才能充分发挥他们的智慧和才能,才能启动其他管理要素的运作,班级管理才会行之有效,达到培养适用社会人才的教育目标。

我是这样开家长会的

◎ 王琳

学生考试的那两个星期,班主任最忙碌。班主任监考一场不减,班主任阅卷一份不少,班主任分析数据分分不能出错,班主任接待前来看分需要考后心理疏导的孩子一个接着一个。更加忙碌的是,每逢考完必开家长会。与家长见面,这不是随意就能应付的。家长们有需求,有疑惑,有期待,尽管每次的需求与每次的期待基本上是相同的:我的孩子考得怎么样,表现的怎么样?我的孩子怎么样做还能进步?这种交流的最后,往往还有两句:孩子最听老师的话,老师您再和他多谈谈。

言语中,这是对老师的信任,家长焦灼的心情我也颇能理解,毕竟我也是个家长;只是,这种多谈谈的交流显得苍白无力。

谈多了,自然无力。想想看,所谓孩子们不愿听家长的话,是不是因为从小到大孩子们听您的话听得太多?

虽然我一直在摸索更加新颖、有效的家长会的开法,但对于举行家长会的初衷我内心很清楚:家长会,是让家长行走于校园,从老师的言谈中感受校园文化;是让家长重拾对美好校园的向往,努力,向上,并与学校形成合力,共同规划孩子们的未来。家长会,并非考后的一种必备形式,并非班主任结合成绩想说什么就说什么;家长会,更不是专家讲座外加班主任高高在上的训诫家长们该如何培养孩子。每次家长会谈什么,怎样在考后与家长一起梳理并引导孩子们步步攀升?

集体交流与个体交流,全体交流与部分交流怎样穿插进行?这些问题也是我一直特别想要解决的。多年的探索中,我的家长会的几个必备因素已经确立。

1. 每一次家长会围绕一个主题、一个关键词举行,这个关键词也正是我开的家长会的题目。

每一次家长会,每一个关键词都是每一阶段孩子们暂时出现需要解决或者急需完善的问题。关键词,清晰明了,只有当目标明确而又具体时行动才更加有力。

2. 孩子们与家长的互动。我的家长会第一环节总是留给孩子。

(1)班级的大班长总结班级这一阶段总体状况,包括:

第一环节——班级优势,成绩荣誉,取得明显进步的人和事,要求具体到人名进行表扬;

第二环节——班级目前的问题和担忧,要求要总结到面,尽可能地不具体到人,为家长和孩子永远留一份尊严和面子;

第三环节——明确班级期望和修正措施,希望得到家长的配合与支持,这是家校联合的最佳时间和地点,也是发挥家校合力最佳切入点。

(2)请学生展示自我。

孩子们分组承接任务。每学期中,他们都要完成"爸爸妈妈我想对你说""猜猜我是谁""新年红包""微电影"等等亲子互动环节。每一次互动时,孩子们总想请示我什么主题。对此我说这你们自己来定,想让爸爸妈妈看到怎样的生活在集体中的积极、健康、阳光、快乐、向上的自己,你们就怎么做。而每一次,他们都是想方设法地表达着最质朴、最直接、最理性的对爸爸妈妈的爱!

3. 一碗鸡汤,与家长共勉。

讥笑中成长的孩子学会羞怯;溺爱中成长的孩子学会任性;

指责中成长的孩子学会自卑;歧视中成长的孩子学会冷酷;

宽容中成长的孩子学会忍让;鼓励中成长的孩子学会自信;

称赞中成长的孩子学会欣赏;公平中成长的孩子学会正义;

友爱中成长的孩子学会关怀;艰苦中成长的孩子学会奋斗;

温暖中成长的孩子学会关心;严格中成长的孩子学会自律。

4. 家长代表发言。

第一环节——家委会代表发言,主要汇报前一阶段的班级活动和后期班级活动安排。

第二环节——我通常不按照成绩来选择发言家长,而是考虑现阶段特别需

要分享的品质,请有关家长谈看法。家长就是孩子的榜样:

孩子就是家庭的一面镜子,从孩子身上可以看到家庭的财力与人脉,还可以看到谦逊淳朴的家风,也能看到整个家庭懂得感恩、互相尊重的价值观。

教育,尤其是家庭教育比拼的实质,其实是家长自身人生态度的比拼。

我们播种什么样的人生态度给孩子,我们的孩子就会收获怎样的生命高度和深度。

5. 成绩分享。

只表扬,不批评。表扬个人,表扬小集体。每逢表扬,必发小奖状。每次家长会,我选择给家长发小奖状,要求家长们回去再用自己的形式将小奖状发给自己的孩子,抱一抱也好,摸摸头也罢,给孩子们肯定,给他们鼓励。

6. 建议。

学科老师建议要略。

7. 今后打算。

介绍后期班级学习与常规上的重点工作。

8. 感谢。

一句发自内心的感谢。

志当存高远,路须足下行

◎王连峰

尊敬的各位领导、老师,亲爱的同学们:

大家早上好! 开学之初,我想和大家交流一下关于理想的话题,也可以说是如何为理想而奋斗的问题。我演讲的题目是:志当存高远,路须足下行。

今天是新学期的第一天,我们迎来了一个全新的 2017 年,每个人面前都有一个全新的舞台。那么,如何在这个舞台上绽放自己的风采呢? 如果有的同学已经开始思考,我觉得这是成长的一种体现。如果有的同学没有开始思索,今天,我们一起来探讨。

纵观学习之路,自古以来,学习从来都是一件苦差事。所谓“学海无涯苦作舟”说的便是这个道理! “在科学的入口处,正像在地狱的入口处一样,必须提出这样的要求:这里必须根绝一切犹豫,这里任何怯懦都无济于事。”“在科学的路上没有平坦的道路,只有不畏艰险的人,才能到达光辉的顶点。”……多少耳熟能详的名言都在昭示着求学不是一件容易的事情。

我们初三和高三的同学回首往昔,在 9 年或 12 年的学习过程中一路风尘、一路凯歌,是吃苦的过程,更是收获的过程。你们即将面临人生的第一次大的考验——中考和高考。面临着它,一些同学已经立下挑灯夜读、用尽全力拼搏的志向。这些同学是我们所有同学的榜样!在学习的道路上,我们难免有意志消沉的时候,有动力不足的时候,有拖拉偷懒的时候,这是正常的。我们要不断地给自己找到新的力量。这力量来自于自己的理想,来自于有益的榜样,来自于读懂了辛劳工作的亲人,来自于读懂了在讲桌旁燃烧自己青春之烛的老师们。坚持住,不断给自己加油!"雄关漫道真如铁,而今迈步从头越。"这,就是理想,"到中流击水,浪遏飞舟"。

亲爱的同学们,我们是否都应该问一下自己:我有理想吗?我的理想是什么?一个人有了明确的理想,就像漂泊在茫茫大海中的扁舟,终于找到了正确的航向;一个人有了美好的理想,就像风沙四起的荒漠中出现了一片绿洲。生命原来是理想的一架梯子,可以一直延伸到理想成真的那一刻,只要你永不放弃。同学们,从古至今,我们读古圣人之句读(dòu)、尝古圣人之成败、品古圣人之思想,我们无不为之而感动。时至今日,要立于时代,传承时代精神,拥有理想,这样才会在追求中前行。无论路之艰,人之辛,我们都不能放弃!相信我们拥有了这种志向和情怀,我们的校园、我们的家庭、我们的国家就充满了无限希望与美好未来!

记得苏格拉底有句话说得很走心:"世界上最快乐的事,莫过于为理想而奋斗。"就像我们钦佩的女排精神,应该就是一种理想支撑下的全力以赴、勇往直前。我也从自己曾经的学习经历中切身体会到,没有理想的人生就像飞机失去航标,而要实现理想必须脚踏实地、一步一个脚印,付出艰辛的努力,因为在实现理想的过程中没有捷径可走。

基础年级的同学们,希望你们能根据自己的情况制定切实可行的目标,严格遵守学校的规章制度,养成认真听课的好习惯,养成敢于质疑的好习惯。只有这样,才能把知识学好,学业才会成功。

毕业年级的同学们,希望你们坚定信心,树立远大理想,奋力超越。要记住:成功就是一连串的奋斗,不能放弃,放弃就意味着失败。要记住:别人勤奋时就是我们学习的楷模,别人懒惰时就是我们超越的机会。

"海阔凭鱼跃,天高任鸟飞","千里之行,始于足下"……衷心祝愿同学们在自己新的起点上,怀揣理想,奋力拼搏,再创佳绩!最后,祝老师们在新的学期里身体健康、工作愉快、生活幸福!祝同学们学习进步、幸福成长!

（二）班主任培训活动

携手共进，愿做教育的有心人
——王连峰名师工作室召开第一次教育研讨会

2017 年 3 月 9 日，来自岛城多所学校的九位名班主任工作室成员齐聚青岛三十九中，在王连峰老师的主持下，召开了青岛市首届名班主任工作室第一次教育工作研讨会。

名师工作室负责人王连峰老师主持本次教育研讨会。王老师首先转达了市教

工作室成员照

育局基教处对工作室成员的培养计划，其中包括专家培训、经典研读、主题班会、送教下乡、课题研究等内容，然后介绍了本次研讨会的议程，并用两个简短的教育故事分享了自己的教育理念——"以大爱启迪精神，用真情塑造人格"。

王老师要求每一位工作室成员，除简要的自我介绍之外，还要以教育案例的方式交流教育收获或教育问题。管霞老师讲了"相框的故事"，认为教育无小事，任何一个契机，一旦抓住，做足功夫、做透教育，"大事可以化小，小题也可以大做"就能收到良好教育效果；穆诺老师作为专职心理教师，提出了工作室应该提高班主任的道德、知识、能力、心理等综合素质的发展目标；王冠老师、于薇老师分别就师生之间有效沟通、问题学生的跟踪教育等问题提出了自己见解；来自黄岛的徐洪运老师，来自 21 中的王新玲老师分别分享了"一瓶矿泉水的中考激励"和"班级中下游孩子的后续力问题"；工作年龄只有四五年的两位年轻班主任朝阳路小学王文婷老师、开发区刘洪雨老师，分别指出了学生复杂的成长背景带来的教育难度问题……成员们畅所欲言、各抒己见，有的问题更是得到了所有老师的强烈共鸣。

王连峰老师结合成员的自身特点及在各自教育教学管理中出现的不同问题，予以了及时的点拨指导。最后，王老师就"如何更好地带领团队走向共赢"问题，梳理了工作室发展的三年规划，对老师们下一个阶段的工作提出要求：

① 梳理班主任工作中的困惑难点，写成教育案例，筹备经典著作读书沙龙、教育故事德育随笔交流活动；② 以德育课题研究为主线，进一步研究不同阶段的学生心理，把教育和心理研究有机结合，开展相关课题研究；③ 利用工作室内人员优势，整合教育资源，做好各阶段班主任工作，加速优秀班主任带头人的成长。

青岛名班主任工作室的成立，提供了一个广阔平台，目的在于让有境界的班主任来帮助更多班主任的成长。正如王连峰老师所说，教育和生活一样，看谁有心，看谁努力，看谁能够坚持到最后。教育是平凡的，但是我们希望王连峰名班主任工作室的老师们一起，携手共进，做教育的有心人，把平凡的教育做成伟大事业，开出绚烂的花，结出不平凡的果。

供稿：管霞

2017 年 3 月 10 日

王连峰名班主任工作室三年发展规划

（2016—2019）

总体规划

王连峰名班主任工作室在市教育局指导下，以"以大爱启迪精神，用真情塑造人格"为指导思想，以本工作室为主阵地，坚持主题班会系统设计、心理课题研究、送教下乡、名师培养等做法，充分发挥工作室优秀班主任和骨干班主任的引领和辐射作用，坚持回归教育本真，全面提升班主任综合素质，突出德育核心，从而促进班主任队伍迅速成长，使本工作室真正成为促进班主任教育管理工作发展的平台。

主持人特长

主持人王连峰老师具有教育理论研究创新能力、高超课堂教育能力和名师培育能力，能够带领本工作室出色完成工作室各项任务。

王连峰同志爱岗、敬业，专业素质良好，具有现代教育管理理念，注重德育工作创新和班级管理工作创新，坚持以人为本，尊重学生个性差异，有先进的教育管理理念，具备反思和评估教育管理行为的意识和能力；有典型的班级管理创新案例，且得到学生、家长普遍公认并有推广价值；积极探讨新形势下德育工作的内容、形式和方法，在教育实践中能根据学生的思想实际和特点，积极研究，大胆创新，踏实工作，逐步形成了一套行之有效的工作方法，并取得了比较明显的成效;是全校公认、学生喜欢的好老师、好班主任,在学校组织的班主任的问卷调查中学生的满意率为100%,列全校第一名,并在学校大会上做过优秀班主任的经验交流和事迹报告。在转化思想道德行为偏常学生的工作中,他成绩突出,效果显著,所带班级从没出现过不良学生的记录;平常注意研究和学习,论文《怎样为受批评的同学寻求心理平衡》获市三等奖,论文《21世纪班主任应具备的素质》获国家级一等奖,《培养中学生健康的心理素质》被编入国家级出版社出版的大型系列丛书《新世纪中国教育文论》中且获一等奖。

王连峰老师注重学生心理辅导,消除学生心理障碍,保证学生和谐、有序、正常学习。经过多年的努力,他所带班级始终保持着优秀的班风,班级有很强的凝聚力,没有一个孩子放弃学习,班级学习成绩比较理想而且正处于上升状态,在学校常规管理评比中经常获得流动红旗。他所任教的两个班的数学成绩也位于级部前列。他参加了青岛市"一师一优课,一课一名师"的选拔并获得"优课",指导学生参加第26届全国"希望杯"数学竞赛并获得优秀辅导员;论文《让师生的心越贴越近,从而不走远》发表在校《立德树人探索与实践》上并获二等奖;每学期都被被评为校优秀班主任、校优秀教师。

王连峰同志注重因材施教和创新思维培养,注重整体发展,善于挖掘并指导、发挥学生的个性特长,以培养提高学生创新实践能力为目标并富有实效,在培养创新型人才方面和促进教育教学质量提高方面成绩突出。

他善于加强后进生的转化工作,针对班级中思想后进生的状况,坚持"一个也不能少"的原则,本着"以生为乐,以生为友"的方针,通过多家访、勤谈话和多引导方式来消除学生的心理障碍,帮助学生树立信心,使学生建立学习兴趣,从被动学习转化到主动学习中来;一直倡导和鼓励学生"只要不放弃对自己的努力就是一种进步",因此,无论哪届,所带班级从无一人放弃学习,每人都以非常理想的成绩毕业。

王连峰老师有班级管理创新理论;近几年在国家级刊物发表论文4篇并获3个一等奖、1个二等奖,在市级刊物发表论文8篇,其中2篇分获二、三等奖。

王连峰担任班主任工作20年,一直坚持"德育首位"原则,成人、成才并举;严于律己,率先垂范,厚爱学生,以情育德;关心、爱护学生,尊重学生的人格,用自己真诚无私的爱去感染学生。在工作中,他拥有丰富的班级管理经验、独到的管理方法,建立较为完善的班级管理体系,并在全校推广。他特别注重学生的个性倾向性,重视培养良好的心理素质和创新、实践能力,擅长用"赏识法"做差生转化工作。由于不懈地努力,他取得了较突出的成绩,所带的班级学风浓、班风正,在全校的日常行为评比中名列第一,先后多次被校授予"优秀班主任""先进德育工作者""优秀教师""优秀党员"青岛市"优秀班主任"等称号,确为"德、能、勤、绩于一身"的优秀教师!

工作室的定位及目标

1. 定位。

充分整合优质资源,通过集中培训、课题研究、校外研修和岗位实践等方式,有针对性地提高成员的综合素质,提升工作室成员的理论水平,拓宽工作思路;根据成员的不同特点,发挥每一位成员的自身优势,优化组合,形成学校名班主任培养对象、优秀班主任培养对象和新班主任等不同梯队,使本工作室真正成为促进班主任教育管理工作发展的平台。

2. 目标。

思想方面:

研究中小学教育新思想、新观念是本工作室的重要任务。主持人带领工作室成员进行以建构主义、人文主义和《心理学》《教育学》为指导的中小学生教育新思想的理论研究,同时开展研究、整理本工作室内在的教育思想、教育理念,以主题班会系统设计、心理课题研究为载体进行课题与实践研究,形成成果。

要求每人双月阅读一本教育理论书籍,三年内每一季度邀请教育专家和城乡教师针对教育难点、热点问题进行一次研讨、交流活动,每人每年至少发表一篇与班主任教育新思想或新教育手段的理论性论文,三年内完成一个课题研究并结题,三年工作室总体或个人完成一部教育教学著作的出版工作。

实践方面:

注重以班会为主的教育实践,以心理教育渗透班会课堂,以班级建设、合作探究为教育手段进行课内外教育活动,注重教育的实效性、示范性、多样性。

主持人每学期要对每位成员进行一次班会诊断,开设一次面向广大班主任的开放课堂。工作室成员每学期出一节班会示范课,每年提交班主任课例、反思感悟各一篇并在工作室网页或博客发表。

共进方面:

针对成员个性特长,制订个人发展规划和学习、研究实践计划,建立规范的工作室成员个人成长档案,全面记录学习和培养过程情况,努力促使其专业向更高层次发展。工作室主持人及成员普遍提升教师班主任发展水平,使每一位成员都有自己的教育理念,形成自己独特的教育风格,并取得一定的成绩或荣誉称号。

要求三年内至少从队伍中培养一名市级优秀教师、一名市级骨干教师，一名校级优秀名师、每一年至少在不同领域（班会课、公开课、教学成果、论文课题获奖等）获得一项有价值的成果。

辐射方面：

通过工作室成员三年的共同努力，提升本工作室在青岛教育方面的影响力以及对所在学校和周边地区学校的带动功能。在市教育局的积极引领下进行教育培训活动，增进辐射功能，用实实在在的行动，进一步加大对其他兄弟学校及周边地区学校的示范辐射功能，进一步体现名班主任工作室在教育理念、教育研究方面的指导价值，同时打造中学名班主任教育品牌。

要求本工作室与农村初中建立一个城乡教师发展联盟（每学期组织送教活动，邀请参与经典著作研讨、同课异构、网络建设、教师培养等）；每季度面对学生、家长和社会举办经典阅读、班主任案例分享等公益免费专题讲座；建设一个网站（网页、博客）或每季度发布一期电子杂志，及时发布工作室动态，分享中学班主任教育经验，组织工作室团队网上答疑等。

主要任务

1. 建立健全制度。

建立工作室会议制度，每学期初召开计划会，学期末召开总结会。每月召开一次主题例会，工作室成员轮流主持，汇报学习感想和研究情况。

建立工作室学习制度，采用自主学习和集中研修相结合的形式。工作室成员平时根据要求进行自学，强化理论学习与教育问题研究的意识。集中研修可与每月例会相结合，主题由主持人确定。

建立工作室档案管理制度，工作室的会议、活动，及时收集成员的个人成长规划、总结、公开课和听评课记录等材料，主要以电子版形式归档、存档，为个人的成长和工作室的发展提供依据。

建立成员评价制度，为每位成员建立成长档案袋，记录成员成长轨迹，成员间相互点评反馈。在对成员进行诊断性和终结性评价的同时，重点进行形成性评价。

2. 团队建设。

为成员搭建学习平台，形成学习共同体。根据成员需要及工作室发展愿景，完善平台功能，促进成员之间、成员与外界之间及时互动，实现常态化学习与初步辐射。通过建立学习制度，最大限度地凝聚队伍，营造良好的学习氛围，调动工作室成员的学习、工作热情，从而带动其工作能力与业务水平的提高。

（1）学校名班主任培养对象。

培养目标：对学校名班主任培养对象进行系统的培养，使其具有一定社会美誉度和影响力，具有一定的工作业绩和教育成果，具有独立的教育主张和教育思想，在学校具有"标志性"和"旗帜性"地位，实现人才从"成熟"到"成名"的飞跃。

培养形式及要求：

集中培训。目的在于提高理论修养，更新教育观念，引发对教育及班级管理的深层思考，以及对自己的教育理念或思想进行反思。

课题研究。培养研究能力、从事教育科研的能力以及以理论推动教育实践的意识和能力以及以理论深化实践、以实践检验和提炼理论的能力。

校外研修。组织培养对象到教育发展较先进的学校或地区进行游学访问和研修，开阔视野，更新观念。

岗位实践。培养对象要在工作岗位实践中，通过探索，做出示范引领，并推动自己不断思考和提升。

品牌传播。通过多种形式和途径，让培养对象传播班级管理理念或思想，使其具有一定的影响力。

考核内容：

主持校级或以上教育教学科研课题1项以上；形成班级管理专业论文1篇以上；在学校或校级以上范围做专题报告。

（2）学校优秀班主任培养对象。

① 培养目标：打造一批具有现代化教育理念、具有创新精神、理论与实践并重、管理与科研并举的班主任新秀，并使其成为带动学校班主任队伍整体素质和水平提升的领军团队。

② 培养形式及要求：

集中培训。通过有针对性的互动、探讨、阅读等活动，有效地提升培养对象的人文文化素养，以及教育理念与信念、班级管理技能和技巧、专业能力与业务能力等班主任核心能力与素养。

课题研究。通过在工作实践中进行行动研究，寻找改进工作和解决问题的方案，并帮助培养对象系统梳理班级管理理念及实践。

实践锻炼。主要通过"师傅带徒弟"等方式，进一步提高培养对象借鉴、分析和解决实际问题的能力，强化对于已接收的内容的认识。

示范辐射。通过多种渠道展现培养对象的实力和风采，扩大培养对象的影响力。

③ 考核内容：作为主要成员参与校级以上班级管理科研项目1项以上；形

成班级管理专业论文 2 篇以上;在校级以上范围内上公开课(示范课)。

（3）新班主任帮扶计划。

① 指导年轻班主任尽快熟悉班主任工作特点。培养年轻班主任的班级工作组织、管理能力,传授班级管理的方法和艺术,并引导年轻班主任形成热爱班主任工作、热爱学生的高尚师德。

② 指导年轻班主任开展日常班级管理工作。提供不少于 3 次的班主任工作经验交流,向年轻班主任介绍自己在班主任工作实践中的经验,帮助年轻班主任尽快适应班主任工作的要求。

③ 指导年轻班主任开展主题班会活动。每学期示范设计、组织 1 次班级主题教育活动,邀请年轻班主任观摩;在此基础上指导和帮助年轻班主任设计 1 次班级主题教育活动。

④ 指导年轻班主任做好学生思想教育工作和后进生转化工作。向年轻班主任传授学生日常德育考核的方法和经验。

⑤ 指导年轻班主任做好与家长的联系工作。包括如何进行家访、组织召开家长会、跟家长建立联系等。

⑥ 指导年轻班主任学习如何面对和处理好棘手问题或突发事件。指导年轻班主任学习对学生中常犯、易犯的一些错误行为如何采取防范和应对措施,及时处置突发事件,最大限度地消除不良影响。

⑦ 做好相关的总结和评定工作。学年结束时写 1 篇关于年轻班主任工作能力培养的专题总结,并对年轻班主任的表现做出书面鉴定。

⑧ 帮教帮学活动时间周期为一学年。

专业提升

1. 邀请专家指导。

聘请知名教育专家、学者担任工作室导师,在导师的指导下,提炼工作室教育理念和品牌特色,提升理论研究水平,将教育理论有意识地运用到实践中,有效地开展活动。

2. 开展研修活动。

每月一次的例会为定期研修时间,成员可以自主采用读书会、主题沙龙和工作坊等多种形式,开阔视野,更新观念,加强成员之间的交流,充分发挥学习共同体的优势。

3. 深化课题研究。

每位成员结合实际教育工作,发现总结问题,充分发挥理论对实践的指导作用,自行选择研究点和切入角度进行深入研究。工作室每学年确立一个校级以上关于教育管理方面的课题开展研究。培养从事教育科研的能力以及以理论思维和学术思维推动教育实践的意识和能力。

4. 总结实践经验。

班级管理和班队活动是班主任专业发展的主阵地。成员要围绕教育理念积极进行班级管理工作和班队活动的实践探索;要养成总结反思的习惯,认真撰写反思日记和教育教学论文,整理典型案例。

5. 形成可视成果。

清晰的可视化成果有利于突出重点,积累经验,促进工作室发展的结构化和系统化。成员及时整理所思所得,每学年至少完成一篇关于班级教育管理的论文,更新工作室网页(王连峰名班主任工作室),每学年根据实际情况出论文成果集或教育案例集。

活动安排

时间	活动内容
2016 年 12 月	1. 组建名班主任工作室,举行挂牌仪式。 2. 召开工作室全体成员会议,确定本工作室的特色及基本教育理念,形成工作室品牌。 3. 成员分工及常规工作安排。
2017 年 3、9、10 月	1. 专家讲座。 2. 教育主题沙龙。
2017 年 11 月	举行主题班会课观摩及评课。
2017 年 12 月	举行读书交流会。
2018 年 1 月	总结本学期工作室工作情况,整理资料。
2018 年 3 月	1. 召开工作室全体成员会议。 2. 教育主题沙龙。
2018 年 4 月	举行主题班会课观摩及评课。
2018 年 5 月	举行读书交流会。
2018 年 6 月	举行总结汇报会,展示本学年工作成果。

附 录

工作室 2017—2018 学年度推荐阅读书目:

1. 李镇西著《爱心与教育》。

2. 雷夫·艾斯奎斯著《第 56 号教室的奇迹》。
3. 戴尔·卡耐基著《人性的弱点》。
4. 霍德华·加德纳著《多元智能新视野》。
5. 魏书生著《班主任工作漫谈》。
6. 麦克·马兰、里克·罗杰斯著《班主任一定要面对的 9 个问题》。
7. 韩东才主编《班主任基本功——班级管理的基本技能》。
8. 王晓春著《教育智慧从哪里来——点评 100 个教育案例》。

（供稿：王连峰）

全国中小学班主任工作高级研修班暨"唤醒心灵的艺术"实践拓展专场培训心得体会

◎徐洪运

2017 年 3 月 17 日至 19 日，我有幸参加了全国中小学班主任工作高级研修班暨"唤醒心灵的艺术"实践拓展淄博专场培训。这次培训使我受益匪浅，为我的班主任工作指明了方向。

18 日上午沈阳大学社区学院院长、辽宁省中小学校长培训专家、沈阳教育学会副会长兼任华东师范大学网络教育学院远程研究专家、辽宁省基础教育干部培训中心教授、社区工作者协会常务理事刘凌波教授做了题为"新常态下教育工作者素养"的报告。

笔者在研修班上

刘教授的培训由自己身边发生的案例引入，讲到了看一件事情要以全人的身份去看，而不要以某种角色的身份去看。作为一名班主任，不只具有教师的身份，还是儿子、父亲、丈夫、朋友等，要以全人的身份去看待问题，要以全人的身份去说话，多站在别人的角度思考问题，这样才会说到别人的心里去，才会收到更好的效果。在面对事情和问题时，不要争当受害者，要多为别人考虑。接下来他讲到了情绪问题。在处理问题时一定要先问自己的情绪，不要带着情绪说话，不能情绪对情绪，那样只会取得适得其反的效果。之所以会有情绪，这里面的很多问

笔者与刘教授（右）合影

题来自于我们看问题的角色。心态决定情绪,情绪决定行为,行为决定结果。所以作为我们班主任来讲,一定要有良好的心态,这样才会有良好的情绪,才会收到良好的效果。人与人之间本只有极小的差异,但人生却大有不同,就是因为心态的不同。要以全人的身份,培养自己的幸福人生。

18日下午由江苏省中小学优秀班主任、江苏省语文学科特级教师、江苏省红杉树园丁奖获得者、江苏省教育科研先进个人、徐州市十大杰出青年、现任江苏省南京市莫愁湖小学班主任宋运来培训"班级文化建设与优良学风培育"。关于班集体建设方面,宋老师讲到集体的建设和发展分三个阶段:① 松散期——制度建设;② 同化期——同是共同的目标,化是潜移默化的过程;③ 凝聚期——越来越接近目的,团结协作的程度。具体来说,就是信赖、依从、归属。而把班级建设为班集体,则需要:① 计划:确立目标、方式;② 组织:服从计划并完成目标;③ 领导:运用影响力有效激励,创建共同文化;④ 控制:监督执行,确保目标的方向性并及时校正。宋老师给我们分享了她为班级制定的班规:① 使用慈爱语言;② 尽量帮忙;③ 分享和轮流;④ 聆听别人的话语;⑤ 行动以前先思考;⑥ 做诚实诚恳的人;⑦ 记得你的礼仪;⑧ hold 住你的脾气;⑨ 考虑别人的感受;⑩ 公平公正的工作和玩耍。她讲的虽然简单但却很实用,学生也乐于接受,乐意遵守,体现了良好沟通的价值。什么是集体?不在于显著的成绩,而是在于是否存在着一个个个性健全且能高度相容的人。

通过宋老师的讲解,我知道了教育是师生共同成长的过程,单方面的进步不是真正的成功。弄清:成功了,是哪剂药的疗效;失败了,是误诊还是用错了药;这样,失败成功就真能成为精神财富。温暖的氛围,热闹的参与,安静的分享,才能组成一个活动。与学生沟通,不是训斥而是接纳,不是教导而是引导,不是控制而是参与,不是侦讯而是了解,不是遏制而是疏导,不是解决问题而是协助成长,不是表面屈从而是内心转变。

19日上午的培训由北京市骨干教师、全国优秀班主任、中央教科所访问学者韩玲老师主持,他培训的题目是"问题学生的教育,教育教学工作中的心理效应"。在处理学生问题时一定要站在学生的角度，要向着学生，要哄学生，有话好好说，有理好好讲。要让学生愿意听你的，要让学生觉得你是在和他沟通，为他说话，要用"温柔的征服"，要"先跟后带"。"先跟"意思就是先跟着学生的思路，按着学生的想法认真聆听，弄明白学生在想什么、想要什么，准备好"后带"。而"后带"，就是在真正了解学生的想法、掌握学生的心理之后，慢慢给出我们的观点，给出我们的要求。学生在我们"先跟"后已经对我们没有戒心与敌意，愿意听我们的，肯听我们的了，这样，我们的要求才能得到学生的认可与执行，才会取得更好的效果。韩老师讲到了必须正确处理好与家长的关系，让家长与我们一起教育孩子。这就要解决认识问题。所谓认识问题，就是我们对家长、对学生的认识，学生、家长对我们的认识。韩老师用她的第一次家长会为例，着重强调了第一次家长会一定要开出水平。第一次家长会的开场白，她是这样说的："为了您的孩子，为了我的学生……""我的学生"一下子拉近了教师与学生家长间的距离，使他们愿意听班主任讲。接下来讲到当老师的一定会让所有父母放心，一定会尽最大努力把班带好，我们教师、家长要群策群力。这就解决了认同问题，只有家长认可我们了，才会按照我们的要求配合我们的工作。总体来说，我们在处理问题时，一定要永远站在学生的角度，"先跟后带"。

通过短短几天的班主任培训，使我深深懂得了作为一个学生喜爱、自己幸福的班主任的重要性；我学会了要以全人的身份，培养自己的幸福人生；学会了要多关注自己和别人的心理健康；享受到教育的乐趣，认识到努力提升自己的专业技能、不断学习、注重沟通的重要性；要"先跟后带"智慧化解教育新问题，永远都要站在学生的角度处理问题。

在今后的工作中，我会尽力按照优秀班主任的标准要求自己，热爱学生，爱岗敬业，勤勤恳恳，任劳任怨，力争做学生心目中喜爱的班主任。

（供稿：徐洪运）

拓宽视野，修炼内力，提升学生核心素养
——王连峰名班主任工作室组织学员参加"基于学生核心素养下有效教学与学习方式变革"研讨会

◎王文婷

为探索全媒体时代班级管理的新方法、新思路，提升班主任胜任力，促进班主任专业化发展，2017年6月23至26日，王连峰名班主任工作室七位班主任在王连峰老师的带领下，前往厦门参加了"基于学生核心素养下有效教学与学习方

式变革"的学习研讨会。

开启此次研讨活动的
是来自集美大学的方元山教
授。方教授从教师的教学反
思、有效教学的基本策略等
七大方面,通过案例与理论
相结合的方式,为与会教师
一一展开讲授内容,其中对
于教师的教学思想这一话题

与会老师合影

进行了详尽探讨。他指出,教师的思想应紧跟时代的发展,只有教师思想不断提高与完善了才能向学生传递最积极、最正能量的先进思想理念。

来自深圳市教育科研专家室的主持人刘英琦主任则是通过生动有趣的案例分析和与会教师分享他的研究成果;以"动物与植物概念的区别"为例,向我们介绍了一位富有智慧的教师是如何通过启发引导,使学生一步步明白动物与植物之间的区别,这也正是素质教育所倡导的核心素养发展所必须遵循的。

福建省厦门市教育局副局长任勇也给与会老师带来了精彩的报告。任局长作为一名数学老师,向大家讲解了新形势下关于课程改革的几点建议和做法。课改,是新时代给予的挑战,在这过程中需要大家的智慧和力量。

林藩处长做了"基于核心素养下的校本研究探索"的讲座,要求我们将核心素养与校本课程相结合,针对不同区域、不同学校的不同情况,有的放矢地编本校本课程,真正实现将核心素养渗透到学生学习生活中去。

此次关于核心素养的研讨活动除了有专家的专业讲解外,还设置了与会人员的研讨交流,每位老师都充分发表了自己的意见与看法。

王连峰老师:核心素养应该与学生的终身学习发展相联系,我们现代教育所培养的应是人格健全的学生,注重培养学生的综合能力与人格。

管霞老师:高中生思想已接近成人,高中三年对他们来说也是至关重要的,在这三年中不断渗透核心素养也会使他们终身受益。

王新玲老师:核心素养的理念应该渗透到各个层面,不仅应是在教学中体现,还应该渗透到学生的生活中去。

徐洪运老师：培养学生的核心素养，就是培养他们能够适应终身发展和社会发展需要的必备品格和关键能力。

穆诺老师：对于教师而言，这是一种转变，是从知识核心时代走向素养核心时代的转变。

王冠老师：培育核心素养与核心知识、核心能力这三者是密不可分的，这三者都是围绕着"思维"展开的。

于薇老师：在培养核心素养的现代社会，除了要求学生具备应有的核心素养，也要不断提高教师的核心理念。

王文婷老师：加强学习，更新知识，将教师自身发展与核心素养相结合，让学生从老师这里获取更多的先进新知。

王连峰名班主任工作室的老师们在会议现场的发言得到了与会教师的好评，大家与来自各个学校的中小学教师一起交流心得，彼此产生思维的碰撞。

实地考察参观

在此次研讨活动的空隙时间，王连峰名班主任工作室一行八位老师还去厦门市人民小学和厦门大学进行了实地参观考察。

两所学校富有特色的校园文化氛围给我们留下了深刻的印象。厦门市人民小学分校的校园文化中就渗透着浓浓的素质教育理念，校园文化氛围浓厚，将学校文化建设与核心素养培养结合起来，真正做到以学生为本，培养德、智、体、美、劳全面发展的全能型小学生。厦门大学被评为中国最美的大学之一，老师们被厦门大学浓厚的学习氛围所感染，表示回去后一定向学生仔细介绍这所历史悠久、文化底蕴深厚的大学，并期待着自己的学生能够到这所大学深造。

我们在厦门市人民小学分校门前合影

我们在厦门大学门前合影

此次研讨活动,教授们丰厚的理论传授,生动的案例引证,幽默风趣的语言,深深吸引着我们在座的每个听课老师;而福建省中小学德育工作尤其是班主任工作的具体做法及创新之处,富有特色的德育文化给与会代表留下深刻印象。

短短的四天学习,我们进一步了解了"立德树人"是当今教师的首要任务。从骨干老师精彩有趣的班级管理案例分析中,我们再次体会到班主任工作要扎根于每个孩子、每个家长的心中,得到他们的肯定和支持是班主任工作中必不可少的。

拓宽了视野,修炼了内力,厦门之行,不虚此行。

启智相伴,携手成长
——王连峰名班主任工作室参加青岛市名班主任工作室第三期论坛

◎于薇

智者乐水,仁者乐山。班主任工作如同潺潺流水,润泽万物,兼具善仁明智之功。2017年9月22日,王连峰名班主任工作室的全体成员再一次相约青岛开放大学参加青岛市名班主任工作室第三期论坛,以"创新班级管理,培养核心素养——做幸福班主任"为主题的启智论坛活动。

"＋"一点智慧

北京大兴区教师进修学校副校长、副教授、北师大教育管理硕士——汪克良开启了启智论坛活动的序幕，围绕"教育改革与互联网+下班主任的思考与思维"这一主题的讲座从多个方面介绍了现代社会教师的教育工作究竟要"+"点什么。

我们在启智论坛上合影

"+"点包容，以开放心态看待"互联网＋教育"的时代；"+"点新意，创新是互联网时代的核心力量；"+"点真实，生活即教育；"+"教育为互联网加入道德品质提升，拉开了新时代教育的序幕，我们所要做的就是在教育中多"+"一点智慧，做一个幸福而又有智慧的班主任。

巧管理，扬个性

王连峰与刘海美（右）合影

全国知名班主任、全国班主任研究会成员、北师大第二届"励耕奖"获得者、深圳市优秀班主任——刘海美给我们带来了题目为"核心素养理念下的班级管理策略"的讲座。理念决定方向，思路决定出路。要想使得班主任工作更有特色，形成自己的风格，那么在管理班级时就需要做到——巧管理，扬个性。了解—尊重—相信，这是一个相辅相成的过程。将班级的整体进行一个简单的规划，根据班级整体风格进行特色管理，让每一个学生都能够张扬个性，做最好的自己，从而就能够使得班级管理更加轻松、自在，形成独具特色的班级风格。

"动感"班级建设

杨虹萍是全国知名班主任，跨地域名师工作室导师，湖北省首届十大新锐班主任，省基础教科研之星，省语文优秀教师，所带班级被评为"全国优秀中队"，她

我们在听杨老师做报告

和她的幸福班级被电视台多次宣传报道。杨老师身上的独特的感染力也给论坛活动带来了活力。

杨老师在带班初期都会与孩子们有一个"我们的幸福约定",其中包含方方面面,比如劳动最光荣、打扫卫生换班币;还可以通过班币来获得精神奖励(当一次小老师、整理图书角、选书让老师读、让班主任打表扬电话、排队站在最前面举班牌一次、免做作业一次、选择同位一次)等等,具有较完整体系的班级文化建设,深受孩子们的喜爱。

"我们不要像探照灯那样总是盯着孩子的不足,而要留心孩子有哪些闪光点,并及时把细微的闪光点放大。当你的眼睛里看到的都是孩子们绚烂的亮点。你的心里每天都是满满的感动,我的每一天都是幸福的。"杨老师的话,字里行间情真意切,这就是教师的真情与智慧。

让班级"动"起来

来自北京房山中学的隗金枝带来"系列活动促进班级文化建设"为主题的讲座。他讲的同样也是通过班级文化建设来促进班集体的凝聚力与积极性,这做能极大地促进学生和老师之间的默契,也能提高集体的凝聚力,为整个班级建设提供很大帮助。

我们在听魏老师做报告

魏老师说:

可以通过给咱们班起名字,制作班徽、班服、班笔等来提升学生对班级事务的参与性,找到集体归属感,打造属于班级本身的品牌,让幸福感萦绕着班级中的每一位学生。

班主任要带着动感出发,让教育多一些智慧,多一些宽容,多一些善于发现,它会推动我们前行,用爱充满学生的心田,做智慧而又幸福的班主任,与学生们一起成长。

与启智相伴,一同携手共行。

青岛市王连峰名班主任工作室与黄岛区泊里中学举办城乡教师专业发展联盟活动

◎徐洪运

2017 年 10 月 27 日,王连峰名班主任工作室成员来到黄岛区泊里中学,开展城乡教师专业发展联盟活动。

活动环节一:10 月 27 日下午 15:00,在黄岛区泊里中学的会议室,工作室成员、泊里中学徐洪运老师给学校领导和工作室的全体老师就此次活动进行了简单介绍,工作室成员与泊里中学教师们进行了初步交流。

我们在泊里中学门前合影

活动环节二:10 月 27 日下午 15:30,工作室成员、青岛第三十九中的穆诺老师给泊里中学的孩子们带来了青春期教育主题班会——"书包里的玫瑰"。别开生面的课堂,帮助孩子们解决青春期和父母、朋友、同学交往中的迷茫困惑和烦恼,特别是引导孩子们正视青春期异性交往这个敏感话题,享受青春花开的芬芳。

我们与泊里中学的领导和同行们合影

精彩纷呈的课堂环节，同学们兴趣盎然，积极参与。观摩老师们积极探讨，受益匪浅。

活动环节三：10月27日下午16:30，课后，工作室成员和泊里中学班主任队伍就穆诺老师这节课交流研讨。

活动环节四：10月28日上午9:30—10:30，王连峰

学生在积极参加讨论

名班主任工作室的全体成员和泊里中学的班主任观看了徐洪运老师和管霞老师的家庭教育班会课。

观摩活动的课堂上

活动环节五：10月28日上午10:45—11:30，工作室成员、泊里中学的徐洪运老师分享了自己的家庭教育课的课后体会。工作室成员、青岛三十九中学管霞老师就自己的家庭教育论坛课的课后体会与老师们进行了交流，互动、互议。

活动环节六：10月28日下午14:00—15:00，工作室主持人王连峰老师就如何更有效进行班级活动，提高班主任自身业务素质进行了经验介绍指导。随后，班主任们畅谈工作中的种种问题，在交流探讨中碰撞出智慧的火花，为今后更好开展班主任工作提供思路引领。

活动环节七：10月28日下午15:30—16:30，泊里中学崔增洋校长对学校的发展

王连峰在做报告

历史、办学理念和学校品牌特色进行了系统介绍,指导与会的班主任加强思想引领,与时俱进,学、思、行相结合,在班级日常管理工作中最终实现成长的目的。

此次活动,对于工作室成员们和泊里中学的老师们来说都是一次宝贵的学习机会。经过听课、评课、交流等环节,老师们既可以互相学习、博采众长,又可以多对比、多反思。

"路漫漫其修远兮,吾将上下而求索"。在班主任的这条道路上,我们必将越走越精彩!

浸润诗意的教育,演绎别样的精彩
——青岛市王连峰名班主任工作室开展"诗意,让教育更美好"专业发展联盟活动

◎管霞

2017年11月24日下午14:30,青岛市王连峰名班主任工作室全体成员来到胶州市实验中学,与方明武名班主任工作室开展"诗意,让教育更美好"专业发展联盟活动。

在胶州市实验中学的会议室,两工作室主持人相互介绍各工作室人员和工作开展情况。王连峰名班主任工作室成员管霞老师首先就本工作室半年来的工作,从三年规划、活动开展、培训形式等三个方面作了简单汇报。工作室主持人王连峰老师在建室初期,就要求所有成员上交计划,经几次商讨,逐步完善了工作室的三年规划。半年来,除了每月坚持的读书沙龙和班主任教育案例分享活动之外,工作室还在2017年6月奔赴厦门参加班主任高端培训与专家近距离接触学习,工作室一位成员老师开展了心理咨询公益课送课下乡活动,两位成员老师获得青岛市班会优质课二等奖,一位成员老师参与青岛市"教子有方"巡讲团培训等。按照工作室三年规划,各项工作都在有条不紊的开展着。

青岛市名班主任工作室主持人方明武老师是山东省优秀班主任,他以"诗意,让教育更美好"为主题,向我们介绍了他的工作室规划蓝图。他说,赫尔德琳说"人要诗意的栖居在大地上",班主任天天为教育教学的事情忙碌,但是忙也不能盲目,忙也不能失去自我。牵牛花,是不知名的小花,从不挑选环境,沟沟壑壑都是她们的靓丽身影,灿然绽放,不羡繁华,甘于寂寞,不惧风雨。所以,诗意与学识无关,与身处的环境也无关,但却与自己想要什么样的生活有关,与自己对待生活的态度有关。班主任要什么样的教育,诗意还是粗鄙,全凭自己追求的心

态。方明武工作室起名为"诗意工作室",就是希望给老师们组建这样一个学习共同体,给"牵牛花们"一个绽放的机会、一个施展自己的舞台。

方明武老师为工作室起室名,又以牵牛花为室花,其新颖的创意让我们耳目一新。王连峰老师对此也深表赞同。他认为,名师工作室除发挥其应有的辐射作用外,一个更为重要的职责就是其自身的成长,这就要求名师工作室不仅要打造一个学习共同体,还要构建一个成长共同体。那么,名师工作室如何完成这两项任务呢? 一个重要的方法就是引领成员构建自己的教育主张。王连峰老师在其主持的工作室启动伊始,就要求每一个成员提出自己的教育主张,做"有温度的教育",举起了引领教师"从教育经验走向教育理论,从教育思考走向教育思想,促进班主任从优秀走向卓越,从而实现自我超越"的旗帜。

最后,就教育工作案例方面的经验与收获,双方工作室的老师一起做了分享。方明武工作室的王老师就家校沟通方面,分享了案例《书信互助,助生成长》;王连峰工作室王文婷老师、王新玲老师就读书沙龙中书目的选择和阅读方面,分享了班主任工作的收获,见解新颖,方法实用。正如王新玲老师所说,工作的研究和探索是永无止境的。"不忘初心,砥砺前行",我们希望在骨干班主任的带领下,能有更多的思考、更大的进步,做一名用心记录学生成长的老师。

浸润诗意的教育,可以演绎别样的精彩。王连峰名班主任工作室与方明武班主任工作室的这次活动,是一次区域的交流,也是一次经验的分享,更是一次思想的碰撞。大家在交流中学习,在学习中互助,在发展中自省。

倘若在这生命化的课堂上,我们能秉持"以学生为本"的教育理念,做走心的教育,课堂必将成为学生焕发生命光彩的舞台,也必将成为教师生命成长的原野。

(供稿:管霞)

凤凰花红　魅力纪中

——青岛市王连峰名班主任工作室赴广东省中山纪念中学参观学习

◎于薇

五桂山下,兰溪湖畔,美丽校园在山水间幽雅绽放。2017 年 11 月 30 日至 12 月 1 日,王连峰名班主任工作室成员一行远赴广东省中山纪念中学参观学习。

广东省中山纪念中学始建于 1934 年,由伟大的民主革命先行者孙中山先生的长子孙科秉承其父"谋建设,培人才,为富强根本"的遗愿而创办。目前校园占地面积850亩，建筑面积17万平方米，绿化面积占69%，各种教学硬件、软件设施完善齐备。现有120个教学班，其中高中93个班，初中27个班，在校学生6 500余人，是一所全寄宿制的完全中学。纪中每年清华、北大录取生在全市占到80%以上。在全国排名前列的部分高校录取人数纪中学生均占半数以上。纪中全国高中五大学科奥赛自开展以来获全国一等奖人数在连续五年全省第二后，再连续九年全省第一。

我们在中山纪念中学门前合影

美丽的校园

学校万主任带领大家徜徉在优美的校园中，边讲述学校的发展历史。在学校的83年历史中，虽中途遭到过日军的破坏，一度迁校，但纪中以及纪中人依然用坚强的毅力将学校发展得充满勃勃生机。行走在校园中，静谧的氛围，整洁的校园，让人不由得不想高声言语去打破这份宁静。

随后，纪念中学优秀班主任乔老师做了班主任工作经验介绍。乔老师是中山市优秀班主任，他用朴实的语言谈到做班主任一定要调整心态，无论多累多忙，这都是班主任的本职工作。

因为学校是寄宿制学校，因此乔老师充分利用宿舍为单位进行管理，宿舍长每天反馈宿舍情况，再由班主任及时反馈给家长，并在宿舍中组成学习对子，促使学生学习共同发展。乔老师说的"学生，就是三分教，七分管"这句话令大家记忆犹新，充分体现了作为一位班主任的责任心和教育智慧。

我们在听乔老师做介绍

　　纪念中学的中考升学率和高考升学率能历年取得辉煌成绩,课堂教学自然有独到的"法宝"。

　　罗文斌老师的一节"初中英语写作示范课",课堂设计巧妙,用时下流行的一首网络神曲《PPAP》引入,带着学生唱跳,一下就活跃了课堂气氛,吸引了学生注意力,然后自然地引出"Internet"这个话题,然后一步一步引导学生,激发学生思考,从词、到句再到篇章一气呵成,行云流水,水到渠成。

　　语文学科王老师讲授了《老王》一课。王老师充分展现了自己的教学风采,在学生没做任何预习的情况下,紧扣文本,引领学生剖析及体悟老王这一小人物中的人性闪光点,师生互动,课堂氛围热烈,充分体现了新课标理念和国家统编七年级下册语文教材的要求。

　　数学组的汪老师执教《有理数的加法》一课。汪老师的教学设计流畅自然,每个环节的处理都非常到位:一是情境引入,从学生已有的认知情境出发,选取学生能达到的问题解决,自然引出难点;二是探究新知,先给出问题,让学生选取熟悉的情境解释,自行建构算法;三是学以致用,例题示范解题规范,学生归纳解题步骤,分层题组练习;四是归纳小结,引导学生归纳,归纳新知识、思想方法。汪老师的课重自身对教材的解读,重数学思想方法的渗透,重学生表达能力、思维品质的培养,语言准确精练,教态大方从容,把控课堂能力强,展示出一位优秀数学青年教师的风采。

　　凤凰自古栖大梧,良木由来做栋梁。遵循"祖国高于一切,才华贡献人类"的校训,文化育人,办中国最好的中学,是"纪中人"对基础教育的更好诠释和不懈追求!

中山纪念中学的校训

　　两天的参观学习,让我们每个人无论是从学校建设、班级管理还是课堂教学方面都收获满满。我们会不断丰富完善自己的班主任工作,更科学、高效地教书育人!

（供稿:于薇）

春风十里学习时，同心同行收获多

——青岛市王连峰名班主任工作室参加第四期名班主任论坛活动

◎于薇

2018年4月13日一早，王连峰名班主任工作室成员一行就来到了青岛市开放大学，参加第四期以"同心同行，做智慧班主任"为主题的青岛市班主任工作论坛交流活动。

此时，校园里的桃花、迎春花早已竞相绽放。踏着暖暖的春意，大家开启了此次"智慧"之旅。此刻

我们在班主任论坛合影

正是学习的好时节，在此次活动中大家又有了许多收获。

本次活动，大会同样为我们安排了精彩纷呈的讲座报告和经验交流。上午为我们带来精彩讲座的是王升江主任和曹晖教师，两位专家各有各的智慧，分别从班主任实际工作和积极心理引导两个方面为我们答疑解惑。

我们在听王主任做报告

王升江主任是一名具有20多年一线班主任经验的老教师，他浓厚的文学底蕴让人敬佩，他在管理班级时有自己独特的风格。听了王主任的介绍，不禁为他的教育智慧所点赞。在几年前，王主任接手了一个"调皮捣蛋"的班级，但是一次新年庆祝会上他以自己独有的智慧写了一首长达三四页的诗对班里学

生进行了"智慧"点拨，从此以后学生对他刮目相看，班级整体凝聚力也逐渐提升。

曹晖教授从积极心理学方面向我们阐明了教育的"捷径"。任何事物都有两面性，就看我们如何去看待他们，学生亦是如此。每一个学生身上都有"闪光点"，老师们要善于利用这一点才会起到积极的正向引导作用。同时，曹教授还与台下老师互动，将彼此的困惑进行交流，大家在此收获颇多。

　　下午的活动主要是由五位名班主任工作室的老师进行课例的说课展示。五位老师涵盖了小学、初中、高中的课例展示使我们发现，针对不同年龄阶段的学生，我们在设计班会课时所要开设的环节也有所不同，只有将目标定准确，才会让学生真的有所收获。五位老师的说课内容丰富翔实，同时还配有视频和音乐，让我们很好地了解了课例设计及其意图。

　　五位老师说课结束后，杨教授首先对五位老师的说课进行了简单的点评，然后又针对如何上好微班会课进行了介绍。杨教授话语亲切，不仅通过语言和图片等形式让老师们了解了什么是微班会课，同时也对这一内容进行了翔实的介绍。

　　一天的学习活动在意犹未尽与不舍中结束。老师们将这一天的收获进行总结反思，大家都非常期待下一次的学习活动。

　　踏一路春风、闻一路花香、赏一路美景的同时，更是一程满满的收获之程。

（供稿：于薇）

祝贺王连峰名班主任工作室管霞老师在青岛市大型家庭教育论坛中喜获嘉奖

　　好家教成就好家风，好家风助力孩子乐成长。8月23日上午，由青岛市妇联、市文明办、市教育局、市关工委等单位联合主办的青岛市"好家教伴成长"大型家庭教育论坛在市级机关会议中心举行。在论坛上，由青岛第三十九中管霞老师撰写的家教故事从1 065篇投稿中脱颖而出，入选青岛市《百个好家教故事》，并参与直播现场，成为家教故事分享者。

管霞老师在发言

　　今年4～6月，市妇联、市教育局及市文明办在全市开展了"好家教伴成长—百个家教好故事"征集活动，众多老师、家长踊跃参与，来稿讲述自己鲜活生动的家教故事。经过多位心理、教育界知名专家精挑细选，稿件最终编辑成册《好家教伴成长—青岛市100个好家教故事》一书。其中，青岛三十九中高中部管霞老师的《送你一颗安的种子》文质兼美,被选作第一篇。

在论坛现场,颁奖嘉宾为获得"百个好家教故事"的家庭代表颁发证书,并从百个故事中精选出来的 6 个家教故事,由 6 位家长亲身讲述,零距离与观众分享亲子成长经验。

管霞老师分享的题目是"安静的成长力量"。她结合培养阅读习惯,回忆陪伴女儿成长的点滴过程,现身说法"安静的成长力量很强大"。一个个充满智慧的家教故事,让观众们纷纷点赞。故事里可以推而广之的家教妙招,让在场的听众们或奋笔疾书,或摘录经典语录,反响热烈。青岛市家庭教育讲师团专家张蕾、曾莉,《青岛晚报》资深教育主编兰君,青岛实验高中校长孙睿等家庭教育专家,针对 6 位家长的讲述,现场进行了精准点评,对故事中体现的与孩子相处的点滴智慧给予高度评价。

家教是真正的家庭不动产。切实提升广大家长的综合素质,才能提升学校"家校联合教育"的指导水平。作为班主任,更应该重视家庭教育,王连峰名班主任工作室正是从这个角度出发,不断挖掘问题学生的教育根源,跟进家校联合教育的步伐,以期达到最良好的教育效果。

(供稿:管霞)

岁月静好　幸福为师
——学习王连峰老师经验报告之感悟

◎于薇

幸福是什么?有人说只要心中有爱,我们就会幸福,龙应台也说:"幸福,就是寻常的日子依旧。"那么作为一名老师,怎样才能幸福呢? 12 月 14 日,山东省优秀班主任、青岛市名班主任工作室主持人王连峰老师在青岛三十九中市北分校学术报告厅做了题为"试着做一名幸福的老师"的经验报告。怎样做一名幸福的教师?怎样做一名幸福的班主任?答案都在这里——

关键词一:爱心

王老师在经验分享中谈到目前中国的教师类型分为"保姆型""警察型""学者型""朋友型",但无论是哪种类型,学生喜欢的老师一定是要有独特的教学风格、经验、方法,还要有爱心。只有对教育事业充满爱、对学生充满爱,我们才能对工作充满热情、激情,才会去钻研如何教,才会擅长与学生交流。王老师结合自身班主任经验,回忆了曾经有一个学生向他提议:最好不要在作业本上打红叉,从那以后,王老师批改作业时不再打叉,而是用一道红线代替,王老师说:"这样也能引起学生的注意,而且又不会挫伤他们的积极性。"

关键词二:魅力

学生凭什么喜欢我们呢?王老师说:"要靠老师的人格魅力。"无论是从仪表、言谈、举止,还是为人处世中的诚信、谦虚、公平,这些人格魅力应该是作为教师尤其是班主任的人格特性。同时,王老师以《陶行知的四粒糖果》的故事为例,告诫老师们:凶不一定等于严,严格一样可以温柔地去表达,因为良好的师生关系对班级管理可起到事半功倍的效果。正所谓"亲其师,则信其道"。

关键词三:智慧

班主任在工作中应注意哪些细节?王老师竟然一口气罗列了 19 条!"不要因一点小事就生气地离开教室""不要在学生犯错误时动不动就通知家长""不要把学习成绩作为评判学生的唯一标准""要非常重视每一届学生的第一次活动"……王老师事无巨细地传授着他的教育智慧,可以说涉及了教育、教学的方方面面。无论是班主任还是非班主任,无论是文科老师还是理科老师,这 19 条智慧结晶,绝对算得上是一名智慧教师的"制胜法宝"!

关键词四:底蕴

将近一个半小时的经验分享中,王老师用轻松幽默的语言风格与在座的老师交谈着。在这种"春风细雨"般的交流中,我却发现王老师作为一位数学老师非常全面深厚的文化底蕴!教育家爱默森的教育理念、社会心理学中的皮格马利翁效应、"南风效应"、苏霍姆林斯基的儿童心理学……这些理论在王老师的言谈中如数家珍、信手拈来,可以想象出王老师在 20 多年的教学生涯中不断学习、积累、提炼,从而厚积薄发、底蕴深厚!

"对学生多一些关爱,少一些责备;多一些鼓励,少一些打击。这是教育的主旋律。"王连峰老师在教育事业中用他的爱心、人格魅力和底蕴,实践着智慧教育,成就了一番"美丽的教育"事业。

时光静走,我愿一生为师;岁月静好,我愿幸福为师。